# 《管理学》
# 学习指南与练习

主　编　陈传明　龙　静

高等教育出版社·北京

内容简介

本书是依据马克思主义理论研究和建设工程重点教材《管理学》知识体系编写的学习辅导书。本书编写安排与《管理学》教材结构完全对应，每章内容包括知识点回顾、拓展阅读材料、习题、习题答案及提示四个部分。知识点回顾，主要对《管理学》教材中的学习内容进行了简要的归纳与总结，提示了《管理学》教材的学习要点与应关注的问题，并对练习题中所要关注的知识点进行了总结与提炼，以帮助读者在使用本书时明确相关的知识内容。拓展阅读材料，以"经典"和"前沿"为选材准则，旨在帮助读者加深对《管理学》教材中所介绍的理论知识点的理解，同时为了满足读者对管理学知识进一步探求的兴趣。习题，各章均设置了判断、填空、选择、名词解释、论述和案例分析等题型，辅助读者巩固专业知识，加强学习效果。所有习题均附有参考答案或提示，读者可以根据参考答案或提示开拓思路，掌握要点。

本书既可辅导高等院校学生学习《管理学》，也可供所有对管理学感兴趣的社会学习者参考阅读。

**图书在版编目（ＣＩＰ）数据**

《管理学》学习指南与练习／陈传明，龙静主编
. -- 北京：高等教育出版社，2019.9（2025.4 重印）
ISBN 978-7-04-050653-2

Ⅰ.①管…　Ⅱ.①陈…②龙…　Ⅲ.①管理学-高等学校-教学参考资料　Ⅳ.①C93

中国版本图书馆 CIP 数据核字（2018）第 219732 号

策划编辑　牛　杰　　　　责任编辑　牛　杰　　　　封面设计　赵　阳　　　　版式设计　马　云
插图绘制　于　博　　　　责任校对　陈　杨　　　　责任印制　张益豪

| | | | |
|---|---|---|---|
| 出版发行 | 高等教育出版社 | 网　　址 | http://www.hep.edu.cn |
| 社　址 | 北京市西城区德外大街 4 号 | | http://www.hep.com.cn |
| 邮政编码 | 100120 | 网上订购 | http://www.hepmall.com.cn |
| 印　刷 | 北京中科印刷有限公司 | | http://www.hepmall.com |
| 开　本 | 787mm×1092mm　1/16 | | http://www.hepmall.cn |
| 印　张 | 15.75 | | |
| 字　数 | 360 千字 | 版　次 | 2019 年 9 月第 1 版 |
| 购书热线 | 010-58581118 | 印　次 | 2025 年 4 月第 21 次印刷 |
| 咨询电话 | 400-810-0598 | 定　价 | 36.00 元 |

本书如有缺页、倒页、脱页等质量问题，请到所购图书销售部门联系调换
版权所有　侵权必究
物　料　号　50653-A0

# 前　言

　　本书是依据马克思主义理论研究和建设工程重点教材《管理学》知识体系编写的学习辅导书。本书编写安排与《管理学》教材结构完全对应,每章内容包括知识点回顾、拓展阅读材料、习题、习题答案及提示四个部分。

　　知识点回顾。每章开篇设置了知识点回顾,对《管理学》教材中的学习内容进行了简要的归纳与总结,提示了《管理学》教材的学习要点与应关注的问题,并对练习题中所要关注的知识点进行了总结与提炼,以帮助读者在使用本书时明确相关的知识内容。

　　拓展阅读材料。拓展阅读材料可能是本书有别于其他同类型图书的一个特色,我们期望能够帮助读者加深对《管理学》教材中所介绍的理论知识点的理解,同时为了满足读者对管理学知识进一步探求的兴趣,我们提供了部分与《管理学》教材内容紧密结合的课外阅读材料。因此,拓展阅读材料的选取要旨为"经典"和"前沿",一方面收入了部分深入解读管理学经典理论的文章,另一方面补充了《管理学》教材中限于篇幅没有展开讨论的、但又属于管理学领域前沿研究的部分文章和材料。

　　习题。本书设置了数量丰富、形式多样的 600 多道习题,题型具体包括判断、填空、选择、名词解释、论述和案例分析。在习题内容上我们力求全面涵盖管理学课程所涉及的知识点,以期让使用者能系统把握管理学的理论体系和内容。习题中所使用案例既有引用的,也有编者根据教学科研实践中搜集积累的素材编写而成的;既有西方背景的案例,也有中国情境中的案例。案例与教材内容结合紧密,具有较好的代表性和典型性。

　　习题答案及提示。所有习题均附有参考答案与提示,读者可以根据参考答案与提示来开拓思路,掌握基本内容。

　　本书由南京大学商学院陈传明教授、龙静教授主持编写。书中所引用的拓展阅读材料和案例,我们尽可能详细地标出了来源。借此机会,我们谨向这些资料的原编著者表示诚挚的敬意和衷心的感谢!

　　鉴于时间仓促和水平有限,书中难免存在疏漏及不足之处,敬请专家和读者不吝赐教!

陈传明　龙静

2019 年 5 月

# 目　录

## 第一篇　总　　论

## 第二篇　决　　策

# 第六篇　创　　新

# 绪　　论

## 一、知识点回顾

**■ 管理学的研究对象**

**个体活动与群体活动**。广义的管理学的研究对象既包括个体活动的管理,也包括群体活动的管理。个体活动需要管理,人类有组织的群体活动更需要管理。群体活动的管理首先需要选择群体活动的方向与内容。但是,群体活动根据定义可知是由一群人完成的活动。

**一般组织与企业组织**。从逻辑上说,任何形式的人类组织都有可能成为管理学的研究对象。然而随着产业革命的发展,工厂或企业的数量愈来愈多,活动内容愈来愈复杂,专门从事管理的人因此愈来愈多,对这些人所专门从事的管理活动的思考也愈来愈丰富。正是这些思考的累积促进了管理思想的系统形成,进而推动了管理理论的发展。因此,现代管理学通常通过解剖企业经营活动来抽象和描述管理活动的一般规律。

**管理学的研究体系**。管理学的研究体系是由管理活动的过程特点决定的。管理活动是一个由决策、组织、领导、控制及创新所构成的循环往复、螺旋上升的过程。通过控制,管理成为周而复始、不断循环的过程;通过创新,管理过程表现为这个循环的螺旋上升。管理学因此而需要研究这个循环往复、螺旋上升过程中的决策、组织、领导、控制及创新活动的内容、方法,以及必须依循的基本原则。

**■ 管理学的产生与发展**

**中国古代管理思想**。中国有着数千年的文明史,在浩如烟海的文史资料中蕴藏着极其丰富的关于管理的思考。顺道无为、重人求和、预谋慎战、依法治理等就是其中几例。

**西方工厂制度早期的管理思想**。西方管理思想的大量涌现是伴随着工厂制度的出现而开始的。欧文、斯密、巴贝奇及其他一些人对工厂制度早期管理问题的思考虽然是零散的,但正是这些思考的累积为管理理论的系统形成奠定了坚实的基础。

**现代管理学的萌芽与发展**。工厂制度为管理思想的繁荣提供了客观的基础,系统的管理理论便是随着工厂制度的发展而逐渐萌芽的。从企业基层做起的泰勒对作业方法与时间的研究,以及进入企业不久就成为中高层管理人员的法约尔对一般管理的研究,显示了早期管理学者与管理实践的密切关系。韦伯关于官僚组织的抽象总结则彰显了早期理论家的贡献。工业心理学家梅奥在霍桑工厂的实验启动了管理学家关于企业活动中人的因素的思考。20 世纪 40 年代以后诸多学者关于管理特质的多方位研究则催生了管理的理论丛林。社会科学的这枝新秀终于在汲取其他相关学科理论与方法的基础上不断成长与发展。

**■ 管理学的学习意义与方法**

学习管理学,首先,可以让我们**了解管理的一般规律**。其次,学习管理学,不仅可以帮助我们**形成理性分析能力**,而且可以**提升我们以直觉判断为基础的决策或决断的能力**。学习管理学,归根结底,是要指导我们的管理实践,是要**提升我们的管理水平**。

学习和研究管理学,要以**马克思主义科学理论**为基本指导。用马克思主义理论去指导管理学的研究就是要用马克思主义的世界观和方法论去指导管理学的思考。辩证唯物主义与历史唯物主义是马克思主义最根本的世界观和方法论,管理实践的描述、管理问题的分析、管理理论的抽象、管理演化的预测都应该体现辩证唯物主义与历史唯物主义的精神。

管理的直接目的是要**提高组织活动的效率**。研究和学习管理学,要求我们在马克思主义理论指导下用**科学的方式**去思考管理实践的特征,提高我们对管理理论的认识和运用能力,提高我们的管理思维能力。**科学的管理思维是战略思维、历史思维、辩证思维、创新思维以及底线思维的统一。**

虽然管理学的研究与学习也要运用定性与定量、归纳与演绎等社会科学普遍运用的方法,但**理论联系实际**是在马克思主义科学理论指导下我们学习和研究管理学的基本方法。

# 二、拓展阅读材料

## (一)管理学学科基本属性之争

观点 1:管理学是对常识的精炼

在泰勒以前,管理者们作决策主要是依据于经验、直觉和对于行业和企业的密切了解。时至今日,也有相当数量的学者认为管理学和目前的管理研究更多的不过是对常识知识的一种精炼而已。管理学课本中不惜笔墨、阐述颇为详尽的不过是一些已经被人们当作常识性知识而掌握了的系统集合而已,比如说计划、指挥、领导等概念,都早已成为了人们的一些常识性知识储备,而管理不过是将这些知识系统化,归结为不同的管理职能。Tsoukas(1994)认为,管理领域获取正式知识的方法可以划分为四种不同类型,具体来说包括形式论、机械论、语境论与有机论,但无论哪一种方法都更多的是一种精炼常识、实现综合的有效途径。Michlethwart 和 Wooldridge(1996)也认为管理学中鲜有超越基本常识之上的知识,管理学中更多的是一些流于时尚的理念。对此,Miller、Vaughan 和 Beverly(2001)等人虽然也有感于 TQM 与流程再造等都是盛行一时的理念,而提出管理理论究竟是一时的潮流还是亘古不变的真理这样一个话题,但却得出了不同的结论,他们认为,如果说管理学知识不是"亘古不变的真理",但至少可以将其理解为"有用的一般性原则"。

观点 2:管理是一种职业,管理学是一种职业教育学科

事实上,像泰勒、厄威克和法约尔这样的人物,管理理论的构建和管理学的发展是同他们个人的经历和事件密切联系在一起的。管理学和管理理论的构建不仅是历史的、社会性和话语性的,也可以从他们个人的主观体验得以解读。泰勒认为,科学管理的精髓在于一个更广泛的、一般性原则的应用,而这些原则应用的具体方式完全是次要的细节性问题。他也将科学管理描述为"可以以不同方式加以运用的一个哲学思想"。泰勒"科学管理"理念的诞生和传播,引领着管理领域进入"科学"发展的阶段,其结果是在管理实践中极大地促进

了效率的提高和生产的科学化进程。但长期以来，人们更多地将泰勒视为一个实践专家，将"科学管理"视为一整套技艺，所以直至第二次世界大战以前，管理大都以职业教育模式为主导，管理学在商学院所传授的也主要是特定的车间工作惯例和技能。

1958 年管理学界的高端刊物 *Academy of Management Journal*（以下简称 AMJ）首刊发行，但当时的大部分文章都是反映了一种"职业"或"职能"的价值倾向，其内容也主要是关于计划和控制、决策、生产等类似内容。Andrew(1957)发表于《哈佛商业评论》上的文章《商业管理的职业化》认为，管理正在迅速地转变为一种职业。直至 20 世纪 80 年代初，这种状况已大为改观，此后 AMJ 几乎只接受实证的研究性论文了。管理学更多地体现了一种向"研究性"学科转变的科学化趋势。尽管如此，直至今日也仍有学者认为管理学既不是一门"研究性学科"，也不是一门科学，而是一种职业。Squires(2001)就认为将管理学的本质视为一门学科是有问题的。按照亚里士多德的生产（制作）和技术（技艺）概念，管理学可以被视为像医学、法律、工程或通过类似的手段、事件或过程进行教授的职业之一。他认为作为一种职业，管理建立于一个更加一般的道德问题情景之下来研究好的生活的本质；此外，专业工作是不可预料的，许多专业问题的答案是"看情况再说"；再次，专业学科包含着一些做什么的含义。Gedajlovic 和 Lubatkin 等人(2004)也认为管理应该跨越从基础管理到职业管理的门槛，实现类似于会计和医学等学科的转变。尽管管理学按照职业教育模式来发展的观点一度盛行，但也不乏批评之辞。早在 20 世纪 30 年代，就曾有人提出虽然职业化和专门化课程正日益普及，但却没有任何的研究基础来作为支撑。到了 50 年代，人们已经越来越多地洞悉了现有范式的不当之处，商学院教育被称为是"服务于几项技能的'不明巨人'"。Raelin(1990)也认为管理的职业化对于管理实践是有害的。此外，对于现状不满的声音也始终不绝于耳，管理学科必须另辟蹊径。

观点 3：管理学是一门研究性和学术性学科

在美国的商学院中，管理作为一门学术性的学科而被广泛开设始于 20 世纪早期。起初在商学院的教育体系中，不开设管理学课程，原因之一就是人们认为管理是一门艺术，取决于个人的个性特征和工作经验。当颇为著名的科学管理思想开始向大学中渗透时，管理研究才正式在商学院的课堂上得以展现。当然，正如我们前面所提到的那样，当时的管理教育主要将管理作为一种职业教育，所传授的也主要是车间劳动方法。对此，Goodrick(2002)从制度的视角出发，分析了管理作为一种职业向一门学科、再至科学转变的历史环境。开始于 20 世纪初的科学模式的传播速度由于学生需求和经济萧条的现实影响而受挫。第一次世界大战之后，学生入校率的激增使得职业教育导向更具合法化倾向。商学院也越来越注重为初涉管理行当的低收入家庭生源提供就业机会。而且，雇主也要求学生在职业技能方法接受更多、更细致的培训。至此，管理研究基本上是描述性的，反映了管理学处于前科学阶段，商学院的任务也主要以描述和介绍实际的商业运作模式为主。

第二次世界大战以后的 10 年里发生了众多变化，学生的入学人数和专门提供商科教育的商学院数量都剧增。特别是 1941 年美国管理学会成立，反映了人们已经意识到有必要通过课堂教育的形式来教授管理学。成立之初，管理学会就将自己的使命界定为要将管理教育根植于科学，"旨在在那些乐于促进管理科学和管理哲学发展的人们之间建立一种更加密切的接触和合作"是众多目标中最为重要的一个。1958 年由美国管理学会主办的 AMJ 首次刊发，标志着美国管理学会是一个学术性的组织，而管理学也拥有了自己的学术性期刊。随后,管理学开始了作为一门研究性学科而争取学科合法化的艰辛道路。在这个过程中,学术期刊仍是知识传播的主要渠道,因而变成了管理学争取学科合法化和学术规范化的主要战场。

观点4:管理学是科学

人们一般认为管理的科学化进程始于20世纪早期的科学管理运动。此后,学界对于"管理对于所有的商业企业具有一般性特质"这个理念颇为着迷,Nelson(1998)概括性地介绍了哈佛大学在推进这个理念过程中所做出的贡献。为了追求对科学的尊重,哈佛商学院的首任系主任将泰勒及其追随者引进了课堂进行讲学。其他一些大学直接效仿了哈佛大学的做法,但其更大的意义在于基于一般性原则和以科学模式为基本假设的管理理念的产生。在更重要的意义上,科学管理为管理作为科学的基本理念提供了智力基础。

对此,Halff(1960)认为科学的方法要求首先将一个问题的参数变量界定清楚,将尽可能多的要素保持不变,然后针对与某些结果相悖的假设进行检验。假设通常表示一种随机关系或以某种方式来解释行为。如果结果和预期相吻合,那么假设就得到了验证,在实验过程可重复的情形下,结果也具有一致性的特点。以此为标准,那些宣称科学管理的先驱们面临着以下困境:第一,参数变量尚未清晰界定;第二,多种变量很难保持恒定不变,如果脱离情境,也面临着不具现实价值的风险;第三,还没有建立假设。尽管如此,仍有大量学者呼吁管理学必须坚持以科学研究为导向,我们需要一个新的方向,管理学科在统一性和明确性方面必须取得新的进步,基于科学方法的新的范式会使得管理教育受益良多。与其他的商科教育不同,管理教育从未获得接近垄断地位的职业资格认证而获得合法性。比如会计,可以通过一系列的培训而获得资格认证,但管理教育直到第二次世界大战后也未获得专门的职业资格认证。管理者们不必非得像医生那样只有获得了医学学位之后方可行医,他们即使没有获得MBA学位也同样可以胜任管理职位。事实上,当今人们已经越来越认识到基于科学规范模式下的管理学研究,在事实发现和预测方面所具有的积极意义。从长远来看,从事事实发现和调研的管理研究对于管理实践而言,是能够将个人的怪念头、偏见、预感和猜测降到最低限度的有效工具。Aken(2005)就认为,如同医学和工程学等学科的科学化过程一样,管理学也必须从以"实践"为基础的"技艺"转化为以"研究"为基础的设计科学。

在理论界,将科学同管理联系在一起可能逾越了人们对管理的非学术化印象,从而为管理赋予了合法性地位。1958年AMJ的创刊,标志着管理作为科学的理念已经开始扎根。尽管20世纪60年代时仍有学者认为"尽管所谓的管理科学家大量涌现,发表于学术期刊的研究论文也层出不穷,但一个统一、具有内在一致性和密切相关性的'管理科学'的产生似乎仍然遥不可及";80年代后期,管理学界最重要的学术刊物AMJ所发表的论文实现了从以"职能描述"为主的研究范式向以"实证研究"为主的范式转换,以科学为基础的管理研究模式和科学理念更快地得到了传播和推广。此间,方法的科学化过程是管理学科学化进程中的重要一步,人们对于学术合法性的追求也主要通过实验室研究和统计推演等科学方法而得以实现。

资料来源:改编自高良谋、高静美:《管理学的价值性困境:回顾、争鸣与评论》,《管理世界》2011年第1期。

### （二）实践科学观对深化管理学科学化进程的探讨

20 世纪 90 年代以来,学者们主要借鉴并运用了科学知识生产方式变革相关理论,讨论了继续推进管理学科学化进程的对策。知识生产模式 2 被看作"学院式管理学研究"衔接适用性鸿沟所应当遵循的典范。学者们所探讨的内容相对集中于以下几个方面。

1. 承认管理知识形态的多样性并强调不同形态之间的相互转化

一是强调管理知识形态的多样。管理学知识形态不仅仅局限于学者所生产的管理理论,还包括管理技术、管理经验及管理哲学等多种形态(李显君,2004;吴欢伟、李燕萍,2005)。惠特利认为,管理知识可以分为四种类型。

二是强调不同管理知识形态之间的转化。从知识形态多样性及其相互之间的关系来看,管理理论脱离实践的原因在于忽视与其他知识形态之间的相互依存、相互转化,增强管理学研究关联性的办法之一在于强调不同管理知识形态之间的整合。明茨伯格提出,管理学院、咨询培训机构和实践共同体分别是管理理论、管理技巧和管理技能三种不同形态的管理知识的生产者,应该用"管理教育、管理培训、管理技能开发"三种类型的管理知识传播形式来丰富传统单一的管理教育模式。李显君(2004)认为,改进管理学研究脱离实践的关键是对管理理论、管理技术和管理实务等知识形态进行整合,管理结构的三个维度(管理理论、管理技术、管理实践)的整合影响着中国管理走向世界的进程。黄速建、黄群慧(2005)认为,职业管理咨询机构的出现,不仅促进了管理科学知识转化为现实管理生产力,而且诱致了对管理科学知识的更大需求,还保证管理科学研究人员专门关注应用科学研究方法、基于科学研究规范来研究管理科学问题,提高了管理的科学性。赵纯均(2003)认为,管理案例匮乏、具备管理经验的师资短缺、企业调研与咨询薄弱是中国管理学院在知识基础设施建设方面最突出的三大缺陷。克服这三大缺陷应成为中国管理教育改革、管理创新的当务之急。

2. 强调管理学知识生产主体之间的开放式合作

实践科学观认为,管理学知识是由不同主体主导并在与其他不同主体间互动过程中生产出来的,管理学者与管理实践者之间、管理学共同体与资源供给者之间的互动关系已成为影响管理创新质量和效率的关键因素,各主体之间应增强开放性、互动性。

一是将管理实践者纳入研究过程。弗立克·韦尔默朗认为,协调管理学之学术性与关联性矛盾,前提是"变革学院式研究机制,使实践者直接参与到研究中来"。兰基·古拉缇认为,"借助于更深入探讨管理者关注的问题,我们(管理学者)可以很自然地将我们的利益与更多的实践相统一,而并不以牺牲学术性为代价。"科莱曼认为,模式 2 预先假定学者和实践者的联合团队提出适宜特定情境的研究问题和方法,同时全面考虑各方利益,从而可能使从一般到具体的知识转化过程天衣无缝。

二是创新管理学的研究方法。伊弗特·古默桑认为,管理学者对管理实践的"接近"是影响研究质量的第一重要因素,"行动科学"研究应成为管理案例研究的一种新方法。"(德鲁克)在研究生院一直是一个清新的声音。学院的教师们在忙于推算数学模型和测量管理者 2 个眼珠间的距离时,德鲁克总是把注意力集中于管理者们真正在做的事情即管理实践上。"

### 3. 强调应改革管理学研究机制和政策

增强管理学研究的实践关联性,必须深入研究机制和政策层面。夏皮罗、德布拉尔等认为,适用性鸿沟与学者、实践者之间在动机、利益、时间资源等方面的差异性有关,更与大学的研究制度、晋升制度有关。解决问题的出路最终仍然需要建立必要的制度和程序,以激励持续性的合作研究,包括从初步提出研究思路到同行审查、发表研究成果等环节。

一是建立鼓励校企交流的资助平台。① 商业资金、慈善基金、私人捐款应该设法为教师提供机会,使他们利用休假、考察见习、学者在企业计划等形式,同相关企业和组织进行互相了解与合作。② 企业则应鼓励管理者利用带薪休假这种形式,与管理学者、商学院的学生等进行直接联系和深入交流。③ 培养衔接学者与实践者的双料翻译:同时掌握学术语言与实践语言,既能将学术语言转化为实践语言,也能将实践语言转化为学术语言。

二是完善大学的绩效考核制度:① 承认学者在实践导向刊物上所发表成果的价值;② 鼓励学者从事管理咨询活动;③ 鼓励学者与企业合作,进行横向课题研究。

三是改革期刊的编辑及发行政策。① 变革杂志、图书等出版物的发行风格,增强可读性;② 让管理实践者参与稿件遴选及论文审定过程;③ 实证性论文必须包含探讨实践应用方面的内容;④ 学术性期刊允许或鼓励实践性期刊免费转引其论文,以促进研究成果向实践者的传播。

四是加强管理学者与管理实践者的互动。管理学会举办包括官产学等主体在内的综合性的研究论坛、举办管理学网上论坛等。

资料来源:改编自杨栋、魏大鹏:《科学观之演进与管理学科学属性之争》,《管理世界》2009 年第 6 期。

## 三、习题

## (一) 判断题

1. 管理学是研究人类管理活动一般规律的科学。时代背景不同,环境特征不同,管理活动的规律就会表现出不同的特征。　　　　　　　　　　　　　　　(　　)

2. 现代管理学通常通过解剖人类管理活动的进行来描述和抽象管理活动的一般规律。　　　　　　　　　　　　　　　　　　　　　　　　　　(　　)

3. 通过控制,管理成为周而复始、不断循环的过程;通过创新,管理过程表现为这个循环的螺旋上升。　　　　　　　　　　　　　　　　　　　(　　)

4. 中国古代先哲的这些思考虽然大多涉及宏观层面的国家和社会治理,但对当今微观组织的管理仍可提供重要的启迪。　　　　　　　　　　　　　　(　　)

5. 任何文字材料,只要我们用心去读,都能让我们收获管理的启示。　(　　)

6. 研究和学习管理学,只是为了抽象和掌握管理的一般规律,了解管理的一般理论和方法。　　　　　　　　　　　　　　　　　　　　　　(　　)

7. 管理学是在总结大量前人成功经验与失败教训的基础上抽象出来的科学结论。

（ ）

8. 用马克思主义科学理论指导我们的管理学研究和学习,就是要用历史唯物主义和辩证唯物主义的观点去分析管理理论与管理实践的关系,去探讨管理理论的一般抽象与具体运用的关系,去思考作为管理对象的组织活动与组织环境的关系。 （ ）

## （二）填空题

1. 控制保证了决策选择的活动能按预定的规则有秩序地进行。秩序是获得效率的_____。

2. 管理学的研究体系是由_____的过程特点决定的。

3. 把_____作为管理学的研究对象,不仅因为它是现代微观经济活动选择的普遍形式,不仅因为这种组织形式数量众多、提供着大量鲜活的研究案例,而且也是历史发展的选择。

4. 第二次世界大战以后,特别是 20 世纪 60 年代以后,企业经营范围不断扩展,技术进步的速度日益加快,生产的社会化程度不断提高。_____已成为企业经营与管理不可忽视的一个重要变量。

5. 管理学习中的_____和_____,可能帮助我们填补实践缺憾,在此基础上引发的思维沉淀也因而可以提升我们在直觉基础上判断的正确性。

6. 学习和研究管理学,要以_____为基本指导。

7. 管理的直接目的是要_____。

8. 辩证唯物主义与历史唯物主义是马克思主义最根本的世界观和方法论,_____、_____、_____、_____都应该体现辩证唯物主义与历史唯物主义的精神。

## （三）选择题

1. 关于管理的组织职能,以下说法错误的是_____。

A. 管理者需要对所选择的活动进行分解,据此规定不同岗位的任务和职责

B. 管理者根据不同的标准把这些岗位组合成不同的部门并规定不同部门间的权力关系

C. 管理者根据不同任务的要求招募合适的人员并把他们安置在不同的岗位上

D. 形成了完整的体制之后进行企业的生产经营活动

2. 关于西方工厂制度早期的管理思想,以下说法正确的是_____。

A. 罗伯特·欧文是我们所熟悉的空想社会主义者,他是 18 世纪初期最有成就的实业家之一

B. 亚当·斯密是著名的古典经济学家,他认为劳动是国民财富的重要源泉之一

C. 哲学家查尔斯·巴贝奇继续了斯密关于劳动分工的研究,为管理理论的系统形成奠定了坚实的基础

D. 欧文、斯密、巴贝奇以及其他一些人对工厂制度早期管理问题的思考是综合、不零

散的

3. 关于现代管理学的萌芽与发展,以下说法错误的是_____。

A. 工厂制度为管理思想的繁荣提供了客观的基础,系统的管理理论便是随其发展而逐渐萌芽的

B. 工业心理学家梅奥在霍桑工厂的实验启动了管理学家关于企业活动中人的因素的思考

C. "科学管理之父"泰勒对生产作业方法的标准化和官僚组织的合理化进行了系统思考

D. 20世纪40年代以后诸多学者关于管理特质的多方位研究催生了管理的理论丛林

4. 关于早期的管理思想,以下说法错误的是_____。

A. 泰勒被人们称为"组织理论之父"

B. 法约尔对管理理论的形成和发展有着卓越的贡献

C. 梅奥开启了管理研究中的"行为科学"之旅

D. 20世纪60年代管理学的理论框架逐渐成熟

5. 以下不属于学习管理学的意义的是_____。

A. 帮助我们了解管理的一般规律

B. 帮助我们形成感性分析能力

C. 提升我们以直觉判断为基础的决策或决断的能力

D. 提升我们的管理水平

6. 通过自己的实践去摸索,可能存在的局限是_____。

A. 经历的时间较短　　　　　B. 成功的不确定性

C. 可以少走弯路　　　　　　D. 成功的概率高

7. 以下对管理学的描述,错误的是_____。

A. 学习和研究管理学,要有战略的思维

B. 用马克思主义理论去指导管理学的研究就是要用马克思主义的世界观和方法论去指导管理学的思考

C. 学习管理学不仅可以帮助我们形成感性分析能力,而且可以提升我们以直觉判断为基础的决策或决断的能力

D. 管理学是在研究人类有组织的群体活动的基础上产生的

8. 科学的管理思维不包括_____。

A. 发散思维　　　　　　　　B. 历史思维

C. 辩证思维　　　　　　　　D. 创新思维

## (四) 名词解释

1. 群体活动
2. 管理活动
3. 组织活动
4. 管理思想

5. 管理理论的丛林

6. 辨道顺道

## （五）论述题

1. 简述现代管理学的萌芽与发展的过程。

2. 简述如何用马克思主义理论指导管理学的研究和学习。

3. 简述如何运用理论联系实践来学习和研究管理学。

## （六）案例分析

案例一

海尔创立于 1984 年。经过 25 年创业，海尔从亏空 147 万元的小作坊发展成年销售额逾千亿元的国际化集团，从一个濒临倒闭的小厂成长为中国家电第一品牌、世界第四大白色家电制造商。海尔的发展，是中华人民共和国成立以来，特别是改革开放以来，中国家电业从小到大、从中国走向世界的一个缩影。

1984 年 12 月 27 日是张瑞敏上任的第二天，他发现员工大多是八点上班九点到岗，十点开始睡午觉，还有一些员工上班时间打扑克、下棋，甚至在车间里随地大小便。看到这种情况，张瑞敏立刻回到办公室，定出十三条规章制度，其中有两条是：不准在车间大小便；不准公开拿厂里的东西。

之前三位厂长也并非无所作为，他们也同样制定了一些制度，却没有得到很好的贯彻执行，于是形成了有法不依的局面。所以，当张瑞敏制定的十三条"军规"出台后，很多员工认为这十三条和原来的那些规章制度比起来太简单了，于是并没有认真对待。没过几天，厂里有一个员工偷东西，上午十点被抓住，十一点厂里就贴出布告：开除厂籍，留厂察看。员工们发现，这个厂长真是不一样，制度虽然简单，却有法必依，严格执行。此后，十三条"军规"都得到有效的执行，成为海尔集团日后一套完善管理制度的雏形。

张瑞敏上任时正值春节前夕，厂里负债累累，发工资都成问题。就在员工们担心工厂发不出工资的时候，张瑞敏不仅按时发放工资，还破天荒地每人发了 5 斤鱼作为"奖金"。原来，张瑞敏听说附近几家乡镇企业很有钱，就连夜赶去借钱，费尽口舌终于把员工们的工资和"奖金"借了回来。

过年发"奖金"的消息在厂里一经传开，大家都奔走相告。领导敢为大家借钱过年，咱们也要争口气，好好干，挣了钱把钱还回去。这样的话在厂里迅速传开，张瑞敏向员工们献上爱心，赢得了员工的信赖和支持，全厂职工的凝聚力空前增强。

资料来源：改编自张岩松、李文强：《管理学案例教程》，北京交通大学出版社 2014 年版，第 13-14 页。

结合案例阐述管理的含义是什么。

**案例二**

十几年前,洁丽公司与日本丽斯公司进行技术合作,向国内引进该公司丽斯品牌的化妆品,双方各投资40%,另有20%由建厂当地乡镇的个体户出资建成。日本丽斯品牌在日本不出名,由于中国当时日用化工品和化妆品缺乏,大家也不在乎名牌。十几年来,合资生产的丽斯品牌,在江南一带颇具知名度,有数百个专柜遍布城乡各地的小百货商店,并有几百位化妆师(销售与推广)和上百家美容店。近两三年由于人们消费水平提高,以及不少欧美品牌进入中国市场,丽斯品牌在人们心目中地位下降,销路萎缩,此时那几个20%份额的小股东希望出让股份撤资。

资料来源:改编自安世民:《管理学案例与习题集》,北京交通大学出版社2008年版,第6页。

假使你是洁丽公司的负责人,你有哪些应对策略和方案?

# 四、习题答案及提示

## (一)判断题

1. √  2. ×  3. √  4. √  5. ×  6. ×  7. √  8. √

## (二)填空题

1. 前提

2. 管理活动

3. 企业组织

4. 环境

5. 案例分析,事例解读

6. 马克思主义

7. 提高组织活动的效率

8. 管理实践的描述,管理问题的分析,管理理论的抽象,管理演化的预测

## (三)选择题

1. D  2. B  3. C  4. A  5. B  6. B  7. C  8. A

## (四)名词解释

1. 群体活动是指由一群人完成的活动。

2.管理活动是一个由决策、组织、领导、控制以及创新所构成的循环往复、螺旋上升的过程。

3.组织活动是指整合相关资源实现特定目标的过程。

4.管理思想是不同时期人们关于管理活动思考的结晶。

5.为了解决管理理论与实践相脱离的矛盾,许多研究人员就企业如何在变化的环境中经营进行了许多方面的探索,在此基础上形成了一系列不同的理论观点。美国管理学家孔茨把这种现象称为"管理理论的丛林"。

6.辨道顺道,是指在认知客观规律的基础上,依据客观规律的要求设计和完善社会或组织运行的规则。

## （五）论述题

1.工厂制度为管理思想的繁荣提供了客观的基础,系统的管理理论便是随着工厂制度的发展而逐渐萌芽的。

（1）从企业基层做起的泰勒对作业方法与时间的研究,和进入企业不久就成为中高层管理人员的法约尔对一般管理的研究,显示了早期管理学者与管理实践的密切关系。韦伯关于官僚组织的抽象则彰显了早期理论家的贡献。

（2）工业心理学家梅奥在霍桑工厂的实验启动了管理学家关于企业活动中人的因素的思考。20世纪40年代以后诸多学者关于管理特质的多方位研究则催生了管理理论的丛林。社会科学的这枝新秀终于在汲取其他相关学科理论与方法支持的基础上不断成长与发展。

（3）第二次世界大战以后,企业经营范围不断扩展,技术进步的速度日益加快,生产的社会化程度不断提高,企业经营环境日趋复杂,对企业的影响越来越重要。为解决管理理论与实践相脱离的矛盾,不同学者分别从系统、决策、经验、权变等角度对企业管理问题进行了全方位的思考,管理学的理论框架因此而逐渐成熟。

2.用马克思主义理论指导管理学的研究和学习,要求我们用历史唯物主义和辩证唯物主义的观点去追踪管理思想的历史演进,去抽象管理活动的一般规律,去指导管理理论的实践运用,去分析管理学的时代特征,去预测管理学的未来发展。

（1）首先,要用历史唯物主义与辩证唯物主义的观点去分析管理理论与管理实践的关系。

（2）其次,要用历史唯物主义与辩证唯物主义的观点去分析管理理论的一般抽象与具体运用的关系。

（3）再次,要用历史唯物主义与辩证唯物主义的观点去分析作为管理对象的组织活动与组织环境的关系。

3.理论联系实际是在马克思主义科学理论指导下我们学习和研究管理学的基本方法。

（1）理论联系实际,首先需要我们把握管理学的理论体系,理解管理的基本原则、方法和工具。

（2）理论联系实际要求我们用所学的管理理论与方法去观察和分析工作和生活中的管理问题。

（3）理论联系实际还要求我们了解和掌握经济学、政治学以及社会学等相关学科的知识，综合运用这些学科的理论与方法来关注、探讨、分析甚至指导、提升我们的管理实践。

## （六）案例分析

1. 结合案例，管理的含义表现在：①管理的本质，不在于"知"而在于"行"。之前厂长制定了一些制度，却没有得到很好的贯彻执行，于是形成了有法不依的局面。张瑞敏制定的"军规"虽然简单，却有法必依，严格执行。②管理工作要通过综合运用组织中的各种资源来实现组织目标。管理者必须关心稀缺资源的有效利用，通过各种管理活动来调动起员工的工作积极性，使得别人同自己一起实现既定目标的活动过程。

2. 洁丽公司可以考虑如下三种方案：①品牌重新定位。②收购散户小股东的股份，使洁丽公司控股超过 50%，然后找一流的厂商技术合作或代理一流产品。③寻找机会脱售持股。关键点是：第一，想要放弃原有的市场或产品，而进入全新的陌生领域；第二，只想创造新产品，放弃原有产品改善的可能，可能使事业受到更大的损伤。但是产品的创新或多角度化使用，也有可能为公司创造更好的将来，成败的关键在于信息的搜集是否齐全、利弊评估是否属实。

第一篇　总论

# 第一章 管理导论

## 一、知识点回顾

### 1. 管理的内涵与本质

#### ■ 组织与管理

组织是指一群人为了某个共同目标而结合起来协同行动的集合体。

**组织的特征**：第一，组织是由两个或两个以上的成员构成的；第二，组织具有明确的目标；第三，组织有特殊的活动；第四，任何组织在一定程度上都是独立存在的，因此与外部社会有着相对明确的界限。

企业是特殊的社会经济组织。企业的经济活动主要包括了三个环节：**资源筹措、资源转换以及产品销售或成果处理**。

#### ■ 管理的内涵

管理就是为了有效地实现组织目标，由专门的管理人员利用专门的知识、技术和方法对组织活动进行决策、组织、领导、控制并不断创新的过程。

**管理的基本特征**：第一，管理的目的是有效地实现组织预定的目标；第二，管理的主体是具有专门知识、利用专门技术和手段来进行专门活动的管理者；第三，管理的客体是组织活动及其参与要素；第四，管理是一个包括了多阶段、多项工作的综合过程。

**管理工作的内容**：管理包括了决策、组织、领导、控制以及创新等一系列工作。决策是组织在未来众多的行动可能中选择一个比较合理的方案。所谓领导是指利用组织赋予的权力和自身的能力去指挥和影响下属为实现组织目标而努力工作的管理活动过程。控制是为了保证组织系统按预定要求运作而进行的一系列工作，包括根据预先制定的标准检查和监督各部门、各环节的工作，判断工作结果与目标要求是否相符。组织内部的活动技术与方法不断变革，组织活动与人的安排不断优化，甚至组织活动的方向、内容与形式选择也需要不断地进行调整。这些变革、优化和调整是通过管理的创新职能来实现的。

#### ■ 管理的本质

管理是对人或对人的行为的管理。管理本质是对人的行为进行协调。

**管理的科学性与艺术性**。有学者认为管理是科学，有学者认为管理是艺术，有学者认为管理既是科学又是艺术。管理理论和管理工具毫无疑问是科学的，或者可以是科学的，而管理实践则明显地表现出艺术性的特征。

### 2. 管理的基本原理与方法

#### ■ 管理的基本原理

管理的基本原理是管理者在组织管理活动的实践中必须依循的基本规律。这些规律主要有人本原理、系统原理、效益原理以及适度原理。

以人为中心的人本原理要求对组织活动的管理既是"依靠人的管理",也是"为了人的管理"。系统是指由若干相互依存、相互作用的要素或子系统组合而成的具有特定功能的有机整体。效益是指组织目标的实现与实现组织目标所付代价之间的一种比例关系。追求组织活动的效益就是尽量以较少的资源消耗去实现组织的既定目标。组织在业务活动范围的选择上既不能过宽,也不能过窄;在管理幅度的选择上,既不能过大,也不能过小;在权力的分配上,既不能完全集中,也不能绝对分散,必须在两个极端之间找到最恰当的点,进行适度管理,实现适度组合。

### ■ 管理的基本方法

根据**管理对象**的不同,这些方法包括了与人有关的管理方法、与物有关的管理方法、与资金管理有关的管理方法以及与活动组织有关的管理方法;根据**活动选择与组织实施的阶段**不同,这些方法涉及方案的制定、方案的比较、方案的组织实施以及实施过程中的控制;根据**管理的层次**,这些方法可分成宏观的管理方法、中观的管理方法以及微观的管理方法;根据**属性**的不同,管理方法可分成法律方法、行政方法、经济方法以及教育方法,等等。抽象地看,这些方法或者以理性分析为基础,或者以直觉判断为依据。

### ■ 管理的基本工具

管理者在管理活动中可以借助许多工具。管理者影响人的行为的手段无非两类:一类与权力有关,另一类与组织文化有关。管理者既需要运用权力直接规范被管理者在组织中必须表现的行为,并对其进行追踪和控制,也需要借助组织文化引导组织成员在参与组织活动过程中不同时空的行为选择。

## 3. 管理活动的时代背景

### ■ 全球化

在公司层面上,全球化是指公司在各国或地区的收入份额和资产扩展的程度,以及与各国或地区的资本、商品和信息的跨国或跨地区交流程度。那些只局限于一国或地区范围内的业务正在逐步地减少,如今的管理者都必须具有全球化视角,管理者需要在不同的地区、不同的国家和不同的文化情况下进行管理工作。

**国际化经营的进入方式**主要有:进口、非股权安排和国际直接投资。

### ■ 信息化

信息化**既是一种过程**,指现代信息技术的应用,促成对象或领域(如社会或企业)发生转变的过程,**也是一种状态**,指对象或领域因信息技术的应用所达成的新形态或状态。

我们可以从**宏观和微观**两个层面来理解信息化。从国家、地区或社会层面,信息化是充分利用信息技术,开发利用信息资源,促进信息交流和知识共享,提高经济增长质量,推动经济社会发展转型的历史进程;从企业、政府等组织层面,信息化指将现代信息技术与先进的管理理念相融合,将组织各活动过程数据化和数字化,通过信息系统加工处理成信息资源,提供给组织各层次人员,有助于各类决策和行动,实现效率和效益的过程。

### ■ 市场化

市场化是指在开放的市场中,用市场机制而非行政命令方式实现资源配置。用形象的比喻,配置资源有两只手:一是无形的手;一是有形的手。前者指市场机制,具体包括价格机制、供求机制和竞争机制;后者指政府或企业的管理者的指挥命令。

# 二、拓展阅读材料

## (一)大数据下的新特征与新挑战

"大数据"这一术语从 2008 年开始在科技领域中出现,随之引起学术界的广泛研究兴趣。*Nature* 与 *Science* 杂志分别出版专刊,从多个方面讨论大数据处理及应用。世界各国政府也高度重视大数据领域的研究和探索,并从国家战略的层面推出研究规划。虽然大数据研究已在全球范围内成为热点和焦点,但目前有关国内外大数据的研究仍然处于起步阶段,面向管理和决策的大数据研究与应用逐步兴起,研究理念、思路、方法和学术路线等方面的探索已经开始全面展开(冯芷艳等,2013;Chen et al.,2012)。

在大数据的背景下,政府决策、宏观管理、产业政策、教育、商业、金融、运作等管理活动大都呈现出高频实时、深度定制化、全周期沉浸式交互、跨组织数据整合、多主体决策等特性。这些新特性的出现,要求设计和构建相应的管理决策分析模型和方法,有效地将信息科学和商业应用结合,基于数据生成的市场机制开展协同创新,从而也赋予了大数据环境下管理和决策相关研究与应用的一些新特征。

在经济与社会层面上,大数据的发展使得经济与社会系统的运行、政府决策、政策评估等日益依赖于数据在社会主体之间的流动和利用;在行业层面上,行业内外部大数据的融合对众多行业均造成了巨大的冲击,甚至重构,特别是互联网大数据使得商务、金融等领域的新兴模式不断涌现;在人和组织等个体层面上,大数据的发展使得线上与线下的行为日益走向全面融合、广泛联系和高频互动;在信息技术层面上,面向管理决策的大数据呈现出规模巨大、分布广泛、动态演变、模态多样、关联复杂、真伪难辨等一系列特性;在计算理论层面上,面向管理决策的大数据呈现出不规则、非随机获取、具有异化结构等特点。

这些新特征为大数据驱动的管理与决策带来了巨大的研究和创新机遇,同时也使其面临着理论与实践范式、支撑技术、价值开发、产业与生态系统治理四个方面的重大挑战。

### 1. 挑战一:管理理论与实践范式的急剧转变

大数据环境下管理与决策新特征所带来的第一个挑战,是管理理论与实践范式向"数据+模型+分析"的转变,从而要求揭示管理相关大数据在其中的基础性作用、影响机理以及管理范式转变的普遍规律。

一方面,大数据的出现为科学研究提供了"数据密集型科研"这一新的范式,同时也为管理理论模型和管理实践效果的评价提供了"数据"这一新的视角和出发点。海量数据的出现催生了一种新的科研模式,即从数据中直接查找或挖掘所需要的信息、知识和智慧。2007 年,图灵奖得主吉姆·格雷(Jim Gray)描绘了数据密集型科学研究的"第四范式"(The Fourth Paradigm),把数据密集型科学从计算科学中单独区分开来(Hey et al.,2009)。格雷认为,要解决我们面临的某些最棘手的全球性挑战,"第四范式"可能是唯一具有系统性的方法。

另一方面,管理思想和管理实践伴随人类社会的进步而产生并逐步发展深化。系统化的管理理论产生于 19 世纪 20 年代,其主要特点是对各种日常管理实践经验的总结。第二次世界大战后,从微观、中观和宏观等不同视角出发的管理理论如雨后春笋般兴起,管理学进入丛林时代,先后出现了决策理论、系统理论、权变理论、战略管理和质量管理等理论体系和管理模型,并在实践中指导管理活动发挥了重要的作用(Weihrich et al.,2005)。随着大数据的发展,以数据为中心、以计算为手段的决策分析与管理新范式,正在管理的各个范畴中取代原有范式,对管理学的进一步发展和管理实践的进步均具有颠覆性的影响。

### 2. 挑战二:大数据分析与理解的底层支撑技术不足

大数据环境下管理与决策新特征所带来的第二个挑战,体现在对大数据的"实时"处理需求超出了现有理论和技术的处理能力,需要创新相关理论和技术,以支撑大数据驱动的管理决策应用。

大数据在数据体量、数据复杂性和产生速度三个方面均超出了现有技术手段的处理能力,为相关领域的技术创新和应用研发带来了巨大的机遇。信息技术层面,主要面临大数据的实时感知和高效存储、索引、检索、归档和恢复,结构化和非结构化大数据的表示与分析,大数据保密、隐私和安全,多源异构大数据的融合、可视化分析与理解,大数据分析和理解的分布式协同并行、近似和在线算法与体系结构设计,面向大数据处理的程序设计语言,抽象模式和数据结构等问题。数学和统计模型层面,急需发展针对高维大数据的特征度量与抽样方法,面向异构大数据的新一代统计推断体系,以及适用于噪声大数据的因果性挖掘方法,等等。

### 3. 挑战三:领域导向的大数据价值开发与利用

大数据给管理与决策领域所带来的第三个挑战,是其价值具有高度的领域依赖性,即大数据的真正价值"隐喻"在不同的领域中。要挖掘这些价值,首先需要深入诠释其领域特点,才能实现大数据价值的深度开发与应用。

近年来,"大数据"一词逐渐渗透到管理科学研究的各个子领域,并应用到政府管理、教育、医疗、金融、商务和物流等多个领域,而且有进一步扩大的趋势。在大数据价值开发与利用层面,试图从整体上研究大数据、建立统一价值开发模型的思路受阻于大数据的体量、复杂性和产生速度,其瓶颈仍有待相关技术的突破。同时,现有的研究和实际应用也凸显出大数据价值的产生机理和转换规律所具有的高度领域依赖性。随着社会化网络的普及和移动应用的快速发展,针对每个具体应用建立特定价值开发模型的方法不具有现实可操作性。以现有研究和应用为基础,抽象出大数据价值模型的框架模板,并在不同的应用领域对模板进行自动化实施,也许是解决大数据价值开发和利用的重要手段。

### 4. 挑战四:新兴大数据产业和生态系统管理的复杂性

大数据所带来的第四个重大挑战,是建立保障新兴大数据产业及其生态系统健康、可持续发展的政策环境与管理机制的理论创新。

根据各类研究和咨询机构的报告,大数据产业的增长速度在加快,且市场规模巨大,对未来全球经济发展具有核心重要作用,多个国家都将其作为战略性产业,扶持其优先发展。大数据产业急速发展的另一面,是相关法律、法规、政策与管理的空白,对产业的整体监管存在严重的滞后与不力,使得该产业生态系统的混乱竞争和利益分配失衡的局面时有发生(如硅谷居民对 Google 的抵制)。同时大数据产业及其新的商业模式与现有传统产业间在理念和实践上的碰撞(如传统金融体系对网络金融平台的排斥)也已"摩擦"频现。然而,针对相关问题的管理理论和管理实践模型却极度缺乏。

资料来源:改编自徐宗本、冯芷艳、郭迅华、曾大军、陈国青:《大数据驱动的管理与决策前沿课题》,《管理世界》2014 年第 11 期。

## (二)后现代主义的管理理念

### 1. 人性——后现代主义管理理念的核心

后现代主义学家大卫·雷·格里芬对现代的社会有过这样一种描述:世界渐渐变成机械的、科学化的、二元的、家长式的、欧洲中心论的、人类中心论的、穷兵黩武的、还原的世界。在这样的一个充满现代化的社会里,人和人之间感觉不到温暖,到处被功利主义所弥漫,每个人都是只为了自己而奋斗,人们对地球将不再拥有家园感,人人都充满了危机感。甚至可以认为,对现代科学与技术的绝对信仰和信赖造成了全球气候变暖、环境恶化、资源枯竭、道德危机等一系列威胁到人类生存的社会问题。因此,弘扬人文精神已经成了关乎人类生死攸关的大事,而对于一个组织、一个企业,人性管理理念就成了企业管理理念的核心。纵观从泰勒的科学管理到乔治·梅奥的人际关系理论,再到威廉·大内的 Z 理论的转变过程,它充分体现了管理理念从科学到人性的演变,反映了企业不再把员工仅仅作为一个纯粹挣钱的工具,而是一种"伙伴"的关系,一种互相依存互相发展的关系。但是,由于现代主义的科学和理性的局限性,传统的管理理论没有也不可能解决深层次的人性问题。现代主义下的公司无论如何对员工充满人性关怀,其根本目的还是为了"理性剥削"员工,"剩余价值"还是公司生存和发展的源泉。后现代主义则主张充分释放人性,从而突破了科学和理性的局限性,就如查伦·斯普雷特纳克所说的那样,后现代人世界中将拥有一种在家园感,他们把其他物种看成是具有其自身的经验、价值和目的的存在,并能感受到他们同这些物种之间的亲情关系。借助这种在家园感和亲情感,后现代人用在工作中获得享受和任其自然的态度,这种后现代精神取代了现代人的统治欲和占有欲。人性的管理理念将使员工对公司充满家的感觉,也会使员工之间充满亲情的感觉。毫无疑问,这种模式将会最大化地提高员工的积极性,同时,也会使公司的向心力最大,效益最高。因此,在后现代主义的管理理念中,人性的管理理念将位居核心地位。

### 2. 怀疑性——后现代主义的管理理念的动力

怀疑一切是后现代主义的基本特征,在后现代主义面前,所有的权威、所有的经典纷纷倒地。当尼采宣布"上帝死了"的时候,实际上在宣布"绝对真理"的终结和理性的死亡。敢于怀疑一切就成了后现代主义者的基本特征。敢于让员工怀疑一切以及提供一个让员工怀疑的环境从而使管理不再成为一种地位的象征也就成为了后现代主义管理理念的动力所在。在现代企业的管理思想中,核心是服从。员工服从领导,下级服从上级就成了企业管理的铁律。人人都是在一个被设计好的模式下生存,员工永远只有被设计,而后现代主义则认为,人类社会的发展是偶然性的、非连续性的、不确定性的,因此,那种设计好的东西未必就能实现。后现代主义打破了时间的连续性,认为"未来与现在并不是和过去与现在那样,以一模一样的方式发生着内在联系",因此,只有对现有的"管理模型"充满怀疑,才能使我们抓住每一个瞬间的各种机会,联系到管理中,这就需要采用一种偶然性的"模型",利用各种随意性的、偶然性的能力,从而实现公司效益的最大化。

### 3. 批判性——后现代主义的管理理念的源泉

有怀疑就应该有所批判,后现代主义可以说就是建立在对现代主义的批判的基础上的。与传统的"批评和自我批评""头脑风暴法"不同的是这种批判是广泛性的,是所有人都参与的,而不是仅仅只有领导者或者专家参与的,而且,这种批判不同于改良或改革,是带有一定的破坏性的,不是在原有基础上的小修小补,而是有可能否定原有的一切的批判。后现代主义一直非常强调边缘化,对他们来说,异质的、矛盾的东西完全可以拼贴在一起,不需要统一与综合,差异不应该消除,相反,那种二元对抗的诸如好/坏、是/非、形式/反形式、层次/无序、线性/非线性等在现代主义看来前一项是正常而后一项则是非正常的概念,后现代主义通过解构,表明原来常常被贬低的第二项,实际上也是应该被重视的、同样也是站得住脚的。基于此,后现代主义的管理理念认为,人人都有批判他人的权利,企业应该给每一位员工"批判的机会","人人参与管理",只有这样才能充分挖掘每一个人的潜能,"天生我才必有用","人"这种资源在企业内部才能得到最大化的利用。

### 4. 可持续性——后现代主义的管理理念的关键

如果说,怀疑和批判是把这个世界变得无序的话,那么可持续性则可以说是一种"无序中的有序"。现代主义信仰连续的时间观、发展观。现代主义认为,过去、现在、未来构成一个完整的单向序列,未来不仅决定过去的意义,而且决定现在的价值。而后现代主义则认为时间是非连续性的,是偶然性的。正如美国后现代主义者小约翰·B.科布所说,"未来其实是不存在的,与现在不可能有因果效应","未来在目前是不可知的,即使上帝也不得而知"。后现代主义拆解了过去、现在和未来的时间坐标,粉碎了时间的链条,使时间失去了方向。后现代主义审视发展是否总是必然的,认为,如果用其他标准审视,"发展"可能根本就不是发展。基于后现代主义对时间的非连续性的看法,如何保持可持续性就成为后现代主义的管理理念中的关键因素。时间虽然是非连续的,但时间不会停止,如何突破"连续性的局限"以实现公司的可持续性就成为后现代主义管理理念致力的目标。后现代主义认为可持续性不是基于过去,而是基于现在,而未来是不确定的,是无序的。后现代主义管理理念的可持续性不同于达尔文的"进化"或马克思的"螺旋式的上升",而是一种非连续性的可持续性,其实质是"无序中的有序"。后现代主义是反对规则化的,如果刻板地去定义一个精确的过程,那就完全违背了后现代主义的基本观点。精确地描述一个过程,实际上是提供一个最终的意义、一个最佳的方法、一个最好的路径,而这正是为后现代主义观点所批判的。因此,如何建立一些偶然性的模型,实现"无序中的有序"即"可持续性",就成为后现代管理实践的关键。

### 5. 和谐性——后现代主义的管理理念的基础

现代主义者把世界分成主体和客体两个部分,主张二元对立,强调主体的积极能动的主导地位和客体的消极被动的从属地位,认为竞争是人类的法则,"适者生存",人与自然、人与人之间是竞争、对立的关系,每一个人都力争成为主体而避免成为客体。现代主义的这种价值取向被称之为"人类中心主义"。然而,残酷的现实却告诉我们:人类通过科技和知识征服和改造了自然,但是自然界却反过来对人类进行了报复;人类在竞争中获得了满足,但同时也在竞争中丧失了自我。后现代主义对这种"人类中心主义"观点进行了严厉的批判,认为人类与自然之间并非主体和客体的关系,人与人之间的关系也并不是对立的,竞争不是基本法则,合作才是基础,和谐才是根本。反映在管理理念上,传统的管理模式是一种领导和被领导、管理和被管理的模式,在传统的管理思想中,等级观念非常强烈,管理一般被看作地位的象征,管理者是高高在上的,是不容侵犯的,"领导说的都是对的",因此,这就人为地造成了企业内部的矛盾和对立,往往矛盾一旦激化,就会造成企业的覆灭。这就是常说的"一个人是龙,三个人就成了虫"。由此可见,在所有的管理理念中,和谐应当为基础性的理念。如果没有和谐,如果"后院"经常"起火"的话,你很难设想一个企业还能够存续下去。

资料来源:改编自于琨洪、董雨:《论后现代主义管理理念》,《科学学研究》2007 年 1 月第 1 期。

# 三、习题

## (一) 判断题

1. 管理的本质就是领导。　　　　　　　　　　　　　　　　　　　　　　　　　( )
2. 管理的科学性是以理性分析为基础的。　　　　　　　　　　　　　　　　　( )
3. 在组织中具体执行计划、组织、协调、控制、经营等管理活动的人是管理的接受者,是管理客体,而不是管理主体。　　　　　　　　　　　　　　　　　　　　　　　( )
4. 当工作结果与目标要求存在偏差时,需要分析偏差产生的原因以及偏差产生后对目标活动的影响程度。　　　　　　　　　　　　　　　　　　　　　　　　　　　( )
5. 系统是指由若干相互依存、相互作用的要素或子系统组合而成的具有特定功能的有机整体。　　　　　　　　　　　　　　　　　　　　　　　　　　　　　　　( )
6. 管理者要尽量把简单的沟通关系演化为复杂的人际关系,为以后的工作发展打下基础。　　　　　　　　　　　　　　　　　　　　　　　　　　　　　　　　( )
7. 作为管理者,只依靠权力管理员工,效果就会微乎其微。　　　　　　　　　( )
8. 组织文化一旦形成,对组织成员的行为影响就会是持续的、普遍的,而且是高成本的。　　　　　　　　　　　　　　　　　　　　　　　　　　　　　　　( )

## （二）填空题

1. 管理工作的内容包括了_____,_____,_____,_____以及_____等一系列工作。

2. 管理的本质是_____。

3. 效益是指组织目标的实现与_____之间的一种比例关系。

4. 根据管理的层次,管理方法可分为_____,_____以及_____。

5. 全球化,_____以及_____是现代组织管理活动必须考虑的时代背景。

6. 在组织和协调群体活动的过程中,管理者必须依循人本原理,_____,效益原理及_____等基本原理。

7. 管理者在选择组织管理活动的过程中,采取的方法通常以_____为基础,或者以_____为依据。

8. 国际化经营的进入方式主要有:_____、非股权安排和国际直接投资。

## （三）选择题

1. 管理的载体是_____。

A. 管理职能　　　　B. 管理活动　　　　C. 管理对象　　　　D. 组织

2. 管理的目的是_____。

A. 收集信息　　　　　　　　　　B. 创造利润

C. 有效地实现组织预定的目标　　D. 产品创新

3. _____职能本身并没有某种特有的表现形式,总是在与其他管理职能的结合中表现自身的存在与价值。

A.创新　　　　　　B. 组织　　　　　　C. 领导　　　　　　D. 控制

4. 管理者影响人的行为的手段无非两类,一类与权力有关,另一类与_____有关。

A. 组织文化　　　　B. 企业宗旨　　　　C. 组织目标　　　　D. 经济利益

5. 管理者在组织管理活动的实践中必须依循的基本规律不包括_____。

A. 人本原理　　　　B. 系统原理　　　　C. 效益原理　　　　D. 权变原理

6. 为了成为有效的全球化管理者,必须具备一些关键的知识与能力,以下不属于这些知识与能力的是_____。

A. 文化适应能力　　B. 观察能力　　　　C. 创新能力　　　　D. 国际商务知识

7. 全球化管理的环境因素划分为一般环境与任务环境,下列不属于全球化的一般环境的是_____。

A. 经济体制和经济政策　　　　B. 竞争对手

C. 社会基础设施　　　　　　　D. 文化环境

8. 根据战略规划,我国信息化涉及的应用领域不包括_____。

A. 经济领域　　　　B. 社会领域　　　　C. 外交领域　　　　D. 文化领域

## （四）名词解释

1. 管理
2. 组织
3. 人本原理
4. 信息化
5. 市场化

## （五）论述题

1. 如何正确理解管理的科学性与艺术性？
2. 论述管理者在选择组织管理活动过程中采取的管理方法。
3. 论述如何成为一名全球化管理者。

## （六）案例分析

案例一

微软曾于 1999 年创下了 6 616 亿美元的全球上市公司市值纪录。但是，随着 2000 年 1 月史蒂夫·鲍尔默(Steven Ballmer)接替比尔·盖茨(Bill Gates)成为公司 CEO，微软的股价停止了增长的势头。鲍尔默执政期间有两件大事受到大家诟病：员工(绩效)末位淘汰制引起逆反；对新兴部门的压制削减了创新能力。

微软原副总裁迪克·布拉斯(Dick Brass)曾提到："微软形成了一种大部门打压新兴部门的文化。过去十年间，微软负责音乐、电子书、手机、在线业务、搜索和平板电脑等新业务的所有高管都离职了，这不是偶然。"

微软于 2014 年换帅，纳德拉开始扫除沉疴，调整方向。

首先，取消排名与评分体系。员工因排名最末尾 10% 而被扫地出门的情形得到了控制。如今，微软对员工的评价，会更多考虑其跨部门间协作的表现。公司的考核目标，将兼顾员工自己完成了什么，员工帮助他人完成了什么，以及员工自己的成就中有多少是基于他人的帮助这三大因素。

其次，整合冗员与冗余部门。纳德拉上任后不久，即提出规模为 1.8 万人的裁员计划，其中的 1.25 万人就来自诺基亚产品与服务部门。2015 年 9 月，纳德拉还将微软原有的 5 个业务部门精简为 3 个，以"智能云"部门对应 Windows Server 与其他基础设施领域的产品，以"生产力与业务流程"部门对应 Office 业务，以"更多个人计算业务"部门对应原 Windows OEM 业务。

再次，推进新兴业务战略。微软云服务部门的原负责人一直表示，微软将在自己的执掌下，逐步减少对传统领域业务的依赖，并将经营重心转向更具增长潜力的云服务等业务。一系列的裁员与精简部门，也正是为了微软能倾斜更多战略资源给新兴的云服务 Azure、云办公服务 Office 365 等业务。

最后,寻找更多战略同盟。一些昔日的竞争对手,在纳德拉的促成下,与微软构建了更和谐的竞合关系。在 WPC 2016 上,纳德拉与 GE 公司 CEO 杰夫·伊梅尔特(Jeff Immelt),共同宣布了微软云服务 Azure 与 GE 数字化平台 Predix 的战略合作。此外,IBM 也将裸机服务器与 Azure Stack 结合,形成了全面的私有云方案,而 Facebook 公司 CIO 蒂姆·坎波斯(Tim Campos)也宣布,Facebook 将成为 Office 365 业务的用户。

据 2016 年微软技术大会上发布的数据,目前,已经有约 85% 的世界 500 强企业,采用了微软的云服务 Azure。微软的股价,也在近期持续迎来攀升,并于 2016 年年底创出超过 60 美元的历史新高。

资料来源:改编自经理人网:《微软再次裁员重组,三年来它还经历过哪些管理变革?》,2017 年 7 月 8 日。

结合材料,运用所学的知识,回答下列问题:

1. 请谈谈案例中鲍尔默失败的原因是什么。
2. 纳德拉的成功给你在管理问题上有什么启示?

## 案例二

田野是某大学的一位大学生,为了准备全国英语六级考试,在新华书城购买了一本历年全国英语六级考试全真试题,没想到等到准备做试题时,却发现该书缺页达 40 页之多。无奈,他只好找出购书时计算机打印的列有所购书名的付款小票,准备去调换一本。到了书城,田野直接到总服务台说明了情况,营业员甲接过书和付款小票看了看,说:"没问题,可以调换。请您直接去 5 层找营业员调换。"随即,田野来到 5 层,找到相应专柜的营业员乙,营业员乙马上在书架上找,结果却发现该书一本都不剩了,于是对田野说:"这本书已卖完了,不知仓库里有没有? 你去找总台问。"此时,田野显得有些不耐烦了,问营业员乙为什么不能帮助顾客联系解决,而要顾客楼上楼下来回跑。营业员乙一边抱怨一边打电话给总台说:"书架上已没有该书,请你们处理吧。"田野一脸的无奈,只好再次跑下楼去找总台。没想到总台营业员甲查完计算机记录后,田野却被告知,该书已脱销了,现在厂家也没有此书了。田野十分生气,本来只想调换一本,结果自己楼上楼下跑,跑来的结果却是一本不剩,他要求退书。可是,营业员甲说:"退书必须在购书 7 日之内,您是 8 天前买的,我们不能给您退。"田野此时已气愤至极,买了一本缺 40 余页的书本来已经够恼火的了,专门来调换却没有书可换。于是,他找到书城负责人理论说:"我从你们书城买的书缺了 40 多页,我是来换书的,并不想来退书,可现在因为你们该书脱销不能给我换书我才退书的。"书城负责人不无遗憾地说:"这是单位规定,超过 7 天不予退,只能换。"田野据理力争道:"如果因为我个人的原因在 7 天之后要求退书,你们可以不退。但现在不是因为我的原因,而是你们该书脱销,而卖给我的书又少了 40 多页,你们没有理由不给退。"书城负责人说:"不是我们不给你换,是没有书可换,我也没有办法,超过 7 天我们不予退书,要退,你找出版厂商去。"此时,围观的人越来越多,人们纷纷谴责书城负责人的做法。

资料来源:改编自王燕云、王丽君:《管理学基础》,中国轻工业出版社 2015 年版,第 45-46 页。

结合材料,运用所学的知识,回答下列问题:

1.从案例这一事件中,对于该书城"超过7天不予退,只能换"的规定,书城营业员、负责人始终坚持遵照执行,他们的做法有错吗? 为什么?

2.如果你是该书城负责人,对田野的退书要求,你认为应该怎样处理?

## 四、习题答案及提示

### (一)判断题

1. ×　2. √　3. ×　4. √　5. √　6. ×　7. √　8. ×

### (二)填空题

1. 决策,组织,领导,控制,创新
2. 对人的行为进行协调
3. 实现组织目标所付代价
4. 宏观的管理方法,中观的管理方法,微观的管理方法
5. 市场化,信息化
6. 系统原理,适度原理
7. 理性分析,直觉判断
8. 进口

### (三)选择题

1. D　2. C　3. A　4. A　5. D　6. B　7. B　8. C

### (四)名词解释

1. 管理就是为了有效地实现组织目标,由管理者利用相关知识、技术和方法对组织活动进行决策、组织、领导、控制并不断创新的过程。

2. 组织是指一群人为了实现某个共同目标而结合起来协同行动的集合体。

3. 人本原理是以人为中心,要求对组织活动的管理既是"依靠人的管理",也是"为了人的管理"。

4. 信息化既是一种过程,指现代信息技术的应用,促成对象或领域(如社会或企业)发生转变的过程,也是一种状态,指对象或领域因信息技术的应用所达成的新形态或状态。

5. 市场化是指在开放的市场中,用市场机制而非行政命令方式实现资源配置。

## （五）论述题

1. 管理是科学还是艺术？这里的管理指的是管理理论（或管理学）还是管理工具（手段与方法），或是管理实践？如果非常明确地表述了上述三种不同指向，那么答案是不言自明的。管理理论和管理工具毫无疑问是科学的，或者可以是科学的，而管理实践则明显地表现出艺术性的特征。在管理实践中，管理者需要根据活动环境、活动条件以及活动对象等因素的特征及其变化艺术地运用那些科学的理论、手段和方法。实际上，管理活动的有效性在很大程度上正是取决于管理者能否艺术地运用以及在何种程度上艺术地运用那些科学的理论、手段和方法。

2. 管理者在选择组织管理活动的过程中，需要借助大量的方法。

（1）根据管理对象的不同，这些方法包括了与人有关的管理方法、与物有关的管理方法、与资金管理有关的管理方法以及与活动组织有关的管理方法。

（2）根据活动选择与组织实施的阶段不同，这些方法涉及方案的制定、方案的比较、方案的组织实施以及实施过程中的控制。

（3）根据管理的层次，这些方法可分成宏观的管理方法、中观的管理方法以及微观的管理方法。

（4）根据属性的不同，管理方法可分成法律方法、行政方法、经济方法以及教育方法，等等。

抽象地看，这些方法或者以理性分析为基础，或者以直觉判断为依据。

3. 一名全球化管理者需要做到：

（1）理解全球化管理的环境，即一般环境（主要是国家和文化）和任务环境（主要是供应商、竞争对手、销售商、顾客和劳动力市场与工会），以及理解这些环境因素对管理的影响，做到"知彼知己，百战不殆"。

（2）理解与掌握一些全球化管理所必需的关键能力，即国际商务知识、文化适应能力、换位思考能力和创新能力，锻炼跨地区、跨国家与跨文化的管理能力。

## （六）案例分析

1. 鲍尔默失败的原因在于：

（1）没有有效地激励员工。在员工排序上没有考虑到实际情况，不能正确分出绩效差和绩效好的员工。

（2）管理没有结合环境，过于规避风险而没有创新，使得企业失去了未来发展的动力。

从纳德拉身上我们能学到：

（1）管理者要为企业制定有效的战略，只有有了战略，在现阶段的发展上，企业才有明确的目标和奋斗的方向。

（2）管理者在组织设计上要考虑企业的发展方向以及发展所需。

（3）有效的管理离不开一群有效的员工，在员工的管理上要做到公平且有竞争。

2. 违反规章制度可能有多种不同的情况，在处理时既要照章处理，又要考虑特殊情况。

具体而言,取决于特殊情况的界定和酌情原则的明确。

（1）规章制度就其本质而言,是一种管理手段。任何组织为了实现共同的目标,都会制定一系列的规章制度以规范群体的行为。可以说,规章制度是一种有效的管理手段,任何一个组织都不可缺少。但与此同时,要明确规章制度只不过是一种手段,决不能为了维护规章制度而置组织目标于不顾。对于该书城"超过 7 天不予退,只能换"的规定,书城营业员、负责人在任何情况下都照章办事,是典型的教条主义,他们错把手段当目的,因此其做法是错误的。

（2）对待规章制度,正确的态度应该是:在一般情况下,照章办理;在特殊情况下,酌情处理。正确对待规章制度的关键在于明确界定特殊情况的范围和酌情处理的原则。本案例中田野的退书要求是在"无书可换"的情况下提出的,属于特殊情况,书城经理应该酌情处理,予以退书。

# 第二章　管理理论的历史演变

## 一、知识点回顾

### 1. 古典管理理论

**■ 科学管理研究**

**泰勒的科学管理理论**的主要内容有：

（1）改进工作方法，并根据工作的要求挑选和培训工人；改进操作方法，以提高工效、合理利用工时；作业环境与作业条件的标准化；根据工作要求，挑选和培训工人。

（2）改进分配方法，实行差别计件工资制。

（3）改进生产组织，加强企业管理：在企业中设置计划部门，把计划职能和执行职能分开；实行职能工长制；进行例外管理。

**■ 一般管理研究**

**法约尔的经营六职能**：管理职能；技术职能；商业职能；财务职能；安全职能以及会计职能。技术职能是企业加工材料、生产产品的制造活动；商业职能是指与原材料和设备的购买和产品的销售有关的市场活动；财务职能是指围绕资金的筹集和运用而展开的活动；安全职能是指与设备和人员保护有关的活动；会计职能是指为监视资金的合理运用而对其运动过程中的变化状况进行的记录、归类和分析活动。

**法约尔关于一般管理的 14 条原则**：劳动分工；权力与责任；纪律；统一指挥；统一领导；个人利益服从集体利益；人员的报酬；集中；等级制度；秩序；公平；人员稳定；首创精神；人员的团结。

管理活动包括计划、组织、指挥、协调和控制五个方面的内容。

**■ 科层组织研究**

**科层组织**或科层制度，通常亦被译为官僚组织、官僚政治，是一种通过公职或职位，而不是通过世袭或个人魅力来进行管理的理想的组织制度。

韦伯认为，为社会所接受的**合法权力**有三种类型：传统型权力；个人魅力型权力；法理型权力。传统型权力建立在对于习惯和古老传统的神圣不可侵犯性要求之上。这是一种由族长或部落首领来行使的权力。个人魅力型权力是建立在对某个英雄或人物或某个具有神赋天授品质的人的个人崇拜基础之上的权力。法理型权力的依据是对标准规则模式的合法化的信念，或对那些按照标准规则被提升到指挥地位的人的权力的信念。这是一种对由法律确定的职位或地位的权力的服从。

### 2. 现代管理流派

#### ■管理思维的系统与权变研究

巴纳德认为组织是一个协作系统。**协作系统的三个基本要素**，即协作的意愿、共同的目标和信息的沟通。协作的意愿意味着个人自我克制、交出对自己行为的至少是部分的控制权，个人行为的非个人化。共同的目标是协作意愿的必要前提。组织的共同目标和不同成员的协作意愿只有通过信息沟通才能相互联系形成动态的过程。

**经理人员的职能**主要有三项：建立和维持一个信息系统；从不同的组织成员那里获得必要的服务；规定组织的共同目标，并用各个部门的具体目标来加以阐明。

根据**权变学派**的观点，管理技术与方法同环境因素之间存在一种函数关系，企业管理要随环境的变化而变化。影响比较大的权变学派的管理学家及其理论观点有：莫尔斯（John J. Morse）和洛什（Jay W. Lorsch）的"超 Y 理论"，费德勒（Fiedler）的权变领导模型等。

#### ■ 管理本质的决策与协调研究

**西蒙的决策理论**的主要观点：

（1）管理就是决策，决策贯穿于整个管理过程。

（2）决策过程包括四个阶段的工作：情报活动，设计活动，抉择活动，审查活动。

（3）决策的准则：决策遵循的是满意原则，而不是最优原则。

（4）程序化决策和非程序化决策：程序化决策是例行活动，指一些重复出现的工作，当出现这类工作或问题时，就利用既定的程序来解决，而不需重新研究。如订货、材料的出入库等。非程序化决策是非例行活动，不重复出现，如新产品的开发、生产规模的扩大、品种结构的调整、工资制度的改变等。

明茨伯格指出组织的六种**协调机制**包括：相互调适；直接监督；工作程序标准化；成果标准化或产出标准化；技术（技能）以及知识标准化；规范标准化。

组织的**基本构成部分**包括：工作核心层；战略高层；直线中层；技术官僚；支援幕僚；意识形态或文化。

组织结构的七种**基本形态**包括：创业型组织（简单结构）；机械型组织；多角化组织（分部式结构）；专业型组织；创新型组织（特别小组）；使命型组织以及政治型组织。

#### ■ 管理分析的技术与方法研究

在孔茨所称的管理科学学派看来，管理就是制定和运用数学模型与程序的系统，即通过对企业的生产、采购、人事、财务、库存等职能间相互关系的分析，然后用数学符号和公式来表示计划、组织、控制等合乎逻辑的程序，求出最优的解答，以达到企业的目标。

### 3. 当代管理理论

#### ■ 制度视角的研究：新制度学派的组织趋同理论

组织趋同的现象观察：新制度学派从制度环境的影响这个角度剖析了组织的趋同现象。

组织趋同的原因分析："合法性"释义。合法性机制是指制度环境诱使或迫使组织采纳被外部认同的组织结构和行为的作用机制。

**合法性**导致组织趋同有三种不同的机制：强迫性机制；模仿机制，即各个组织模仿同领域中成功组织的行为和做法；社会规范机制，社会规范产生一种共享观念、共享行为规范的思维方式。

　　■ 技术视角的研究：企业再造理论

　　**业务流程再造**（BPR）也被称为业务流程重组和企业经营过程再造，是针对企业业务流程的基本问题进行反思，并对它进行彻底的重新设计，以在成本、质量、服务和速度等当前衡量企业业绩的这些重要方面取得显著的进展。

　　业务流程再造由观念再造、流程再造、组织再造、试点和切换、实现愿景目标五个关键阶段组成。


# 二、拓展阅读材料


## （一）践行管理本质的先行者

　　科学管理相对于经验管理的进步已经不言而喻，然而任何一项进步都来之不易。相信细读了《科学管理原理》的人都会被一种精神所打动，在推行科学管理方法的初期，泰勒受到了无比的压力："实话说，很少有工长能真正顶住车间里全部工人的联合压力。""每当我出现在大街上，人们就会骂我'工贼'或更肮脏的话，我的妻子就会受到凌辱，我的孩子就会遭到石块的袭击。"而面对压力泰勒做出的回应更是令人叹服，"我告诉这些工人，并请他们转告车间里其他工人：我打算每天晚上仍从铁路旁的那条小道步行回家，不曾也不准备携带任何武器，他们可以向我开枪，将我打死。"也正是这种"泰勒精神"的存在使其最终实现了管理学史上从"经验管理"向"科学管理"的巨大变革，而这一变革最大的贡献就在于让管理者开始重视管理的本质——效率问题。

　　基于创造顾客的根本目的，我们判断一个企业的价值，判断其是否真正是一个价值型企业，最终还要看其对顾客价值的贡献（陈春花，2010）。亨利·福特曾表示，"我认为我们的企业不应该赚这么惊人的利润，我主张最好用合理的小额利润，销售大量的汽车……因为这样可以让更多的人买得起，还因为这样可以让更多的人就业，这是我一生的两个目标"（科林斯、波勒斯，2009）。在赞叹福特本人及福特公司的贡献时，我们还必须要了解，创造这一价值正是源于对管理本质的实践，即效率提升。自泰勒在钢铁公司践行了这种本质后，福特继续将科学管理应用到福特汽车公司中，效率的提升使汽车的价格在8年内降低58%，同时5美元的工人日工资也达到了行业标准薪资的两倍，最终，福特用大家买得起的T型车改变了美国人的生活方式，从而令汽车时代到来。随后的更多追随者对科学管理的实践更是让我们看到泰勒对美国企业、产业乃至整个工业世界的重大贡献。

　　回到中国企业的管理实践上来，过去我们在管理上做了很多尝试和努力，也学习了很多管理理论和管理方法，同时也不断地寻找可以参照的管理模式，但是我们的效果仍然是不好，曾经观察到这样几组数据：2005年，中国500强总量是全球500强总量的8.7%，中国劳动力平均产出只有美国的4.4%。中国家电企业的利润总和只有29.3亿美元，相当于全球IT界70强的24位，利润率为2.5%。世界企业500强的人均营业收入是35万美元，人均利润是1.9万美元；中国企业500强的人均营业收入折合7万美元，相当于世界企业500强人均营业收入的 20%，人均利润折合 0.3 万美元，相当于世界企业 500 强人均利润的 15.8%（李克琴,2005）。2007 年,中国企业 500 强的人均营业收入、人均利润水平只相当于世界企业 500 强的 23.7% 和 15.0%（中国企联,2007）。2008 年,中国企业 500 强的劳动生产率、人均利润分别只相当于世界企业 500 强的 27.46%、27.59%,其中宝钢的劳动生产率、人均利润分别只相当于卢森堡阿塞诺米塔尔公司的 82.82%、94%,迅速崛起的华为集团的劳动生产率、人均利润分别只相当于芬兰诺基亚的 33.69%、10.02%（武勇,2008）。2010 年,中国企业 500 强中,国有企业人均利润水平为 5.27 万元,远低于民营企业的 7.86 万元（蔡敏、朱青、詹婷婷,2010）。

我们做了这么多年的努力,我们在管理当中做了很多很多的投入,但是我们并没有关心它的产出,所以我们的竞争力不够。在实践当中,很多企业在制定了战略目标后,或许是因为原始资本积累的过快还是其他原因,养成了这样的习惯,老板会直接告诉我,明年我们的经营目标增加了一倍,我们直接增加一倍销售员就可以了,或者我们直接把销售渠道增加一倍。面对这样的做法,我只能说,我们真的并没有从管理的角度,更具体地说是从效率的角度来考虑。如果真的这样去做,我们实际上是没有释放管理的价值,仍然做的仅仅是资源的投放,那么,我们所获得的产出就并不是有效率的,而我们本该因为管理获得产出还要远远大于这些。

资料来源:改编自陈春花:《泰勒与劳动生产效率——写在〈科学管理原理〉百年诞辰》,《管理世界》2011 年第 7 期。

## （二）"令人满意"准则:西蒙决策理论的理论核心

决策理论起源于现代管理理论之父——巴纳德的《经理人员的职能》一书。但西蒙的理论却直指当时社会普遍承认的所谓"管理原则",并以此为突破点。西蒙认为这些所谓的管理原则,不过"只是些含糊不清、相互矛盾的谚语而已",而现代管理理论的研究和发展表明,那种对"管理原则"本身的强调,正在稳健地转变为研究相互冲突的原则各自适用的条件,社会经济的发展本身就要求必须不断有新的管理理论的出现,以适应其发展。

西蒙在《管理行为》中所迈出的实质性的第一步,就是以挑战者的姿态向微观经济学的基本命题发起了攻势,在批判与继承中确立了"有限度理性条件下""令人满意"的准则。微观经济学,就其研究对象和方法论来看,既是一种选择理论也是一种决策理论,西蒙的研究指向与其一致。但是,微观经济学的基本命题是完全的理性与最大化原则,而西蒙决策理论的基本命题却是"有限度的理性"和"令人满意"的准则,两者在基本命题上是不一致的。

自微观经济学确立伊始,它便把人类的行为抽象为经济人的行为,并以此作为经济分析的基本前提。微观经济学"经济人"模式适用中的一种假设:决策时,经济人面前已经具备可供选择的全部措施或方案,厂商只要从各种不同的价格—产量组合中,选择一种使边际成本等于边际收益的组合,即可实现其最大利润。这显然是以完全理性为条件的最大期望。

任何一种管理理论要对管理行为做出有益的指导首先必须是可行的,西蒙从心理学的相互作用原理出发,把人作为一个行为系统,那么他的行为的复杂性大部分是他所处的环境的复杂性的反映。在西蒙看来,微观经济学中经济人决策模式几乎没有什么实用价值,因为这种模式本身存在致命的弱点,其规定了两个苛刻的适用条件:(1)只有在确定情况下,即目前状况与未来变化具有必然的一致性。（2）在决策时，必须假定全部可供选择的"备选方案"或"措施"的可能结果，都是"已知的"。事实上，决策者在决策过程中不可避免地要受到其个人素质的局限，包括价值观、经验技能、知识深度、对决策目标的了解程度以及信息的沟通、资料的完备程度，甚至个人偏好的影响。因此，管理决策的正确性具有相对的意义。

由此西蒙得出结论：完全的理性决策导致决策者寻求最佳措施，为此必须设置一套衡量所有备选方案的标准，以达到择优的目的，而有限度的理性决策则导致决策者寻求相对令人满意的措施，为此只需建立一套符合最低限度要求的标准，以此为基准选定符合或超过这个标准的方案。当然，这里的"标准"并不是既定不变的，标准的高低取决于寻找替代措施所支付的成本。当替代的措施被证明是较容易发现时，标准就应适当提高。西蒙的决策理论已远远超出了企业管理的范围而适用于一切正式组织机构，这一点至少可以从它为美国政府长期推行福利政策提供了充足的理论根据中得到证实。

资料来源：改编自黄柏：《管理就是决策——赫伯特·A.西蒙〈管理行为〉评介》，《管理世界》1990 年第 1 期。

### （三）中华文化与管理：精一，一招用到极致

精一，不是指只做一件事，只在一个领域发展；而是在环境不断变动的过程中，持续地、真诚地与自己对话，思考和确立企业的"本"（core），一心一意、专注而用心地立足于企业的"本"行事，并且精益求精、一点一滴领悟本身所在领域的永续之道。从阐述宇宙万物变化规律的《易经》，也能理解为何精一可以帮助企业面对复杂的变化，扩大经营版图。

《易经》的"易"，有三层意思。第一层是"变易"，就是动态的、变化的；第二层是"简易"，即化繁为简，复杂的事情简单做；第三个层次就是"不易"，即寻求恒久不变的原则。精一，能帮助企业在变动中，化繁为简，并且逐渐领悟出"不易"的原则，见招拆招，以不变应万变。

我们来看看那些庞大商业组织的"一"是什么？星巴克董事长霍华德·舒尔茨的一个原则，是让公司成为顾客的"第三空间（The Third Place）"：家、公司和星巴克。他曾说，星巴克是"专门与人打交道的生意，只是恰巧卖咖啡而已"。迪士尼早期的"一"是"以米老鼠为中心"，让这个动画角色作为联结所有业务的核心。后来，迪士尼转型，开始以家庭娱乐为中心，重新打造自己的"一"。为宝洁公司效力达 41 年之久的前董事长兼执行长埃德温·阿兹特（Edwin Artzt），在任时曾宣布："我们公司的业务已经涵盖 40 多个领域，包含：沐浴产品、纸制品、医药保健、美容护理和食品饮料。"这一连串五花八门、南辕北辙的产品有"一"吗？有，所有产品都围绕甘油技术。

至于中国企业，华为是一个标杆，成立 28 年来，只用"一"剑。2016 年年初，华为总裁任正非接受媒体访问时说："这么多年来，华为只对准通信领域这个'城墙口'冲锋，坚持只做一件事，在一个方面做大。""华为如今的成功没有秘密，就是靠阿甘式的'傻'，聚焦战略机会，坚持创新，并选择不上市以避免资本市场的约束和绑架，令华为可以自主地加大技术、人才、管理体系和客户服务的'傻投入'……傻，就是不把钱看成中心。中心是理想，钱不是最重要的。"把一招用到极致，就成绝招。当一个企业能够将所有"变易"的思维或做法，都围绕在本身的"一"发展时，就能一以贯之、到处通达。

精一,叩问企业的本质。对企业家来说,要找到自己的"一",必须先自我对话,深思对自己重要的事有哪些,然后排列优先顺序,最后做出一致性的决定。在这个过程中,还要有专注、持续、反复为之的热忱,在不利处境中也能沉着应对。至于企业,每家公司寻找"一"的过程是不同的。有些企业在创建初期就有清晰的"一",全食(Whole Foods)就是一个明显例子。

全食在1980年创办于得克萨斯州奥斯汀,目前已是美国第八大有机食品和药妆连锁系统。全食的创办人兼执行长约翰·麦基(John Mackey)认为他的商业逻辑很简单:管理者照顾好员工,员工照顾好消费者,愉快的消费者就会给股东带来利益,这是一个良性循环。在全食,员工不必穿千篇一律的工作服,公司为全职员工支付100%的保险金。每个连锁店都有很大的发言权,比如地区经理可以根据当地的风格自己设计新店,而不必从总部寻找模板。"利润最大化的策略是什么? 没有! 股东的利益排在顾客和员工之后,利润不是最优先考虑的目标,而是善待人们的副产品。如果你不喜欢这种观点,就不要投资全食。"约翰·麦基这样说。

资料来源:改编自陈明哲:《精一管理:企业永续经营的生生之道》,《清华管理评论》2016年第12期。

## 三、习题

### (一) 判断题

1. 韦伯认为,只有法理型权力才能成为科层组织的基础。 (　　)
2. 哈默提出了业务流程再造是围绕任务而不是结果进行组织。 (　　)
3. 就管理的职能而言,法约尔认为管理就是要确切地知道要别人干什么,并注意他们用最好最经济的方法去干。 (　　)
4. 根据权变学派的观点,管理技术与方法同环境因素之间存在一种函数关系,企业管理要随环境的变化而变化。 (　　)
5. 决策理论学派是以数学模型和行为科学为基础的。 (　　)
6. 泰勒的科学管理既重视技术因素,也重视人的社会因素。 (　　)
7. 流程再造是企业对现有的流程进行调研分析、诊断、再设计,然后构建新流程的过程。 (　　)
8. 当环境不确定,各个企业不知道怎么做才是最佳方案时,通过模仿那些成功企业的做法可以减少不确定性。 (　　)

### (二) 填空题

1. 社会系统学派的创始人是_____。
2. 韦伯提出的三种类型的权力,即_____,_____,_____。

3. 巴纳德认为,作为正式组织的协作系统,不论其规模大小或级别高低,都要包含的三个基本要素是:_____,_____,_____。

4. _____是从组织的最高权力机构直至最低层管理人员的领导系列。

5. 赫伯特·西蒙对古典决策理论中运用"最优"和"绝对理性"为决策依据提出了挑战,认为人们只能做出"_____"的决策。

6. 与历史上的其他组织类型相比,学者韦伯认为_____是最理想的组织形式。

7. 业务流程再造由观念再造,_____,组织再造,试点和切换,_____五个关键阶段组成。

8. 管理是一种思维方式,影响管理者思考管理问题的基本方式是_____和_____。

## (三) 选择题

1. 泰勒认为科学管理的中心问题是_____。

A. 实现标准化　　　B. 制定科学报酬制度　　C. 提高人工素质　　　D. 提高效率

2. 泰勒科学管理的假设前提认为人基本上是受经济利益所推动的_____。

A. 经济人　　　　　B. 社会人　　　　　　C. 复杂人　　　　　D. 自我实现人

3. _____第一个全面系统地提出管理的计划、组织、指挥、协调与控制五项职能。

A. 韦伯　　　　　　B. 亨利·法约尔　　　C. 泰勒　　　　　　D. 罗伯特·欧文

4. 下列属于现代管理理论的代表学派的是_____。

A. "科学管理"学派　　　　　　　　　B. "经验管理"学派

C. "组织理论"学派　　　　　　　　　D. "决策理论"学派

5. 例外决策,具有极大偶然性、随机性,又无先例可循且具有大量不确定性的决策活动,其方法和步骤也难以程序化、标准化,不能重复使用的这类决策属于_____。

A. 不确定型决策　　B. 非程序化决策　　C. 风险型决策　　　D. 程序化决策

6. 下列不属于合法化导致组织趋同的机制是_____。

A. 强迫性机制　　　B. 模仿机制　　　　C. 保障机制　　　　D. 社会规范机制

7. 在现代管理学派中,_____认为在企业管理中并没有什么是一成不变和普遍适用的。

A. 管理过程学派　　B. 群体行为学派　　C. 社会系统学派　　D. 权变学派

8. 美国管理大师彼得·德鲁克说过,如果你理解管理理论,但不具备管理技术和管理工具的运用能力,你还不是一个有效的管理者;反过来,如果你具备管理技巧和能力,而不掌握管理理论,那么充其量你只是一个技术员。这句话说明_____。

A. 是否掌握管理理论对管理者工作的有效性来说无足轻重

B. 如果理解管理理论,就能成为一名有效的管理者

C. 有效的管理者应该既掌握管理理论,又具备管理技巧与管理工具的运用能力

D. 有效的管理者应该注重管理技术与工具的运用能力,而不必注意管理理论

## （四）名词解释

1. 统一指挥
2. 例外管理
3. 差别计件工资制
4. 个人魅力型权力
5. 法理型权力
6. 程序化决策
7. 合法性机制
8. 业务流程再造

## （五）论述题

1. 论述泰勒的科学管理理论的主要观点。
2. 论述法约尔对经营和管理的分析。
3. 如何理解"决策遵循的是满意原则，而不是最优原则"这句话？

## （六）案例分析

案例一

海伦、汉克、乔、萨利四个人都是美国西南金属制品公司的管理人员。海伦和乔负责产品销售，汉克和萨利负责生产。他们刚参加过在大学举办的为期两天的管理培训班。在培训班里主要学习了权变理论、社会系统理论和一些有关职工激励方面的内容。他们对所学的理论有不同的看法，现正展开激烈的争论。

乔首先说："我认为社会系统理论对我们这样的公司是很有用的。例如，如果生产工人偷工减料或做手脚的话，一旦原材料价格上涨，就会影响到我们的产品销售。系统理论中讲的环境影响与我们公司的情况很相似。我的意思是，在目前这种经济环境中一个公司会受到环境极大的影响。在油价暴涨期间，我们当时还能控制自己的公司，现在呢？我们在销售方面每前进一步，都要经过艰苦的战斗。各种的艰辛你们大概都深有感触吧？"

萨利插话说："你的意思我已经知道，我们的确有过艰苦的时期，但是我不认为这与社会系统理论之间有什么必然的内在联系。我的意思是，如果说每个东西都是一个系统，而所有的系统都能对某一个其他的系统产生影响的话，我们又怎么能预见到这些影响所带来的后果呢？所以，我认为权变理论更适用于我们。如果你说事物都是相互依存的话，系统理论又能帮我们什么忙呢？"

海伦对他们这样的讨论表示有不同的看法。她说："对社会系统理论我还没有很好的考虑，但是，我认为权变理论对我们是很有用的。虽然我们以前亦经常采用权变理论，但是我却没有认识到自己是在运用权变理论。例如，我有一些家庭主妇顾客，听到她们经常讨论关于孩子和如何度过周末之类的问题,从他们的谈话中我就知道他们要采购什么东西了。顾客也不希望我们'逼'他们去买他们不需要的东西。我认为,如果我们花上一两个小时与他们自由交谈的话,那肯定会扩大我们的销售量。"

汉克显得有些激动地插话说:"我不懂这些被大肆宣传的理论是什么东西,但是,关于社会系统理论和权变理论问题,我同意萨利的观点。教授们都把自己的理论吹得天花乱坠,他们的理论听起来很好,但却无助于我们的管理实际。对于培训班上讲的激励要素问题我也不同意,我认为泰勒在很久以前就对激励问题有了正确的论述。要激励工人,就是要根据他们所做的工作付给他们报酬,如果工人什么也没有做,则用不着付任何报酬。你们和我一样清楚,人们只是为钱工作,钱就是最好的激励。"

资料来源:改编自赵有生:《现代企业管理》,清华大学出版社2009年版,第9-10页。

结合材料,运用所学的知识,回答下列问题:

如何看待他们所讨论的不同的管理理论? 在实际活动中有没有哪种管理理论是最好的?

## 案例二

1994年,万向集团在美国建立了万向美国公司,主要是为了开拓市场、收购优质资源。倪频从那一年开始负责万向美国公司的运作,当时他带着2 000美元去美国,一切都是从头开始。总部只给万向美国公司提了3点要求,第一是本地化发展,第二是收购别的企业,第三是要贡献于当地。万向美国公司设立的时候,战略方向是很明确的——一定要打入美国本土。当时很多人在美国开的公司,都是靠着华人圈运作,而万向美国公司坚持一定要跳出华人圈,一定要本地化。在现在看来明智的战略在当时却遇到很多困难,万向集团的管理者回忆:"在美国建立、管理子公司一定要意识到固有的文化冲突,很多时候就得按人家的套路走。"

公司建立后,万向美国公司聘用当地的优秀人力资源管理团队,按当地最严格的标准管理公司。公司财务、法务等业务,都由当地会计师事务所、律师事务所来承担,以取得客户的信任。考虑到美国工会在劳动力安排等问题上讨价还价,万向美国公司聘请当地精英人士为高级顾问,后者促进了美国企业和万向美国公司的对口合作,并帮助万向美国公司引进了先进的管理经验和技术。万向美国公司还取消了各种形式上的会议,不再推行层层汇报的管理体系,将任务明确到人、责任明确到人。万向美国公司在收购美国企业时完全采用当地的整合方式和理念。例如在收购UAI时,整个万向美国公司只有6个中国员工,其他都是美国人。万向美国公司认为,应该打破许多中资公司从国内大量派人的老规矩,主要在当地招聘人才,因为他们更加熟悉美国国情、市场、法律,能够带来更多的专业经验和潜在客户。万向美国公司意识到,只有产品被美国市场接受是不够的,整个公司也需要被接受,绝不能让万向美国公司被指责为那种只从当地攫取利益而不做贡献的公司,而要成为一家扎根美国的公司。之后万向美国公司将多家濒临破产的美国企业扭亏为盈,声誉日益提升。美国伊利诺伊州政府还命名了"万向日"以表彰万向美国公司对该州经济发展的贡献。

资料来源:改编自魏江、王诗翔、杨洋:《向谁同构? 中国跨国企业海外子公司对制度双

元的响应》,《管理世界》2016 年第 10 期。

结合材料,从新制度理论视角谈谈为什么万向"一定要打入美国本土"？万向又采取了哪些策略来实现这一目标？

## 四、习题答案及提示

### (一)判断题

1. √　2. ×　3. ×　4. √　5. ×　6. ×　7. √　8. √

### (二)填空题

1. 巴纳德
2. 传统型权力,个人魅力型权力,法理型权力
3. 协作的意愿,共同的目标,信息的沟通
4. 等级制度
5. 令人满意
6. 科层组织
7. 流程再造,实现愿景目标
8. 系统思维,权变思维

### (三)选择题

1. D　2. A　3. B　4. D　5. B　6. C　7. D　8. C

### (四)名词解释

1. 统一指挥是指组织内一个下属人员只应接受一个领导人的命令。

2. 例外管理是指企业的上级主管把一般的日常事务授权给下级管理人员去处理,而自己保留对例外事项或重要问题的决策与监督权。

3. 差别计件工资制,即在计算工资时,采取不同的工资率,未完成定额的按低工资率付给,完成并超过定额的按高工资率付给。

4. 个人魅力型权力是建立在对某个英雄人物或某个具有神赋天授品质的人的个人崇拜基础之上的权力。

5. 法理型权力的依据是对标准规则模式的合法化的信念,或对那些按照标准规则被提升到指挥地位的人的权力的信念。这是一种对由法律确定的职位或地位的权力的服从。

6. 程序化决策是例行活动,指一些重复出现的工作,当出现这类工作或问题时,就利用既定的程序来解决,而不需重新研究。如订货、材料的出入库等。

7. 合法性机制是指制度环境诱使或迫使组织采纳被外部认同的组织结构和行为的作用机制。

8. 业务流程再造也被称为业务流程重组和企业经营过程再造,是针对企业业务流程的基本问题进行反思,并对它进行彻底的重新设计,以在成本、质量、服务和速度等当前衡量企业业绩的这些重要方面取得显著的进展。

## (五)论述题

1. 泰勒的科学管理理论的主要内容:

(1)改进工作方法,并根据工作的要求挑选和培训工人。这具体包括:①改进操作方法,以提高工效、合理利用工时;②作业环境与作业条件的标准化;③根据工作要求,挑选和培训工人。

(2)改进分配方法,实行差别计件工资制。

(3)改进生产组织,加强企业管理。这具体包括:①在企业中设置计划部门,把计划职能和执行职能分开;②实行职能工长制;③进行例外管理。

2. 法约尔认为,经营和管理是两个不同的概念,管理只是经营的一部分。除了管理外,经营还包括技术、商业、财务、安全以及会计这一系列职能。作为经营的职能之一,管理由计划、组织、指挥、协调、控制五个方面构成。

法约尔指出,这六个方面的活动,在任何组织的任何层次都会以这种或那种方式不同程度地存在,因此组织中不同层次的工作人员都应根据任务的特点,拥有不同程度的六种职能活动的知识和能力。

3. 首先,要想决策达到最优,必须满足以下几个要求:

(1)决策者对所有可供选择的方案及其执行结果无所不知。

(2)决策者具有无限的估算能力。

(3)决策者的脑中对各种可能的结果有一个"完全而一贯的优先顺序"。

由于决策者在认识能力上和时间、经费及情报来源上的限制,不可能完全具备这些前提,所以事实上不可能做出"完全合理"或"最优"的决策。人们在决策时,不能坚持要求最理想的解答,常常只能满足于"足够好的"或"令人满意的"决策,由于人们没有求得"最优解"的才智和条件,所以只能满足于"令人满意的"这一准则。

## (六)案例分析

1.(1)在人类社会和生产发展的过程中,人们的生产方式与协调活动往往具备各自的特点,特定管理理论的产生,也是在特定的环境中诞生的,或者说不同的理论反映的是管理的不同方面。在此案例中,海伦、汉克、乔、萨利四人在争论应该使用哪种管理理论时,实际上是从不同的视角看待管理活动的。其实,管理理论更重要的是给我们提供了一种思想和视角,应该在不同的情景中灵活运用,而不是仅仅局限于理论本身。

（2）不同的管理理论其实为我们的管理活动提供了不同的视角和参考,在实际的管理活动中,我们可以把不同的管理理论作为我们的工具或者手段,对我们所面临的问题进行更好的分析和判断;从另一个角度看,不同的管理理论也是互补的,对于管理理论的灵活运用,能够使我们更好地进行管理。

2.（1）根据新制度理论,组织行为的选择受到组织外部环境特点的影响,这个环境不仅是指技术环境,而且包括制度环境。技术环境要求组织活动的有效性,即选择与社会技术发展水平相应的恰当方法和程序合理地组织内部的活动,使组织资源尽可能得到有效的利用。制度环境则要求组织内部以符合社会规范或"外界公认或赞许的社会事实",即"社会制度"的方式进行其内部活动。否则就会出现"合法性"危机,引起社会的非议,不利于组织的社会存在和发展。一个中国企业到美国投资,如果仅凭着中国的管理经验,很容易在企业经营管理过程中遭遇制度和文化上的冲突,对企业发展造成不良影响。万向美国公司之所以"要打入美国本土",就是为了获取合法性,避免这种危机。

（2）万向美国公司主要通过模仿机制和规范机制获取合法性。当环境不确定,各个企业不知道怎么做才是最佳方案时,通过模仿那些成功企业的做法可以减少不确定性。万向美国公司聘请当地最专业的人力资源管理团队、按当地最严格的标准管理公司、招聘熟悉美国国情的当地人、将财务和法务等业务交由当地事务所承担等,都是直接模仿当地做法的表现。规范机制则是通过遵守当地共享的观念和思维方式,以当地的基本行为规范行事,以此获得人们的认同。万向美国公司在这方面采取的措施包括:聘请当地精英人士为高级顾问,引进当地的管理方法和技术;取消各种形式上的会议以及层层汇报的管理体系,推行任务到人和责任到人的管理制度等。

第二篇　决策

# 第三章 决策与决策过程

## 一、知识点回顾

### 1. 决策及其任务

#### ■ 决策的概念和要素
**决策的概念**:狭义的决策是一种行为,是在几种行动方案中做出选择。广义的决策是一个过程,包括在做出最后选择之前必须进行的一切活动。决策是指为实现一定的目标,在多个备选方案中选择一个方案的分析判断过程。

**决策的要素**:决策要素可分为有形要素和无形要素两大类。决策主体,这是决策构成的核心要素,可以是单个决策者,也可以是多个决策者组成的群体。决策制度,包括决策过程中人员的安排,如职务和职位等。决策方案,指可供决策主体选择的行动方案。组织目标,目标是组织在一定时期内所要达到的预期成果,为决策提供方向。不确定性情境,指决策中虽然对最终结果产生影响,但是不能直接由决策主体控制的部分。

#### ■ 决策与计划
决策与计划往往相互渗透、紧密联系并交织在一起。

**计划体系**通常分为以下基本阶段:筹划,分析,综合与交流,行动。而每个阶段及其步骤与决策都密不可分。

#### ■ 决策的功能与任务
**决策的功能**:从组织层面看,决策能够为组织确立明确的方向。从个体层面看,决策可以激发组织成员的积极性。

**决策的任务**:从外部环境视角看,决策的任务是让组织灵活适应外部环境的变化。从组织内部视角看,决策的任务还包括调整和优化组织管理体系。从未来发展的角度看,让组织保持创业精神也是决策的题中应有之义。

### 2. 决策的类型与特征

#### ■ 决策分类
**根据环境因素的可控程度**,决策问题可分为三种类型,即确定型决策、风险型决策和不确定型决策。确定型决策,决策者掌握准确、可靠、可衡量的信息,能够确切地知道决策的目标以及每一备选方案的结果,常常可以很容易地迅速对各个方案进行合理的判断。风险型决策,决策者虽不能准确地预测出每一备选方案的结果,但却因拥有较充分的信息而能预知各备选方案及其结果发生的可能性。不确定型决策,因面对不可预测的外部条件或缺少所需信息而对备选方案或其可能结果难以确切估计。

**从决策所涉及问题来看**，决策可以分为程序化决策和非程序化决策两种类型。程序化决策即在问题重复发生的情况下，决策者通过限制或排除行动方案，按照书面的或不成文的政策、程序或规则所进行的决策。非程序化决策旨在处理那些不常发生的或例外的非结构化问题。

根据决策主体是个人还是群体，决策可以分为个体决策和群体决策。

**群体决策的优点**：有利于集中不同领域专家的智慧，应付日益复杂的决策问题；能够利用更多的知识优势，借助于更多的信息，形成更多的可行性方案；有利于充分利用其成员不同的受教育程度、经验和背景；容易得到普遍的认同，有助于决策的顺利实施。

**群体决策的缺点**：速度、效率可能低下；有可能为个人或子群体所左右。

■ **决策的特征**

决策的特征主要有：目标性，可行性，动态性，整体性，创造性。

### 3. 决策过程与影响因素

■ **决策过程模型**

一般的**决策过程**包括以下六个步骤：(1)识别问题；(2)诊断原因；(3)确定目标；(4)制定备选方案；(5)评价、选择方案；(6)实施和监督。

■ **决策的影响因素**

决策的影响因素主要有：环境，组织的历史，决策者的特点，组织文化。

■ **决策的准则**

决策的准则主要有：

(1) 提高决策效率和效果的准则，包括重要性原则、准确性原则和灵活性原则。

(2) 不确定性情境下决策方案选择准则。主要有四种情况：第一，乐观准则，即决策者认为无论他们采取什么措施，无论别人采取何种策略，事情总是朝着对自己最有利的方向发展；第二，悲观准则，即决策者认为无论他们采取什么措施，无论别人采取什么策略，环境如何变化，事情总是朝着最坏的方向发展；第三，等概率准则，即决策者认为各个可行方案的各种可能结果发生的概率相同，进而选择期望值最大的行动方案的准则；第四，最小后悔准则，即决策者总是选择与最好结果偏离不大的行动方案。

# 二、拓展阅读材料

## （一）攻克认知偏差

假设你正在评估一位应聘驻国外办事处负责人的求职者。从履历上看，面前的人是迄今所有参加面试人选中最合适的。她应对如流，没有任何过失，社交技巧也轻车熟路，但就是让你感觉哪里有些不对，可你又说不上来到底错在哪儿——仅仅是一种直觉。你到底要不要聘用她？

你可能会遵从直觉，放弃录用她，一直以来你的直觉都很准。当我们在管理决策课程上描述如上情景时,多数高管表示都是这么做的。可问题是,除非偶尔违背直觉,你从未真正考验过自己直觉的对错。

过于依赖专家所定义的"系统 1 思维"十分危险。这种思维是源自储藏于记忆中各种关联,自动生成判断,而非基于你所掌握信息进行的逻辑判断。无疑,系统 1 思维对生存而言意义重大——正是这种思维帮你躲过了车祸。但心理学家丹尼尔·卡尼曼(Daniel Kahneman)的研究表明,系统 1 思维也是导致失败决策偏差的一大原因。造成偏差的其他原因包括错误的"系统 2 思维",即错误的推理。比如,认知局限或惰性都可能导致人们重点错位,或者找不到相关信息。

上述偏差,任何人都在所难免,特别是在我们感到疲倦、压力很大或一心多用的时候尤为明显。试想,如果一位正在商讨并购事宜的 CEO,面临来自律师的压力,需要他做出旗下工厂是否关张的决定,还有来自同事的压力,需要他处理裁员事宜。在此类情况下,无论是精神、情感还是体力上,我们根本不具备决策所需的条件。作为回应,我们越发依赖直觉、系统 1 思维的判断方式,而不是深思熟虑的推理。决策是变得更快更简单了,但质量常常堪忧。

解决办法之一是:利用改善决策环境的选择机制,在组织层面授权他人决策,致力于消除偏差。然而多数情况下,授权并不适用于决策,决策的责任完全落在管理者本人身上。在这种情况下,你依然有能力战胜自己的偏差。

最重要的,你要理解偏差由何而来:究竟是过于依赖直觉,推理有误,还是两者兼有。但正如卡尼曼基于自身经验所指出的那样,仅凭意识理解偏差远远不够。因此,我们还基于判断和决策心理学的最新研究,提出了攻克偏差的策略。

首先,让我们看看本文开头提到的那个求职者。可能你的疑虑并非真的因她而起,而是来自那些你还没说清的更宏观事务。如果驻外办事处所在国家的商业环境不如预期乐观怎么办? 如果员工跨国合作或与总部联络有问题怎么办? 随着未来情况不断变化,类似问题的答案将帮助你决定是否需要缩减规模、如何管理持续增长,等等。因此你在做出聘用决定时,应该考虑到多种可能性。

然而,回答这类更宏观、更艰难问题的能力并非与生俱来。我们向来对自己的认知能力惜若珍宝。我们不愿把脑力消耗在不确定性上,因为板上钉钉的事情更容易思考。这一倾向局限了我们的思维,让我们只关注一种可能的未来、一个目标以及一个孤立的选择。当这种狭隘的思维遭遇了复杂情形,系统 1 思维开始发挥作用:直觉过早地告诉我们,我们已经做好了决策准备,不知从哪儿来的强烈自信,让我们大胆迈出了这一步。为了消除决策中的偏差,我们必须要在三方面扩展自己的视野。

**放眼未来**

几乎所有人对可能后果的判断都过于狭隘。研究者让来自各个行业的数百名 CFO 对标普 500 指数进行年度回报预测,为期 9 年。9 年里,最终预测结果显示他们只在 1/3 时间准确度达到 80%。这是一群了解美国经济的精英高管,但他们预测准确率低得离谱。当他们对自己的计划进行预测时,准确度甚至更低。一部分原因是:他们对成功的渴望导致数据解读上的偏差。

**着眼目标**

以更开放的心态面对你的目标也很重要,这么做能让你集中精力在合适时机做出最合适的选择。在这点上,大多数人不够明智,将自己囿于有限的、自认为值得一试的细分目标中,只见树木,不见森林。

刚开始进行决策时,你希望设立很多目标,然后再从中挑选出那些最重要的目标。清晰地表达、记录并组织所有的目标能帮你认清这些途径,便于你根据可能产生的结果,从中选出最合理的一种。

**慎思选项**

如果想定下万全之策,你必须要有积累到一定数量的选项,但你也须从中找出几个,至少两个,最好是 3~5 个质量不相上下的理想选项。如果你不能从一定数量的选项中挑出质量最高的选项,分析再多选项的利弊也是枉然。

为解决这一问题,决策专家奇普·希思(Chip Heath)和丹·希思(Dan Heath)推荐了一种思考窍门:不妨假设,你在所有选项间犹豫不决,然后自问:"我还能做些什么?"这个问题能激发你探索更多其他选项。

上述所有关于未来、目标和选项的认知偏差都属于"动机性偏差"。这种偏差源于强烈的心理需求。你明知自己应该放弃,但"心血不能白费"的强烈念头蒙蔽了你对利益和风险的判断。我们对于自己判断的盲目自信只会让事情变得更糟。过度自信的原因:一是我们过于看重自己所掌握的信息;二是因为我们对自己看不到的事物一无所知,所以很难构想出分析和解决问题的其他途径。

但有些动机性偏差还是能够防患于未然的,比如我们执意想采取的某些行动。我们可以利用"绊网"(trip wire,一旦触及就会绊倒人或动物的绳索,用于禁止进入的某些场所),防止自己进入误区,回归更理性的思考方式。商业中的绊网能让人们免于遭受"现时偏差"的影响。现时偏差指只顾眼前利益、忽略长远目标和后果的倾向。例如,你明知道参加一项培训对你很有帮助,却再三拖延。如果你能公开宣布:老板希望你接受这项培训,自己一定会参加,就很难再继续拖延下去。为自己设定绊网,比如一个截止期限,并告知有关负责人,能有效避免拖延和健忘。

资料来源:改编自杰克·索尔,凯瑟琳·米尔科曼,约翰·佩恩,《如何做到每个决定都可以 120% 正确》,《哈佛商业评论》2015 年第 5 期。

## (二)从"经济人"到行为经济学

### 直觉判断的作用

直觉判断这一概念并不新奇。原为政治学家、后来成为全能型社会科学家的 1978 年诺贝尔经济学奖得主赫伯特·西蒙(Herbert Simon),早在 20 世纪 50 年代就开始将"直觉判断"一词用于正面意义。他的主张是,决策者鲜有时间心力跟进决策分析师提出的优化过程,因此他们"满足"于快捷方法,采纳满意程度最高的决策,而不会一直寻找最优决策。

西蒙提出的"有限理性"常被视为卡尼曼和特沃斯基理论的前身,但两者在意图上有所不同。两者都描述了人们做决策时与理性模型的差距,但西蒙质疑"理性"模型并非最佳。到了 20 世纪 80 年代,开始有其他学者参与争论。

这些学者中最激进的是德国心理学教授格尔德·盖格瑞泽(Gerd Gigerenzer),他读过统计学博士学位。20 世纪 80 年代早期,他在德国比勒费尔德市跨学科研究中心与哲学家、历史学家们合作研究概率论在 17 至 19 世纪间的兴起,这一年的经历改变了他的一生。他们的研究成果之一是《机会帝国》(*The Empire of Chance*),这部大受好评的著作由盖格瑞泽和其他五位学者联合撰写——为了照应书的主题,作者排序是抽签决定的,所以盖格瑞泽的名字写在了最前。另一项成果则是盖格瑞泽心中逐渐浮现的一个念头:备受决策分析师青睐的贝叶斯分析法无可非议,但除此之外还有其他方法可用于分析概率。

据盖格瑞泽说,他在开始阅读卡尼曼和特沃斯基著作时"视角与大部分读者不同"。他先是怀疑部分结论。在某些情况下,对问题结构进行微调,便有可能去除显而易见的认知错觉。例如,盖格瑞泽和几位合著者发现,如果数据以自然比例(每 1000 个里有 10 个)代替百分比(1%)给出,医生与患者正确评估疾病风险的概率就大大提升。

盖格瑞泽并未满足于此。1989—1990 学年他任职于斯坦福大学行为科学高等研究中心期间,曾在斯坦福大学(这里早已是特沃斯基的学术之家)和加利福尼亚州大学伯克利分校(卡尼曼在这里任教)发表演讲,猛烈抨击"直觉判断"研究项目。他表示,卡尼曼、特沃斯基及其追随者所做的不过是收集违反贝叶斯决策分析模型的案例,但贝叶斯模型本身就有瑕疵,或至少不完整。

盖格瑞泽认为,我们不该一味觉得直觉判断、仓促判断等这些人类决策方法比决策分析师基于概率的判定方法低级,而对其全盘否定。这个观点并非他一人独有:在某种程度上,就连卡尼曼也这样认为。卡尼曼找到了一位更温和的讨论对象:心理学家、决策顾问加里·克莱因(Gary Klein)。克莱因是马尔科姆·格拉德韦尔的著作《灵光一闪》中推介的学者之一,他研究消防员、军人和飞行员等人如何发展专业技能,将这一过程视为自然而然地形成印象,而非决策分析师模型。他与卡尼曼一同进行直觉部分的研究,并得出结论——用克莱因的话说,"可预测的情境中有学习机会,方能获得可靠的直觉"。

直觉判断胜过决策分析的时候就这么少? 盖格瑞泽说,不。而且过去几年发生的事(主要是全球金融危机)似乎印证了他的观点。他提出,如果不确定因素太多,"为了保持稳健,就不得不简化。无法再优化了"。换言之,与其用不准确的概率进行决策分析,不如依循经验法则。关于这点,盖格瑞泽最爱用的例子就是,决策分析近亲"现代投资组合理论"创始人哈里·马科维茨(Harry Markowitz)一次失言说出自己在选择退休账户资金时只是把钱分成 N 等份,分别存入 N 个备选账户,给每个账户的分配额都是 1/N。随后的研究显示,"1/N"直觉判断法效果不错。

**决策领域的现状**

如今,卡尼曼和特沃斯基的直觉判断派在学术界和普通民众心目中都占上风。这种方法优点众多,且非常适合用来获取有趣的新实验结果,对想要获得教职的年轻教授大有帮助。还有,记者喜欢拿直觉判断做文章。

不过,决策分析也并未淡出。1997 年,哈佛商学院撤销了决策分析必修课,但部分原因是很多学生已经掌握了决策树等核心知识。而作为一门高等研究学科,决策分析相关研究只局限于零星几所大学:南加州大学、杜克大学、得克萨斯农工大学和罗恩·霍华德(Ron Howard)执教的斯坦福大学。其运用集中在工业,如油气、医药,这些行业的管理者必须做出长远投资的重大决策,用于决策的数据基本可靠。

认为优化理性决策并非上佳良策的论者比比皆是。盖格瑞泽在德国柏林的马克斯·普朗克人类发展研究所有一个庞大的研究团队。克莱因及其同盟——主要来自工业和政府界而非学术界——定期聚会参加自然决策会议。不担任决策分析师的决策学者多半隶属于判断与决策学会这一跨学科组织，该组织中主流是直觉判断。"我们跟他们仍然界限分明，我们是卡尼曼—特沃斯基学派，剩下的是戈尔德的拥护者和同僚。"曾是戈尔德·盖格瑞泽学生、如今供职微软研究部门的丹·戈尔茨坦（Dan Goldstein）说："支持卡尼曼和特沃斯基的人占九成。"而学会指定的下届会长又是戈尔茨坦——与导师盖格瑞泽相比，他的为人要和气圆滑得多。

在实践性的决策咨询领域，这两个学派不像在学术界那样泾渭分明。由哈佛学者马克斯·巴泽曼（Max Bazerman）编写、加利福尼亚州大学伯克利分校的唐·穆尔（Don Moore）参与修订后续版本的顶尖商学院管理学书籍及教材《管理决策中的判断》用大篇幅阐述直觉判断，但推崇的是决策分析师霍华德·雷法，结尾的建议第一条就是"运用决策分析方法"。这种写法并非自相矛盾，卡尼曼和特沃斯基的研究项目最初出发点就是以决策分析为最佳方法。但遵循这一传统的研究者试图纠正人们的决策错误时，同样发现自己也转向了直觉判断。

直觉判断研究最著名的一个产物是理查德·塞勒（Richard Thaler）和什洛莫·伯纳兹（Shlomo Benartzi）的"为明日储蓄更多"项目，承诺在工资上涨时自动提升养老金份额，利用直觉判断使工人被问及希望多少工资存为退休金时不必为难，大大提升了储蓄数额。最近一项面向多米尼加共和国小企业家的实地研究发现，直接教他们把业务用和个人用的钱包分开，每月只允许一次把一个钱包的钱放到另一个钱包，这样做的效果大大优于传统理财教育。"难的是弄明白直觉判断在何处适用、在何处无用甚至有害。"该项目研究员之一、麻省理工学院经济学家安托瓦妮特·肖尔说。

这个问题是盖格瑞泽和同僚们最近的主要研究项目——盖格瑞泽称之为"生态理性"。他们提出，若环境中不确定性高、潜在选项多或样本容量小，直觉判断就可能胜过更具分析性的决策方法。这个生态分类法或许不怎么样，不过，明智决策由多种理性模型、误差规避和直觉判断一同组成的观点渐渐成型。

其他重要的发展正在显露。随着神经科学的进步，科学家若能深入了解人脑做选择时的机理，决策方程也许会随之改变，但现在谈这个为时尚早。决策正逐渐交由电脑处理，电脑信息处理过程中的局限和偏见又不同于人类。但约翰·冯·诺依曼和赫伯特·西蒙都是人工智能领域的先驱，这个领域糅合了冯·诺依曼的决策分析方法与西蒙的直觉判断法，迄今尚未给出孰优孰劣的定论。

资料来源：改编自贾斯廷·福克斯：《从理性变革到直觉判断——决策科学的发展简史》，《哈佛商业评论》2015 年第 5 期。

# 三、习题

## （一）判断题

1. 决策的目的就是选择一个最佳方案。　　　　　　　　　　　　　　（　　）

2. 决策首先必须识别机会或是发现问题。　　　　　　　　　　　　　（　　　）

3. 从实际情况看,决策者只要按正确的决策程序和方法办事,最终选择的一般都是最优方案。　　　　　　　　　　　　　　　　　　　　　　　　　　　　（　　　）

4. 西蒙认为,企业中的决策就是依据最优的评价标准,选择出最优的决策方案。

（　　　）

5. 在环境比较复杂的情况下,决策一般由组织的高层管理者进行。　　　（　　　）

6. 群体决策更容易导致妥协。　　　　　　　　　　　　　　　　　　　（　　　）

7. 决策实际上是一个"决策—实施—再决策—再实施"的连续不断的循环过程。

（　　　）

8. 组织目标是组织进行决策的基本依据,所以组织目标一旦确立就不能变动。（　　　）

## （二）填空题

1. 决策要素可以分为_____和_____两大类。

2. 决策的核心要素是_____。

3. 决策者可以通过行动方案的_____,_____,_____以及在组织中产生的结果来评价和选择方案。

4. 根据环境因素的可控程度,决策问题可分为_____,_____,_____三种类型。

5. 确定组织目标和拟订行动计划的过程,其实质就是_____。

6. 管理者既可以单独做出决策,这样的决策被称为_____;也可以和其他的管理者共同做出决策,这样的决策被称为_____。

7. 一般而言,程序化决策涉及的问题属于_____,非程序化决策涉及的问题属于_____。

8. 不确定性情境下,决策方案的选择有四个基本准则,即_____,_____,_____,_____。

## （三）选择题

1. 对于一个完整的决策过程来说,第一步是_____。

A. 明确目标　　　　B. 筛选方案　　　　C. 识别问题　　　　D. 集思广益

2. 假如决策者能够预知各备选方案及其结果发生的概率,并依此进行决策,这样的决策属于_____。

A. 例行决策　　　　B. 群体决策　　　　C. 悲观决策　　　　D. 风险型决策

3. 下列关于决策任务的表述不正确的是_____。

A. 从组织外部视角看,决策的任务是增强核心竞争优势

B. 从组织内部视角看,决策的任务还包括调整和优化组织管理体系

C. 从外部环境视角看,决策的任务是让组织灵活适应外部环境的变化

D. 从未来发展的角度看,让组织保持创业精神也是决策的题中应有之义

4. 每位决策者都要制定目标,但处于不同组织层次上的管理人员所关注的目标是不同的,其中中层管理人员主要应制定_____。

　A. 具体作业目标　　　　　　　　B. 战略目标

　C. 战术目标　　　　　　　　　　D. 宗旨和使命

5. 下列不属于例外问题的是_____。

　A. 组织结构变化　　　　　　　　B. 重大投资

　C. 重大人事任免　　　　　　　　D. 员工绩效考核

6. 现有两个所需代价相同的投资,下面说法正确的是_____。

| | 获利 | 可能性 | 损失 | 可能性 |
|---|---|---|---|---|
| 第一方案 | 100 万元 | 60% | 50 万元 | 40% |
| 第二方案 | 500 万元 | 60% | 650 万元 | 40% |

　A. 第二方案的经营风险性要比第一方案大

　B. 由于这两个方案都有 40% 的可能失败,所以均不可能获利

　C. 这两个方案的获利期望值都是 40 万元,所以这两个方案没有什么差别

　D. 第二方案成功时可获利 500 万元,由此可见,第二方案要比第一方案好

7. 以下说法有误的是_____。

　A. 没有一成不变的、普遍适用的、最好的决策办法

　B. 决策也需要创造性思维

　C. 任何决策都包含着目标的确定

　D. 决策过程只会受到决策者特点的影响

8. 美国克莱斯勒汽车公司的总经理艾柯卡普曾经说过:"等到委员会讨论以后再射击,野鸡已经飞走了。"关于这句话,正确的理解是_____。

　A. 委员会决策往往目标不明确

　B. 委员会决策的正确性往往较差

　C. 群体决策往往不能正确把握市场的动向

　D. 群体决策往往不讲究时效性,只考虑做出合理的决策

## (四) 名词解释

1. 决策

2. 确定型决策

3. 风险型决策

4. 不确定型决策

5. 乐观准则

6. 最小后悔准则

7. 等概率准则

8. 非程序化决策

## （五）论述题

1. 论述决策的制定过程。
2. 分析群体决策的优缺点。
3. 影响决策的因素有哪些？

## （六）案例分析

案例一

7 年前,杰夫·伊梅尔特(Jeffrey R. Immelt)也正是经历如此漫长的考察、竞逐,从最初 24 名候选人中脱颖而出,成为通用电气公司(GE)历史上第 9 任 CEO。现在,轮到他选择交棒人了。2017 年 6 月 12 日,GE 正式对外宣布,GE 医疗现任 CEO 约翰·弗兰纳里(John Flannery)将成为下一任 CEO。GE 考察和选择 CEO 的过程,历来被业界当作教科书一般的案例所称道。通常大公司 CEO 的选拔流程为 1~2 年,GE 则花费长达 6 年时间。GE 的 CEO 平均任期为 12.5 年,高于标普 500 企业 CEO 平均 8.8 年的任期。

以下来自 GE 主管人力资源的高级副总裁苏珊·皮特斯(Susan Peters),她亲口揭秘了此次选择接班人的过程以及方法论。

1. 确定 CEO 候选人

首先,我们将有潜力的候选人调动到有助于其发展的领导职位上,让他们历练更多,同时也面对越来越多复杂的问题。

早在 2012 年,我们撰写了 CEO 的职位说明书,并在接下来的几年中不断进行完善。我们基于对公司环境、策略和文化的了解,以及对百余位外部领导者和有关文献的研究,撰写了我们自己的"公司领导能力清单",列出了通用电气公司下一任伟大 CEO 的必备能力。董事会依据我们的指标考察内部候选人,并对内外部候选人进行一一评估。我们掌握了历年数据,其中包括各候选人在全球的业务领导、企业绩效统计、执行力审查、领导能力和同事反馈等方面的历史记录。经过深思熟虑,通用电气公司董事会决定由内部候选人继任才是最佳路径。

我们让内部候选人继续担任更为复杂重大的职位,以检验他们能否胜任公司最重要的领导职责,包括 CEO。2013 年,我们慎重考虑了交接时机,交接日期宜预定在 2017 年夏季。这充分考虑了公司战略规划、投资组合转型以及两任 CEO 如何实现平稳交接。

2. 面试候选人

我们的最后一步是什么？面试。

通用电气公司董事会直接向候选人提问,他对于 CEO 一职的看法,以及他对于通用电气公司的愿景思考。董事会向候选人提出了几个极具挑战性的难题,并深入聆听了他们的想法。这些问题包括：你认为你目前的领导团队最欣赏你的哪种领导方式？在当前环境下,你会如何使通用电气公司胜出？你会在资本配置和资产组合管理等方面推动哪些战略性改革？你计划改革哪些方面？你收到过的最糟糕的个人反馈是哪些？哪些专业或个人经历帮助你形成了全球化视野?

约翰·弗兰纳里(John Flannery)成为我们公司的下一任CEO。在为通用电气公司工作的30年来,约翰已经展现出了他是一个具有大局观、爱好钻研、适应性强又有韧性的人。他的一个特质就是他能融入自己领导的团队。

所以,通用电气公司董事会选择了这样一位具备国际经验的终身学习者作为运营者,他将拥有领导、授权和激励能力。

资料来源:改编自经理人网:《耗时6年才选定新CEO,GE解密决策全过程》,2017年6月21日。

根据材料,请谈谈GE做出选择约翰·弗兰纳里作为其下一任CEO的决策过程,以及从这个过程中你得到的启示。

案例二

某企业计划开发新产品,预测产品投放后市场需求呈现高、中、低三种自然状态,各种状态出现的概率很难预知。目前共有三种方案可供选择:A方案为技术改造;B方案为购置新设备;C方案为购置一部分重点设备,其余自己制造。新产品预计生产五年,所获收益如表3-1所示:

表3-1 收益预测表

| 方案 | 收益值 | | |
|---|---|---|---|
| | 需求量高 | 需求量一般 | 需求量低 |
| A方案 | 90 | 52 | 15 |
| B方案 | 105 | 70 | −5 |
| C方案 | 80 | 55 | 5 |

结合材料,分别用悲观法、乐观法、后悔值法选择最优方案。

# 四、习题答案及提示

## (一)判断题

1. ×  2. √  3. ×  4. ×  5. ×  6. √  7. √  8. ×

## (二)填空题

1. 有形要素,无形要素
2. 决策主体
3. 可行性,有效性,满意程度

4. 确定型决策,风险型决策,不确定型决策

5. 决策

6. 个体决策,群体决策

7. 例行问题,例外问题

8. 乐观准则,悲观准则,等概率准则,最小后悔准则

## (三)选择题

1. C  2. D  3. A  4. C  5. D  6. A  7. D  8. D

## (四)名词解释

1. 决策是指为实现一定的目标,在多个备选方案中选择一个方案的分析判断过程。

2. 确定型决策指决策者掌握准确、可靠、可衡量的信息,能够确切地知道决策的目标以及每一备选方案的结果,常常可以很容易地迅速对各个方案进行合理的判断。

3. 风险型决策指决策者虽不能准确地预测出每一备选方案的结果,但却因拥有较充分的信息而能预知各备选方案及其结果发生的可能性。

4. 不确定型决策指因面对不可预测的外部条件或缺少所需信息而对备选方案或其可能结果难以确切估计。

5. 乐观准则,即决策者认为无论他们采取什么措施,无论别人采取何种策略,事情总是朝着对自己最有利的方向发展。

6. 最小后悔准则,即决策者总是选择与最好结果偏离不大的行动方案。

7. 等概率准则即决策者认为各个可行方案的各种可能结果发生的概率相同,进而选择期望值最大的行动方案的准则。

8. 非程序化决策旨在处理那些不常发生的或例外的非结构化问题。

## (五)论述题

1. 依据解决问题的循环周期,一般的决策过程包括以下六个步骤:

(1)识别问题。识别问题的目的是鉴别出那些与预期结果产生偏离的问题,也就是说需要确定决策的对象(即针对什么进行决策)。

(2)诊断原因。仅仅识别出问题并不是目的,关键还要根据各种现象诊断出问题产生的原因,这样才能考虑采取什么措施,选择哪种行动方案。

(3)确定目标。决策者在找到问题及其原因之后,应该分析问题的各个构成要素,明确各构成要素的相互关系并确定重点,以找到本次决策所要达到的目的,即确定目标。

(4)制定备选方案。这一阶段的目标是根据所识别的问题,在决策者面临众多约束条件下,找出多个可行的行动方案,对每个行动方案的潜在结果进行预测。

(5)评价、选择方案。决策者预测和估计各种行动方案结果可能发生的概率,分析各个行动方案可能发生的潜在后果。在此基础上,对上一阶段所形成的各个行动方案进行比较。

（6）实施和监督。只有有效地实施决策,才有可能实现决策目标。

2. 随着环境的变化,当今世界的重大问题越来越多地采用群体决策。在多数组织中,许多决策都是通过委员会、团队、任务小组或其他群体的形式完成的,结果,许多决策者在委员会和其他群体会议上花费了大量的时间和精力,因此,分析群体决策的利弊具有重要的现实意义。

群体决策的优点:

（1）有利于集中不同领域专家的智慧,应付日益复杂的决策问题。

（2）能够利用更多的知识优势,借助于更多的信息,形成更多的可行性方案。

（3）有利于充分利用其成员不同的受教育程度、经验和背景。

（4）容易得到普遍的认同,有助于决策的顺利实施。

（5）有利于使人们勇于承担风险。

群体决策的缺点:

（1）速度、效率可能低下。

（2）有可能为个人或子群体所左右。

3.（1）环境。环境是组织生存与发展的土壤,环境变化往往是导致企业进行变革决策的最直接的原因。随着时代的发展、科学技术的进步、经济全球化趋势的加剧,外部环境变化的速度越来越快,对组织的影响程度也越来越大。

（2）组织的历史。决策通常不是在一张白纸上描绘组织的未来蓝图,而是在一定程度上对组织先前的活动进行调整。因此,组织过去活动的特点、过去决策的依据以及过去决策在实施过程中遇到的问题都会在不同程度上影响组织今天的选择。

（3）决策者的特点。决策者的个人特点对组织未来行动方案的选择有着至关重要的影响。决策者的职业背景会影响其对不同活动相对重要性的判断;决策者的风险意识会影响其对具有不同风险程度的行动方案的接受;决策者在过去职业生涯中的成功或失败则可能影响他们对不同行动方案的赞同或厌恶。

（4）组织文化。决策通常会带来变革。决策过程中,任一方案的选择都意味着对过去某种程度的否定,任一方案的实施都意味着组织要发生某种程度的变化。决策者和决策的实施者对这种可能产生的变化的态度必然影响对不同行动方案的评价和选择。人们对待组织变化或变革的态度,在根本上取决于组织文化的特点,取决于组织文化所创造的价值观念和行为准则。

## （六）案例分析

1. 该决策过程可以分为:

（1）识别问题。根据换届时间等,GE 早就在 2012 年的时候就明确了选择合适 CEO 的问题,并且确定了在 2017 年时进行换届。

（2）诊断原因。GE 根据公司环境、策略、文化和其他文献,撰写了 CEO 的职位说明书,并在接下来的几年中不断进行完善,将合适的 CEO 问题更加深入地推进。

（3）确定目标。"公司领导能力清单",列出了通用电气公司下一任伟大 CEO 的必备能力。比起渊博的知识,GE 更关注 CEO 的学习速度、经历和韧性。

（4）制定备选方案。GE 根据标准去进行内部选拔,并在接下来几年里进行进一步的考核。

（5）评价、选择方案。通过几轮的考核与董事会的面试等,最终确定名单。

（6）实施和监督。对约翰·弗兰纳里进行任命与监督。

从该过程得到的启示:

（1）决策过程的重要性,在分析和决策时要有一定的逻辑步骤,这样才能更加保证决策的有效和最佳。

（2）决策前的准备与计划很重要,对于一些经常性或有周期性的决策我们提前准备更加有利于做出最优选择。

（3）决策前要尽可能多地获得有效信息,并且多人决策或团队决策往往要比个人决策来得更加理性。

2. 悲观法:最小值

        A 方案：15     B 方案:-5    C 方案:5

        所以选择 A 方案

乐观法:最大值

        A 方案：90      B 方案:105    C 方案:80

        所以选择 B 方案

后悔值法:最大机会损失

        A 方案：18     B 方案:20    C 方案:25

        所以选择 A 方案

# 第四章　环境分析与理性决策

## 一、知识点回顾

### 1. 组织的内外部环境要素

#### ■ 环境分类

环境是由众多因素交错而成的整体。常见的一种分类是把环境分成三个大类,即**一般或宏观环境、具体或微观环境和组织内部环境**。

（1）一般或宏观环境是指任何时期对所有组织均能产生影响的外部环境因素。主要包括:经济环境因素、技术环境因素、社会环境因素、政治法律环境因素、自然资源因素。

（2）具体或微观环境,指那些对组织的影响更频繁、更直接的外部环境因素。主要包括:顾客、供应商、竞争者、管制机构和战略同盟伙伴。

（3）组织内部环境是那些对组织影响最频繁、最直接的环境因素。主要包括:物质环境和文化环境。

#### ■ 环境分析的常用方法

一般环境分析方法。最常见的是 PEST **分析方法**。PEST 分析,就是指从政治与法律环境（P）、经济环境（E）、社会与文化环境（S）、技术环境（T）四个方面来探察、认识影响组织发展的重要因素。

具体环境分析方法。迈克尔·波特教授提出**五种力量模型**,即本行业中现有的其他企业、供应方（供应商）、买方（顾客）、其他行业之中的潜在进入者和替代产品及其生产企业组织。潜在进入者,是指从进入障碍的角度来进行潜在竞争者分析。替代产品,即识别替代威胁。买方和卖方议价实力,即分析买方和卖方掌控交易价格的能力。行业竞争者,即对现有竞争对手的分析。

内外部环境综合分析方法。组织在分析外部环境的同时,必须也分析其内部环境。SWOT **分析**是最常用的内外部环境综合分析技术。SWOT 分析是优势（strengths）、劣势（weaknesses）、机会（opportunities）、威胁（threats）分析法的简称。

针对环境变化的分析方法。常用的是脚本法（情景分析法）,情景分析法可分为定量脚本法和定性脚本法。

### 2. 理性决策和非理性决策

#### ■ 理性决策

理性决策通常也被称为科学决策。西蒙等人提出以"令人满意的"准则代替"最优化"准则作为决策的准则。

**理性决策的主要环节**可以分为:第一步,明确和界定面临的问题。第二步,分析所有目的和目标及其轻重次序。第三步,寻找所有可能的行动方案。第四步,预测和评估每个方案的所有可能结果。第五步,比较每个方案实现目的和目标的程度。第六步,选择能够最大限度地实现目的和目标的方案。

■ **行为决策**

**决策中的行为基础**:决策人模式,又称管理人模式。这种模式认为,组织成员(管理者和员工)都是为实现一定目的而合理地选择手段的决策者。决策者把学习、记忆、习惯等心理学因素作为决策的行为基础。

行为决策理论的发展:行为决策理论认为,人的理性介于完全理性和非理性之间,即人是有限理性的。

行为决策代表性模型:DHS模型,分析决策者对信息的反应程度时,更强调过度自信和有偏差的自我归因。HS模型,又称统一理论模型。它把研究重点放在不同作用者的作用机制上,而不是作用者的认知偏差方面。BHS模型,将决策者所出现的偏差归纳为一类,即直觉偏差。

■ **非理性决策**

**非理性决策模型**:渐进决策模型、政治协调决策模型、领导集体决策模型。

渐进决策模型,是说在以往的政策、惯例的基础上制定新政策。政治协调决策模型是决策者制定政策时,广泛地通过对话、协商、讨论,协调利益关系,在达成妥协、谅解的基础上进行决策。领导集体决策模型是认为政策选择是建立在领导者优秀的素质和管理经验的基础上,由领导者或领导集体依据自己的应变能力和判断力进行决策。

■ **价值理性与工具理性的对立**

工具理性与价值理性的对立是行政学产生以来的常态。

决策理性的社会性日益突出。决策理性所反映的社会尺度主要包括两个方面:首先,指决策和它所指向的实践及其过程的社会性。其次,包括决策和它所指向的实践的结果符合社会利益。

## 3. 决策方法

■ **决策背景研究方法**

**决策背景的性质特征**:首先,决策背景具有整体性和综合性。其次,决策背景具有复杂性。最后,决策背景具有动荡性。

决策背景的分析步骤:第一步,明确决策主题。第二步,提出假设。第三步,收集资料。第四步,整理资料。第五步,趋势预测和评估。

■ **活动方案生成与评价方法**

**活动方案生成方法**:5W2H法,由美国陆军兵器修理部首创。5W2H都是英文单词的第一个字母,即通过设问来诱发人们的创造性设想,发问的具体内容可根据具体对象灵活应用。强迫联系法,即一个目标是固定的,其他的目标则可完全随机地或从名单上进行选择,然后参加者要找出尽可能多的方法将固定目标和随机选择的目标联系起来。头脑风暴法,是一种定性化的方法,具体做法是请一定数量的专家,对预测对象的未来发展趋势及状况做出判断。德尔菲法,依靠专家背靠背地发表意见,各抒己见,管理小组对专家们的意见进行统计处理和信息反馈,经过几轮循环,使分散的意见逐步统一,最后达到较高的预测精度。

**活动方案评价方法**:定量评价方法与定性评价方法,财务评价方法与非财务评价方法,动态评价方法与静态评价方法。

■ **选择活动方案的评价方法**

对于确定型决策,可以采用微分法、线性规划、非线性规划、排队论等数学方法进行备选方案的优化选择。而风险型决策和不确定型决策,可采用决策树方法和机会评价框架。

**决策树**是具有代表性和现实操作性的常见方法之一。这是一种以树形图来辅助进行各方案期望收益的计算和比较的决策方法。机会评价框架是在创新和创业项目决策中常见的方法,评价的对象是具有创新性的机会。


# 二、拓展阅读材料


## (一) 理性的变革和非理性的逆袭

做决策时难免犯错,人人都从个人经验中了解到了这一点。近年来又有一股实证研究潮流,没完没了地记录人类犯错误的倾向,生怕我们还不知道这个道理。这个研究领域叫作"直观推断与偏见",不过更为人所知的或许是其分支"行为经济学"。直观推断与偏见已成为理解决策的主要学术方法。该领域学者对商业、政府和金融市场产生了重大影响,他们的著作已经进入流行文化,其中最重要的三部是《怪诞行为学》《思考,快与慢》和《助推》。

**理性的变革**

第二次世界大战中,统计学家和其他了解概率学的专业人士(数学家、物理学家和经济学家)在同盟国扮演了前所未有的决定性角色。他们运用运筹学分析手段改进制造业中的质量控制,让船只更安全地穿越大海,计算高射炮炮弹爆炸时会碎成多少弹片,并破译德军密码。

战后人们热切希望这种逻辑严密的统计学方法可以应用到其他领域,著名的核战略思想"互相保证毁灭"便是这份热望的产物之一。另一个产物则是决策分析,其基本步骤可简要归纳为:阐述问题;列出可行的行动步骤;系统地评估每个选项。

"互相保证毁灭"这一术语的创始人、数学家约翰·冯·诺依曼(John von Neumann)以"期望效用"理论将当时的研究迅速推入决策领域。1944 年,他与经济学家奥斯卡·摩根斯坦(Oskar Morgenstern)合作撰写的重要著作《博弈论与经济行为》(*Theory of Gamesand Economic Behavior*),第一章便概述了期望效用是想象事件与概率相结合的产物。期望结果效用值乘以该结果发生的概率,与自然发生所能得到的利益效用值及其概率乘积相比,便可得出期望效用值以指导决策。

不过有一种方法可依据新信息对概率进行修正,那就是贝叶斯统计法(Bayesian statistics)——此法由英国教士托马斯·贝叶斯(Thomas Bayes)创造,大部分内容由法国数学家皮埃尔-西蒙·拉普拉斯(Pierre-Simon Laplace)完善。

统计学教授伦纳德·吉米·萨维奇(Leonard Jimmie Savage),1954 年出版《统计学基础》(*The Foundations of Statistics*),阐述了获得新信息时修正概率预测的规则。这种思路的一个早期产物是 1952 年由萨维奇在芝加哥大学教过的学生哈利·马科维茨（Harry Markowitz）提出的投资组合选择理论，至今仍有影响力。该理论建议选购股票者评估股票时，将一只股票的期望收入和自己估算错误的可能性同时纳入考虑。马科维茨因这一理论在 1990 年获得诺贝尔奖。

广阔的决策分析领域于 1957 年开始聚合，当时数学家霍华德·雷法（Howard Raiffa）应哈佛商学院和统计学系联合聘任来到哈佛。他很快发现自己在给商学院学生上统计学课时，与他合作的是罗伯特·施莱弗（Robert Schlaifer），这位古典研究学者具备快速学习能力，战后在哈佛商学院应邀教授过多门不同学科。他们两人推断出，标准数据回归分析和用于判定假设检验结果的 P 值不足为未来的商业领导者所用，于是采用了一种贝叶斯分析方法。不久，他们在课堂上讲授的内容便从统计学转移到了决策。雷法的"决策树"（decision tree）使学生得以计算他们各自适用的不同途径的期望价值，后来成为了哈佛商学院的重要课程内容，其他一些商学院也竞相模仿。

不过，"决策分析"这个名称是由麻省理工学院电气工程师罗纳德·霍华德（Ronald Howard）提出的。他将期望效用理论和贝叶斯统计法与计算机建模和工程技术结合起来形成了一门学科，自己起名叫决策分析，一些追随者则称之为"西海岸决策分析"，与雷法的流派相区分。在决策分析 50 周年庆典上，霍华德和雷法被尊为该领域的两位奠基人。

**非理性的逆袭**

冯·诺依曼和摩根斯坦的期望效用理论框架一经提出，经济学家便将之视为理性行为模型和对人类决策实际过程的描述。"经济人"应当是理性生物，既然如今的理性概念内涵包括以某种一致的方法评估概率，那么经济人也应该做到这一点。若有人认为这个要求不太现实，萨维奇和经济学家米尔顿·弗里德曼（Milton Friedman）于 1948 年撰文提出一个恰当的类比：资深台球选手不懂得计算台球碰撞反弹的数学公式，却同样能"击球落袋，仿佛熟知那些公式"。

令人惊讶的是，经济学家就此把这个问题搁置了 30 多年。他们并非认为每个人都能精准地计算出概率，而是单纯相信自由市场中普遍存在理性行为。

如此一来，人们是否真的按照冯·诺依曼和萨维奇提出的方式做决策这个问题就留给了心理学家。沃德·爱德华兹（Ward Edwards），他从哈佛统计学教授处学到了期望效用理论和贝叶斯分析法，并在 1954 年撰写了题为《决策理论》的独创性论文发表于某心理学期刊。然而他的观点并未立即得到同行赏识。

爱德华兹设计的典型实验是：向被试者展示两包扑克筹码，一包有 700 个红色筹码和 300 个蓝色筹码，另一包正相反。让被试者随机抽取一包，拿出几个筹码，根据所得筹码的颜色比例，估算自己抽到了红多蓝少包或红少蓝多包的概率。

多数人的回答在 70% 至 80% 间。根据贝叶斯定理，这个概率其实高达 97%。还有，被试者概率估算中的变化"规则有序"，方向正确，因此爱德华兹于 1968 年得出结论：人们"处理信息时倾向保守"，并不完全符合决策分析规则中的理性判断，但足以应对大部分状况。

1969 年，耶路撒冷希伯来大学的丹尼尔·卡尼曼（Daniel Kahneman）邀请自己的同事、爱德华兹在密歇根大学的同学阿莫斯·特沃斯基（Amos Tversky）就心理学研究的实践应用召开毕业生研讨会。特沃斯基向学生们介绍了爱德华兹的实验和结论。此前从未关注过决策研究的卡尼曼认为爱德华兹在评估人的信息处理能力时过于慷慨，很快就说服特沃斯基与他合作进行一个研究项目。他们两人在某次大会上对数学心理学家同行们做了测验,以此为开端又做了一系列实验,表明人们估算概率、做出决策的方式与决策分析理论大相径庭。"在未知情况下做预测和判断时,人们不会依照概率运算和预测统计学理论行事,"他们在 1973 年写道,"而是依赖有限的直觉判断(heuristics),有时可以做出理性判断,有时则会造成重大错误。"

直觉判断属于经验法则——单凭经验做判断的决策捷径。卡尼曼和特沃斯基并不认为依赖直觉判断一定是错的,但他们的研究集中在直觉判断导致误判的方面。他们和他们的拥护者在几年里收集了许许多多误判案例,如可得性启发、禀赋效应,等等。

然而,如何做出更好的决策,这个问题的答案却越发不明确。第一代决策分析者如霍华德·雷法和沃德·爱德华兹承认卡尼曼和特沃斯基指出的缺陷,但他们认为后者的实验关注点错置,导向了一种将人类视为"认知残疾者"(cognitive cripple)的宿命论观点。一些直觉判断学者也同意这个观点。"偏见那部分的吸引力太强,完全压过了直觉判断的部分,"曾在卡尼曼和特沃斯基的实验中担任研究助理、长期任教于卡内基·梅隆大学的巴鲁克·菲施霍夫(Baruch Fischhoff)表示,"我与阿莫斯共事时,常常为自己的工作表明了人类选择是非理性的而感到畏怯。"卡尼曼本人也在《思考,快与慢》中写道:"事实上我们的实验只表明了'理性行为者模型'未能完全描述人类行为。"于是又有新的一批研究学者开始钻研人类大脑的快捷方法是否全然非理性。

资料来源:改编自贾斯廷·福克斯:《理性的变革和非理性的逆袭》,《哈佛商业评论》2015 年第 5 期。

## (二)自恋者决策行为的模型解释

### 1. 自我调节模型

自我调节模型致力于解释自恋者积极的自我概念、动机、人际关系以及自我调节策略如何对其行为产生影响。动力性自我调节加工模型(Dynamic self-regulatory processingmodel; Morf & Rhodewalt,2001)是自我调节模型的典型代表。该模型认为自恋者虽然持有积极的自我概念和较高的自尊水平,但其自我却十分脆弱,需要不断通过外部的肯定来维护与加强,以达到维持自我特权感、自我增强与保障自我权利和社会地位的目的。自恋者借助各种自我调节手段做出风险决策的目的即在于维护其积极的自我概念。

此外,情绪、情感在自恋的自我调节模型中占有重要地位,许多研究者甚至提出自恋者的行为目的恰恰在于维护和调节其自尊与价值感。自恋并不意味着个体如何积极地看待自己,而是在情感上强烈地希望自己处于优越的状态。因此,情感与动机属性才是自恋的本质所在(Bushman & Baumeister,1998)。自恋者在自我调节目标成功时往往表现出自豪、自尊和兴奋的情绪反应,而在自我调节目标失败时则表现出愤怒和攻击(Zeigler-Hill,Myers,& Clark,2010;Emmons,1987)。但研究表明,自恋者所使用的调节策略往往难以达到预期目的,反而有损其情绪上积极的自我价值体验(Zeigler-Hill,Myers & Clark,2010)。

如有研究发现,自恋的学生更容易出现学业欺骗,且缺乏内疚感。他们不惜以诚实为代价来维护良好的自我形象,但这种调节策略的效果却适得其反(Brunell,Staats,Barden &

Hupp,2011)。

### 2. 趋近回避模型

经济决策通常需要对风险(潜在的经济损失)和回报(潜在的经济收益)进行评估。那些在行为动机上更趋近回报而非回避风险的个体(又称高趋近、低回避动机者)倾向于做出冒险的经济决策。Lakey 等人(2008)研究发现,自恋者更容易出现病态赌博行为,其原因在于自恋者往往更趋向于短期和即时的回报,这种对回报的短视行为导致其高风险的认知决策,从而在赌博中损失惨重。Foster 等人(2009)的研究进一步表明,自恋者对风险决策可能带来的收益非常敏感,而对其可能具有的风险与消极后果却感觉迟钝。因此,他们更容易出现高风险的决策行为。自恋者倾向投资于高风险高收益的股票而非债券市场也说明了他们在高趋近动机下对回报极度敏感的行为特征(Foster et al.,2011)。Foster 和 Trimm(2008)提出,显性自恋者即为高趋近动机(趋向回报的动机)和低回避动机(避免无助的动机)者,而隐性自恋与高回避动机呈正相关,与趋近动机无关。

资料来源:改编自何宁、谷渊博:《自恋与决策的研究现状及展望》,《心理科学进展》2012 年第 7 期。

## 三、习题

### (一)判断题

1. 在韦伯看来,价值理性与工具理性是共同存在的。 (　　)
2. 决策者在对各个方案进行比较分析后,选择能够最大限度地实现目的和目标的方案。
   (　　)
3. 有限理性的决策者可以通盘考虑决策环境中的所有因素。 (　　)
4. 定性脚本法通过人的思维、判断,识别重要的环境因素,分析它们之间的关系。
   (　　)
5. 经验决策主要根据决策者的经验、智慧、直觉等定性因素来做出。而科学决策不同于经验决策,它主要根据统计数据、数学模型、计算机模拟等定量因素来做出。因此,科学决策比经验决策更合理、更实用、更有效。 (　　)
6. 头脑风暴法的特点是倡导创新思维。时间一般在 2~3 小时,参加人 7~8 人为宜。
   (　　)
7. 行为决策学派认为决策是一个选优过程,所以决策结果是基于已有资源背景下寻求利润或收益的尽可能大。 (　　)
8. 只有明确了主题,决策背景分析的各项工作才有明确的方向和中心。 (　　)

## （二）填空题

1. 环境是由众多因素交错而成的整体,主要分为_____,_____,_____三个大类。

2. 组织内部环境主要包括_____和_____。

3. 古典决策理论是以"_____"准则来进行决策。

4. 在企业经营环境中,能够经常为企业提供机会或产生威胁的因素主要有_____,_____,_____,_____,_____。

5. 决策者把_____,_____和_____等心理学因素作为决策的行为基础。

6. 行为决策理论认为人的理性介于_____和_____之间。

7. 活动方案生产方法主要包括_____,_____,_____,_____。

8. 决策树中方框表示_____,由其引出的若干条一级树枝叫作_____。

## （三）选择题

1. 组织的运行和发展受到种种环境力量的影响;反过来,组织也可以去适应环境甚至影响环境。下列不属于环境对组织产生影响的是_____。

A. 环境是组织赖以生存的土壤

B. 环境影响组织内部的各种管理工作

C. 环境主动地选择组织,改变甚至创造组织

D. 环境对于组织的管理工作、效益水平有重要的影响和制约作用

2. 对于组织中确定性的决策,通常可以通过_____方法进行备选方案的优化选择。

A. 决策树法　　　B. 排队论　　　C. 机会评价框架　　　D. 等可能准则

3. 以下不属于具体或微观环境的是_____。

A. 顾客　　　B. 竞争者　　　C. 管制机构　　　D. 技术环境

4. 决策背景具有不稳定性,并对决策工作产生复杂的影响,其性质特征不包括_____。

A. 稳固性　　　B. 复杂性　　　C. 整体性　　　D. 综合性

5. 下列关于头脑风暴法的说法,不正确的是_____。

A. 相关专家或人员各自发表自己的意见,对别人的建议不作评论

B. 所发表的建议必须要深思熟虑

C. 鼓励独立思考、奇思妙想

D. 可以补充完善已有的建议

6. 德尔菲法的特征不包括_____。

A. 被动性　　　B. 匿名性　　　C. 反馈性　　　D. 收敛性

7. 决策树的优点在于_____。

A. 直观简洁　　　　　　　　B. 便于解决多阶段问题

C. 简化决策过程　　　　　　D. 上述三方面均是

8. 行为决策代表性模型不包括_____。

A. DHS 模型　　　B. WS 模型　　　C. BHS 模型　　　D. HS 模型

## （四）名词解释

1. PEST 分析
2. SWOT 分析法
3. 头脑风暴法
4. 德尔菲法
5. 领导集体决策模型
6. 脚本法
7. 行为决策理论
8. 归因偏差

## （五）论述题

1. 环境分析的常用方法主要有哪些？
2. 简述行为决策理论的主要内容。
3. 结合实际，谈谈如何提高决策的科学性。

## （六）案例分析

案例一

彭尼公司是美国大型零售商店之一，成立于 1902 年，8 年以后，它发展成为遍布美国西部各州的 26 家连锁商店。在以后的 30 年间，它的发展极为迅速，到 1940 年已经拥有 1 585 家商店。彭尼公司的巨大成功，源于它的经营特色：

（1）只限于在小城镇开店，大多在密西西比州的西部。在这样的小镇上，彭尼公司的经理工资最高、地位显赫，被尊为当地人的朋友，他们的商店也受到了爱屋及乌的礼遇。

（2）现金交易。彭尼公司极力提供最优质的商品，而且尽可能把价格压到最低限度，这样一来顾客乐于付款，也乐于把商品带回自己家中。

（3）销售品种有限。彭尼公司的商店大多分布在小城镇，销售产品主要限于服装和家具，这样一来质量更容易获得保证。

第二次世界大战后，彭尼公司恪守的经营原则受到了严重的挑战，市场占有率不断下降。而同期，另一家大型连锁店西尔斯的市场占有率却在不断上升。主要是市场营销环境发生了变化，而公司仍抱着传统的经营观念、经营方式不变。

（1）顾客需求呈现多样化。由于战后人们生活水平的提高，消费结构的变化，消费需求日渐丰富。而彭尼公司的经营品种只限于服装和家具，不能满足人们的购物需要。

（2）服务形式多样化。由于买方市场的形成，消费者对服务水平的要求越来越高。不仅要求有漂亮的装潢、舒适的购物环境,还要求有赊销、送货上门等服务。而彭尼公司仍坚持现金交易和自己拿货。

（3）企业形象日趋重要。由于竞争的加剧,企业定位、企业形象对于吸引消费者起着越来越大的作用。彭尼公司的商店遍布小城镇,在大都市踪影全无,无疑极大地影响了它的发展。

50年代,彭尼公司的推销员威廉·巴顿给董事会写了一份备忘录,批评公司那种面对已变化了的市场环境,却不作任何反应的顽固、保守的做法。该备忘录引起了公司的极大关注并开始着手改革。

（1）赊销。1958年9月,彭尼公司开始进行赊销的可行性实验,到1962年,彭尼公司的所有商店都提供赊销服务,赊销的比重1964年占28%、1966年占35%、1973年达到38%。

（2）经营品种多样化。除了经营传统的非耐用品之外,开始仿照西尔斯公司也经营家电、家具、汽车等耐用品。

（3）向大都市扩展。公司决定向大都市扩展,树立现代企业形象。

（4）开展市场营销环境研究。备忘录的出现刺激了公司,使公司认识到必须对所赋予的环境、机会和市场需求进行全面、彻底的研究,以督促公司管理人员对消费者的需求和偏好作出评价,对竞争对手的变化作出反应。

资料来源:改编自吴健安,《市场营销学（第五版）》,高等教育出版社2014年版,第83-84页。

结合材料,运用所学的知识,回答下列问题:
是什么原因导致第二次世界大战后彭尼公司的滑坡呢？如何理解营销环境的变化？

案例二

某企业为了增加某种产品的生产能力,提出甲、乙、丙三个方案。甲方案是从国外引进一条生产线,需投资800万元;乙方案是改造原有生产车间,需投资250万元;丙方案是通过次要零件扩散给其他企业生产,实现横向联合,不需要投资。

根据市场调查与预测,该产品的生产有效期是6年,在6年内销路好的概率为0.7,销路不好的概率为0.3。在销路好的情况下,甲方案每年可盈利430万元,乙方案每年可盈利210万元,丙方案每年可盈利105万元;在销路不好的情况下,甲方案每年将亏损60万元,乙方案每年可盈利35万元,丙方案每年可盈利25万元。

结合材料,运用所学的知识,回答怎样用决策树法选择决策方案。


# 四、习题答案及提示


## （一）判断题

1. ×　2. √　3. ×　4. √　5. ×　6. ×　7. √　8. √

## （二）填空题

1. 一般或宏观环境,具体或微观环境,组织内部环境
2. 物质环境,文化环境
3. 最优化
4. 潜在进入者,替代产品,买方议价实力,卖方议价实力,行业竞争者
5. 学习,记忆,习惯
6. 完全理性,非理性
7. 5W2H 法,头脑风暴法,德尔菲法,强迫联系法
8. 决策点,方案枝

## （三）选择题

1. C　2. B　3. D　4. A　5. B　6. A　7. C　8. B

## （四）名词解释

1. PEST 分析,是指从政治与法律环境(P)、经济环境(E)、社会与文化环境(S)、技术环境(T)四个方面来探察、认识影响组织发展的重要因素。

2. SWOT 分析是优势(strengths)、劣势(weaknesses)、机会(opportunities)、威胁(threats)分析法的简称。这种方法把环境分析结果归纳为优势、劣势、机会、威胁四部分,形成环境分析矩阵。

3. 头脑风暴法是一种定性化的方法,具体做法是请一定数量的专家,对预测对象的未来发展趋势及状况做出判断。

4. 德尔菲法,依靠专家背靠背地发表意见,各抒己见,管理小组对专家们的意见进行统计处理和信息反馈,经过几轮循环,使分散的意见逐步统一,最后达到较高的预测精度。

5. 领导集体决策模型认为政策选择是建立在领导者优秀的素质和管理经验的基础上,由领导者或领导集体依据自己的应变能力和判断力进行决策。

6. 脚本法又称情景分析法。情景一词有电影脚本、梗概、剧情、情节或情况等意思,该方法既可以应用于环境预测,也可以应用于决策方案的形成。

7. 行为决策理论认为,人的理性介于完全理性和非理性之间,即人是有限理性的,这是因为在高度不确定和极其复杂的现实决策环境中,人的知识、想象力和计算力是有限的。

8. 归因偏差是指当事件与决策者的行动一致时,决策者将其归结为自己的高能力;当事件与决策者的行为不一致时,决策者将其归结为外在噪声。

## （五）论述题

1. 环境分析的常用方法分为以下四种:

（1）一般环境分析方法。最常见的是 PEST 分析方法。

PEST 分析，是指从政治与法律环境（P）、经济环境（E）、社会与文化环境（S）、技术环境（T）四个方面来探察、认识影响组织发展的重要因素。

（2）具体环境分析方法。迈克尔·波特教授提出五种力量模型，即本行业中现有的其他企业、供应方（供应商）、买方（顾客）、其他行业之中的潜在进入者和替代产品及其生产企业组织。

（3）内外部环境综合分析方法。组织在分析外部环境的同时，必须也分析其内部环境。SWOT 分析是最常用的内外部环境综合分析技术。

（4）针对环境变化的分析方法。常用的是脚本法（情景分析法），情景分析法可分为定量脚本法和定性脚本法。

2. 行为决策理论的主要内容有：

（1）决策者是有限理性的。

（2）受决策时间和可利用资源的限制，决策者即使充分了解和掌握有关决策环境的信息情报，也只能做到尽量了解各种备选方案的情况，而不可能做到全部了解，决策者选择的理性是相对的。

（3）决策者在识别和发现问题中容易受知觉上的偏差的影响，而在对未来的状况做出判断时，直觉的运用往往多于逻辑分析方法的运用。

（4）决策者对风险的接受程度将会影响其对具有不同风险的方案选择。

（5）决策者在决策中往往只求满意的结果，而不愿费力寻求最佳方案。

3. 决策是指为实现一定的目标，在多个备选方案中选择一个方案的分析判断过程。要提高决策的科学性，必须注意以下几个方面：

（1）决策要有明确的目的。决策或是为了解决某一问题，或是为了达到某一目标，目标不清，问题不明，就难以做出正确的决策。

（2）要有若干个可行方案。一个方案无从比较优劣，多方案决策是科学决策的基础。

（3）要进行方案的分析评价。各种方案均有优缺点，只有通过比较，才能明确优劣。

（4）在最终决策时，要遵循"满意原则"。

（5）决策是一个分析判断过程，决策者的素质起着重要的作用。为了提高决策的正确性，就要努力提高决策者的素质。

（6）要遵循科学的决策程序，针对不同的决策问题，运用不同的决策方法。

## （六）案例分析

1.（1）其原因主要包括：① 彭尼公司的经营品种只限于服装和家具，不能满足二战后人们的多样化的购物需要。② 彭尼简陋的购物环境，坚持现金交易和顾客自己拿货等服务形式不能满足二战后人们的多样化的服务需求。③ 彭尼公司只限于在小城镇开店，企业形象受损。总之，彭尼公司市场占有率不断下降的关键原因在于忽视市场营销环境的变化，未能根据市场营销环境的变化制定出相应的营销策略，从而给企业带来生存和发展威胁。

（2）① 企业市场营销环境的变化是多方面的，既有政治法律环境、经济环境、社会文化环境、人口环境、自然环境、科学技术环境的宏观因素的变化，也有企业自身、供应商、竞争者、营销中介、顾客、公众的微观环境因素的变化。② 市场营销环境不断在发展变化,对企业经营管理发生综合作用。对企业而言,属于不可控的宏观环境因素,企业必须积极地、能动地适应环境的变化,趋利避害;对企业而言,如果能够加以影响的因素,企业应该施加积极影响,使其朝着有利于企业经营管理的方向发展;对企业而言,企业能够完全控制的因素,应牢牢掌握其变化,使其成为企业经营管理的竞争优势所在。

2.

| 方　　案 | 滞销 | 畅销 |
|---|---|---|
| | 概率为 0.3 | 概率为 0.7 |
| 甲方案 | −60×6 万元 | 430×6 万元 |
| 乙方案 | 35×6 万元 | 210×6 万元 |
| 丙方案 | 25×6 万元 | 105×6 万元 |

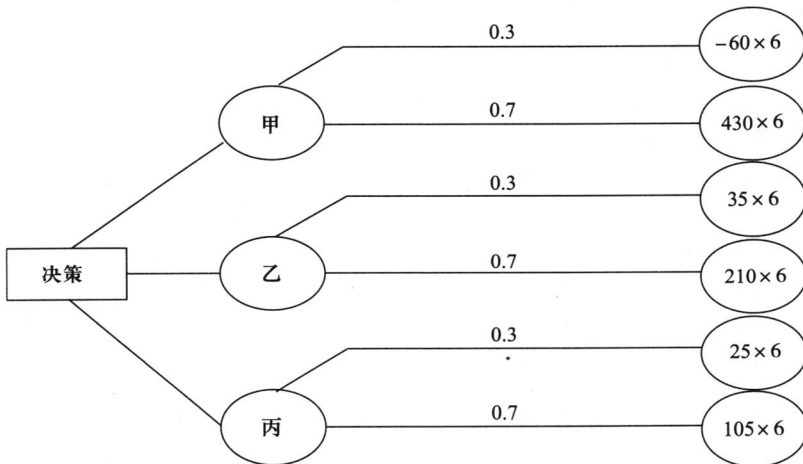

甲方案的期望净收益: $-60×6×0.3+430×6×0.7-800=898$ (万元)

乙方案的期望净收益: $35×6×0.3+210×6×0.7-250=695$ (万元)

丙方案的期望净收益: $25×6×0.3+105×6×0.7=486$ (万元)

所以采用甲方案。

# 第五章　决策的实施与调整

## 一、知识点回顾

### 1. 实施决策的计划制定

#### ■ 计划的本质与特征
计划是对组织在未来一段时间内的目标和实现目标途径的策划与安排。计划工作是管理的重要职能，**计划的特征**主要体现在：计划工作的首要性；计划工作的普遍性；计划工作是管理人员的基础工作之一。

#### ■ 计划的类型与作用
根据计划对企业经营范围影响程度和影响时间长短的不同，计划可以分为战略计划、战术计划和作业计划。根据计划跨越的时间间隔长短，计划可以划分为长期、中期和短期计划。按照所涉及活动的内容，计划可以分成综合计划、专业计划与项目计划。

通常认为，**计划具有下述几方面的作用**：管理者进行指挥的抓手；管理者实施控制的标准；降低未来不确定性的手段；提高效率与效益的工具；激励人员士气的依据。

#### ■ 计划编制的过程与方法
围绕"拟实现哪些目标"和"如何实现所制定的目标"这两个问题，完整的**计划工作程序**可展开为：制定计划目标；估量现状与目标之间的差距；预测未来情况；制定计划方案；实施和总结计划方案。

**计划编制的方法**主要有滚动计划法、项目计划技术、计划评审技术和甘特图四种。

滚动计划法是指在编制长期计划时，应采取"近具体、远概略"的方法，对近期计划制定得尽量具体，对远期计划只规定出大概的要求。项目计划是对项目的目标及活动予以统筹，以便能在固定的时间内，以最低的成本获取项目预期成果，其工作过程主要包括项目的界定、行动分解和行动统筹。

### 2. 推进计划的流程和方法

#### ■ 目标管理
**目标管理的基本主张**是鼓励组织成员积极参加工作目标的制定，并在工作中实行自我控制、自觉完成工作任务的管理方法或管理制度，**目标管理的重点**是让组织中的各层管理人员都与下属围绕工作目标和如何完成目标进行充分沟通。

目标管理的特点主要有，实行参与管理，重视工作成果而不是工作行为本身，强调组织成员的自我控制，建立系统的目标体系。

目标管理的类型，根据组织目标是否最终分解到个人，可以分为全分解式目标管理和半分解式目标管理。

目标管理的过程可以分为三个阶段:目标的制定与展开阶段;目标的实施阶段;成果评价阶段。

### ■ PDCA 循环

**PDCA 循环的特点**在于:大环套小环;上升式循环;综合性循环。推动 PDCA 循环的关键是 A(改进)阶段。

PDCA 循环的具体步骤为:分析现状,找出存在的问题;分析产生问题的各种原因或影响因素;找出问题所在;针对问题的主要因素制定措施,提出行动计划;实施行动计划;评估结果;标准化和进一步推广;提出这一循环尚未解决的问题,把它们转到下一个 PDCA 循环。

### ■ 预算管理

按预算的内容,**预算可分为**经营预算管理、投资预算管理和财务预算管理。

按预算控制的力度,预算可以分为刚性预算管理和弹性预算管理。刚性预算管理指在管理过程中,关注执行进程中没有变动余地的预算,执行人在执行中无活动余地。弹性预算管理指在管理过程中,预算指标有一定的调整余地,执行人可灵活执行的预算。

零基预算法是广为运用的典型预算方法之一。零基预算法的程序包括建立预算目标体系、逐项审查预算、排定各项目和各部门的优先顺序和编制预算等。

## 3. 决策追踪与调整

### ■ 决策追踪与调整的内涵

决策追踪与调整,是决策者在初始决策的基础上对已从事活动的方向、目标、方针及方案的追踪和重新调整的过程。决策的补充和修正,是指在决策执行过程中由于决策本身的特点和决策环境的变化,决策者必须对决策执行情况不断检查,并根据反馈信息,找出偏差,实施相应的控制,不断修正、完善决策。

**决策追踪与调整的特征**主要有回溯分析、非零起点、双重优化和心理障碍。

### ■ 决策追踪与调整的原则

决策追踪与调整的原则主要有:科学性与全面性相结合的原则,相对性与系统性相结合的原则,指挥与授权相结合的原则,可比性与可操作性相结合的原则,任务与关系相结合的原则。

### ■ 决策追踪与调整的程序及方法

**决策追踪与调整的程序**主要有以下步骤:第一步,明确决策追踪与调整的内容;第二步,选择决策追踪与调整的方向;第三步,收集资料和数据;第四步,分析差距;第五步,设定努力目标;第六步,沟通交流;第七步,根据反馈的建议进行改进;第八步,制定具体的调整方案;第九步,明确决策调整的职责;第十步,循环进行。

**基于组织决策的追踪与调整方法**主要有鱼刺图、雷达图、趋势图。

基于个体决策的追踪与调整方法主要有鼠标实验室、眼动技术、决策移窗技术,除此之外,认知神经科学领域的脑成像技术也开始运用于决策追踪与调整的分析当中。

# 二、拓展阅读材料

## （一）预算管理的发展和战略研究

### 1. 预算管理对组织变革的影响

20 世纪后期经济活动的全球化和信息技术的发展，引发了更激烈的竞争和更大范围的买方市场的形成。管理学领域对发展战略的核心竞争力的关注同样波及了预算管理研究。为了应对"预算管理导致短期行为，阻碍战略性发展"之类的指责，在预算管理的主题下，出现了越来越多涉及"战略"和"长期发展"的研究。

相当一部分研究的重点在于预算管理面对高速变化的环境能否和如何发挥作用。

Esbjorn Segelod(1998)分析了瑞典公司的资本预算体系，同时与英美公司进行了比较，试图探明在过去 30 年里企业资本预算体系的变化方式及变化原因，以便更好地理解现代资本预算体系运行和演进机理。

Abernethy 和 Brow Nell(1999)则运用澳大利亚 63 家公立医院 CEO 的调查资料来检验战略变化、预算使用模式和业绩之间的关系，以观察会计师如何在构建和实施战略变化过程中作为学习机制发挥作用。结果表明，交互式预算模式有可能减轻战略变化对业绩的影响。

Anderson 和 Lanen(1999)运用印度的案例来说明经济转型、战略和管理会计实务演变之间的关系。通过对 1991 年印度经济改革前后 14 家印度当地公司资料的分析来说明，印度开展经济改革以来，战略目标被更广泛理解，构建战略的关键信息来源也随着改革而有所变化，公司各层面的管理者都更主动地介入并理解战略计划。虽然预算管理在经济改革前也存在，但是管理者们认为，现在他们的预算比以前更现实、更有意义。有更多的公司使用标准的预算程序，更多员工参与编制和调整预算的所有阶段；预算的准确性也在提高。同时，他们还发现，特定的管理会计活动在采用不同战略的公司是有差别的。

总的看来，这些研究反映了 20 世纪 90 年代以来在这样快速变化的环境中，预算管理发生了适应性变化，包括预算的内容、预算的方式以及上下级关系协调等诸多方面。正是这些变化使预算管理得以"与时俱进"，不仅没有阻碍竞争和创新，而且有助于协调和适应变化。

### 2. 预算和发展战略的协调

Wim A.Van der Stede(2000)运用调查 153 个经营单位主要管理者的问卷资料，来检验它们所采用的预算控制类型以及所鼓励的行为可能受到的环境变量影响，如竞争性（进取者）战略和经营单位过去的业绩。据作者预测，竞争性战略可能与较为宽松的预算控制风格相联系。因为"竞争者"比"防御者"面对更多的不确定性，有着更宽泛的产品系列，更依赖于产品开发和革新，这些特点本身就具有长期性质，而且难以量化，这使得依赖传统会计指标过分严格的预算控制变得不合时宜。因为不确定的环境要求预算控制有较大的灵活性，以便对环境变化作出有效的反应。允许松弛存在，这是使组织免受不确定性影响的一个重要途径,预算松弛能提供一个缓冲余地,释放一定的资源,可以用它们来利用市场机会和开发新产品。

选择较宽松或严厉的方法,实行预算管理,这不仅与管理者的风格和传统有关,而且也与不同组织的发展战略和策略有关。每个组织应该根据自己的特定发展阶段和战略地位,采用适合自己的预算模式和方法。

资料来源:改编自张朝宓、卓毅、胡春香:《当代西方预算管理研究综述》,《外国经济与管理》2003 年第 12 期。

## （二）内部控制体系的 PDCA 循环

从宏观上看,所有关于企业内部控制制度的建设、执行、更新调试等工作内容都包含于 PDCA 循环框架中,整个企业的内部控制体系都在按照 PDCA 循环管理的方式运作。

### 1. 计划阶段(P)

P 阶段是人们对研究对象的发展所做的宏观布置和总体规划。计划的得当与否,通过影响管理职能的具体发挥,直接影响管理工作的效率和效果。

在内部控制体系中,因为企业的内部控制就是为了保证管理职能的高效率而对内部控制工作所做出的计划,因而内控计划可以理解为企业基于我国基本规范基础而建立的适应本企业自身发展与要求的内控标准或内控制度。

### 2. 执行阶段(D)

D 阶段是计划的执行阶段。在内控体系循环中,D 阶段是企业内控制度和标准的具体执行,即按照内控规范的要求,在内控基本原则的前提下,通过对内部环境、风险评估、控制活动、信息与沟通和内部监督五大要素的宏观分析,将企业主要业务流程等的风险识别与控制落实为具体的企业行为。这个阶段是内部控制工作循环管理的中心环节。企业内控标准是否适当、目标能否达到,都会在这一环节中体现出来。同时,各项工作安排、执行过程中的协调与控制工作到位与否,对顺利完成执行计划、实现预定目标也是至关重要的。

### 3. 检查阶段(C)

C 阶段在内控体系循环中即考核检查阶段,可以与企业的内部控制自我评估工作结合起来。二者的差距仅停留在周期问题上,但本质是相同的,在假设一个内控体系循环就是一年的前提下,二者演化为同一个问题。随着内部控制各项措施的推进,内部控制不适应企业的地方逐步体现出来,诸如经营目标、财务报告目标、合规目标与战略目标的冲突,风险中不可抵御的系统性风险,关键控制点设置的不合理等问题都需要不断发现,并及时加以解决。因此,企业必须在 C 阶段开展各种日常的、阶段性的汇总检查工作,只有通过各种形式的"考核"活动,不断发现和消除内控体系中存在的隐患因素,才能保证内控的高效率运行。

### 4. 改进阶段(A)

改进阶段也可以被称作行动阶段,是 PDCA 循环链中的关键环节,也是下一个 PDCA 循环的催化剂。我国的内控基本规范主要是借鉴美国 COSO 框架的,因此,难免会有诸多不适应我国特有国情的地方,而不同行业、不同地域、不同发展阶段的企业在引用我国内控基本规范的时候,也难免会产生诸多的照搬照抄和理解不到位情况,使本应基于企业特点建设的内控规范并不适合企业。因此,对于 C 阶段所暴露出来的不适应性,在 A 阶段需要不停进行微观的局部调试,甚至企业宏观内控标准的大范围调整,只有这样才能保证内部控制体系的有效性,不断促进企业的发展。

资料来源:改编自杨洁:《基于 PDCA 循环的内部控制有效性综合评价》,《会计研究》2011 年第 4 期。

# 三、习题

## (一)判断题

1. 计划工作是渗透到组织各种活动中的普遍性管理工作。 （  ）
2. 战略计划是关于企业活动总体目标和战略方案的计划。 （  ）
3. 一般在编制长期计划时会采取"近概略、远具体"的方法。 （  ）
4. 决策追踪与调整,是决策者在初始决策的基础上对已从事活动的方向、目标、方针及方案的追踪和重新调整的过程。 （  ）
5. 半分解式目标管理把目标分解到科室、车间、工段等基层组织,并且组织成员制定十分明确的个人目标。 （  ）
6. 作业计划是给定部门或个人的具体行动计划,具有不可重复性和较小的刚性。
（  ）
7. 相比于战略计划,战术计划的风险程度较低。 （  ）
8. 著名管理学家彼得·德鲁克提出的目标管理重视工作行为本身而不是工作成果。
（  ）

## (二)填空题

1. 计划工作是一切管理活动的前提,这反映了计划工作的_____性;各级管理人员实际上都要担负或多或少的计划工作,这反映了计划的_____性。
2. 计划编制的方法主要有_____,_____,_____和_____四种。
3. 目标制定与展开是目标管理的第一阶段,这一阶段的中心任务是_____。
4. 根据所涉及活动的内容,可以把计划分为_____,_____和_____。
5. 开展决策追踪与调整的基础是_____和_____。
6. 根据_____,可以把计划分为战略计划、战术计划和作业计划。
7. 基于组织决策的追踪与调整方法主要有_____,_____和_____。
8. 按预算的内容,预算可分为_____,投资预算管理和_____。

## （三）选择题

1. 为缩小现状与目标之间的差距，可以在现状的基础上力求改进，随着时间的推移不断地逼近目标，也可以通过_____缩小差距。

A. 降低产品价格　　B. 变革现状　　C. 加大营销力度　　D. 加大广告开支

2. 根据对企业经营范围影响程度和影响时间长短的不同，可以把计划分类为_____。

A. 长期计划、中期计划和短期计划　　B. 程序性计划和非程序性计划

C. 正式计划和非正式计划　　D. 战略计划、战术计划和作业计划

3. 目标管理在实践中普遍受到重视，以下对此的描述不正确的是_____。

A. 通过使管理人员制定目标及其完成目标的时间帮助计划工作的开展

B. 使员工了解到他们的工作完成状况，直接关系到组织目标的实现

C. 管理者无须向下级详细解释、说明目标管理的理念、制定目标的程序和目标管理的好处

D. 为员工提供了明确的行动目标、自主工作和创新的组织氛围以及明确的奖惩标准

4. 下列关于战略计划与战术计划的说法中，正确的是_____。

A. 战术计划是战略计划的依据

B. 战略计划的实施是对已经形成的能力的应用

C. 战术计划是在战略计划指导下制定的，是战略计划的落实

D. 战术计划的实施是组织活动能力的形成与创造的过程

5. 在开始调整组织决策的时候，原始策略往往已经对组织环境造成了影响，这体现了决策追踪与调整的_____特征。

A. 回溯分析　　B. 非零起点　　C. 双重优化　　D. 心理障碍

6. 作业计划通常不具备以下哪种属性_____。

A. 个体性　　B. 独立性　　C. 可重复性　　D. 较大的刚性

7. 决策追踪与调整的原则，除了_____之外其他都是要考虑的。

A. 科学性与艺术性相结合的原则　　B. 任务与关系相结合的原则

C. 科学性与全面性相结合的原则　　D. 可比性与可操作性相结合的原则

8. 制定计划方案不包括_____工作。

A. 提出方案　　B. 比较方案　　C. 修改方案　　D. 选择方案

## （四）名词解释

1. 计划
2. 战略计划
3. 战术计划
4. 专业计划
5. 目标管理

6. 预测

7. 决策追踪与调整

8. 刚性预算管理

## （五）论述题

1. 试述计划与决策的区别与联系。

2. 围绕组织的目标以及目标的实现途径,组织定期编制计划。请简述计划的编制过程。

3. 德鲁克在《管理实践》一书中首次提出了"目标管理"这个概念,建立起了"目标管理"的理论体系,并把它推广和具体应用到实际工作中。"目标管理"既是一种组织管理模式,也是一种管理思想和管理哲学的体现。你所理解的目标管理的基本思想是什么?

## （六）案例分析

案例一

在 2016 年江西猪业博览会暨高效养猪高峰论坛上,正邦集团总裁林印孙分享了他对中国生猪规模化养殖发展的几点思考。林印孙指出,我国具有悠久的养猪业历史,是世界养猪第一大国,也是猪肉消费第一大国,但却非养猪强国。小规模、分散、组织性不强、水平不高、劳动力效率低和猪场生产硬件不到位等影响生产效率的因素还普遍存在。

近年来国家环保政策越来越严,对养殖废弃物处理提出了更高的要求。食品安全标准和要求也越来越高,但养猪业由于疫病越来越复杂,疫苗、药物却越用越多,用药不规范,食品安全风险越来越大。因此,政府管理成本高、生物安全、食品安全控制难。

中国人多、地少,养殖环保消纳土地少,粮食资源质量不稳定,建设成本、饲养成本不断提高。这使养猪业不得不面临资源短缺的制约。另外还缺少长线投资及相关支持企业。林印孙表示养殖业缺少育种、环保、防疫长线投资,国家缺乏育种机制,企业面临长线投资时缺乏专业团队的积累,无持续性和稳定性,如育种陷入"引种退化、再引种"怪圈。养猪行业人才也严重短缺,缺乏规模化猪场的高层管理团队,缺乏标准化与定额管理,很多猪场忽视组织体系及间接管理的体系设计,缺乏规模化管理团队的打造及培养,更缺乏自动化猪场的基层管理团队,只懂养猪,不懂工业设备、机电技术和工业思维,欠缺管理团队技能,等等。

虽然养猪业面临诸多挑战,但机遇也同样共存。林印孙认为,中国作为猪肉主要消费大国,为国内养猪企业发展提供了广阔的市场空间。只有资本实力强劲的企业才有可能成为未来中国养猪骨干企业,抵御中国养猪的周期性风险。他认为从长远来讲,政府应该有目标、有计划地规划类似温氏、正邦、牧原等骨干企业从育种、智能化、生态化等方面做突破,支撑中国生猪体系的搭建及完善。国家应积极引导,选择几家重点企业作为国家生猪产业体系中的育种或技术重点支撑企业。为了应对风险,正邦集团的养猪事业也进行得如火如荼。林印孙表示,2015 年正邦养殖控股及参股公司共出栏商品猪近 300 万头,而正邦生猪未来的发展战略目标是 5 000 万头。

资料来源：改编自新浪财经题为《除温氏外，又一目标5000万头企业！！》的报道，2016年8月4日。

结合材料，运用所学的战略规划的知识，回答下列问题：

1.正邦集团总裁在制定战略规划时，主要从哪几个方面对企业内外部环境进行了分析？

2.为了让集团的战略目标圆满完成，还需要进行哪些补充？

## 案例二

特克泽(Tekeze)水电站是埃塞俄比亚国内几座大型的以发电为主并兼有防洪效益的水电站之一，其重要性如同我国的三峡水电站。通过国际招标程序，我国的北方国际合作股份有限公司(以下简称北方国际)中标承担该水电站建设过程中的四台78兆瓦水轮发电机组及其附属设备的设计、制造、供货、安装及调试和试运行工作。中标后，北方国际的项目组根据工程施工合同的规定和要求，确定了项目的总目标——按合同要求，在合同规定的时间内，按公司的工程成本要求，按期保质地交付合同标的。在明确工作范围的基础上，项目组按照项目固有的特点，对项目的工作范围层层细分，建立了从顶端目标延伸至可执行单元的全项目工作分解结构，在此基础上开展工程项目。自2003年1月工程施工合同签订，到2010年2月第四台机组移交，该项目整整经历了七个年头。

在这七个年头里，项目组历经挑战，但仍然圆满履行了合同义务，实现项目各项目标。例如项目在建设初期正好遇上国内水电站市场需求高涨。国内水电设计单位设计任务繁重、水电站设备厂家订单爆满、安装单位挑肥拣瘦等导致项目的设计图纸极有可能无法按期完成，这会直接拖慢整个工程进度。在这种情况下，项目组及时调整策略，采用"集中设计"的方法，把项目的设计人员请出来，集中在一个相对安静的场所进行专门的项目设计。这样可以加快设计速度，避免因为其他项目的干扰而不能按期交图。事实证明，这一举措收效良好，三次集中设计顺利完成上百张设计图纸，保证了后续项目的进度。除此之外，在施工过程中种种原因还曾导致某部分工期滞后。对此，项目组采取的办法是动态调整进度计划。项目组依据基准进度计划，对进度目标进一步分解，直到可控制的可执行单元，并在项目执行过程中定期检查实施进度，以月报形式定期使用PDCA循环进行动态控制，分析实际进度与基准进度的偏差，及时纠偏。另外，由于项目的接口多，项目组密切注意实际进度中的边界条件相对于基准进度计划的变化，在偏差出现后及时向工程师提出工期索赔意向。例如，曾经有一期混凝土交面滞后，项目组便依据基准进度计划和实际交面日期调整进度计划，并得到了工程师的批准，适时延长了工期。

资料来源：改编自隗京兰、陈忠、李守志：《国际工程中目标管理的应用——埃塞TEKEZE水电站项目案例解析》，《国际经济合作》2011年第5期。

结合材料，运用所学的目标管理的相关知识，回答下列问题：

1. 特克泽水电站项目的建设过程中体现了目标管理的哪些环节？

2. 项目组使用PDCA循环进行动态控制，这个方法的特点是什么？

# 四、习题答案及提示

## （一）判断题

1. √　2. √　3. ×　4. √　5. ×　6. ×　7. √　8. ×

## （二）填空题

1. 首要,普遍
2. 滚动计划法,项目计划技术,计划评审技术,甘特图
3. 上下协调,制定好各级组织的目标
4. 综合计划,专业计划,项目计划
5. 资料,数据
6. 计划对企业经营范围影响程度和影响时间长短的不同
7. 鱼刺图,雷达图,趋势图
8. 经营预算管理,财务预算管理

## （三）选择题

1. B　2. D　3. C　4. C　5. B　6. B　7. A　8. C

## （四）名词解释

1. 从动词意义看,计划(planning)是指对各种组织目标的分析、制定和调整以及对组织实现这些目标的各种可行方案的设计等一系列相关联的行为、行动或活动。从名词意义看,计划(plans)就是指上述计划行动的结果,包括组织使命和目标的说明,以及组织所选择的战略活动在未来不同时空的展开。

2. 战略计划是关于企业活动总体目标和战略方案的计划。

3. 战术计划是有关组织活动具体如何运作的计划。

4. 专业计划是涉及组织内部某个方面或某些方面的活动计划,如生产计划、财务计划等。

5. 目标管理是一种鼓励组织成员积极参加工作目标的制定,并在工作中实行自我控制、自觉完成工作任务的管理方法或管理制度。

6. 预测是根据过去和现在的资料,运用各种方法和技术,对影响组织工作活动的未来环境做出正确的估计和判断。

7. 决策追踪与调整是决策者在初始决策的基础上对已从事活动的方向、目标、方针及

方案的追踪和重新调整的过程。

8.刚性预算管理指在管理过程中,关注执行进程中没有变动余地的预算,执行人在执行中无活动余地。

## （五）论述题

1.决策和计划是相互区别的,因为这两项工作需要解决的问题不同。决策是对组织活动方向、内容及方式的选择。计划则是对组织内部不同部门和不同成员在一定时期内的行动任务的具体安排,它详细规定了不同部门和成员在该时期内从事的活动的具体内容和要求。但决策与计划又是相互联系的:

（1）决策是计划的前提,计划是决策的逻辑延续。决策为计划的任务安排提供了依据,计划则为决策所选择的目标活动的实施提供了组织保证。

（2）在实际工作中,决策与计划是相互渗透的,有时甚至是不可分割地交织在一起的。决策制定过程中,不论是对内部能力优势或劣势的分析,还是在方案选择时对各方案执行效果或要求的评价,实际上都已经开始孕育着决策的实施计划。反过来,计划的编制过程,既是决策的组织落实过程,也是对决策更为详细的检查和修订的过程。

2.计划的编制过程主要有:

（1）制定计划目标。目标是组织期望达到的最终结果。

（2）估量现状与目标之间的差距。组织的将来状况与现状之间必然存在差距。客观地度量这种差距,并设法缩小这种差距,是计划工作的重要任务。

（3）预测未来情况。在计划的实施过程中,组织内外部环境都可能发生变化。如果能够及时预测内外部环境的可能变化,对制定和实施计划来说将十分有利。

（4）制定计划方案。制定计划方案包括提出方案、比较方案、选择方案等工作,这与决策方案的选择是一样的道理。

（5）实施和总结计划方案。

3.目标管理基本思想为:

（1）企业的任务必须转化为目标,企业管理人员必须通过这些目标对下级进行领导并以此来保证企业总目标的实现。

（2）目标管理是一种程序,使一个组织中的上下各级管理人员会同一起来制定共同的目标,确定彼此的成果责任,并以此项责任来作为指导业务和衡量个人贡献的准则。

（3）每个企业管理人员或工人的分目标就是企业总目标对他的要求,同时也是这个企业管理人员或工人对企业总目标的贡献。

（4）管理人员和工人是靠目标来管理,由所要达到的目标为依据,进行自我指挥、自我控制,而不是由他的上级来指挥和控制。

（5）企业管理人员对下级进行考核和奖惩也是依据这些分目标。

## （六）案例分析

1.（1）正邦集团总裁主要从技术、政策以及产业经济因素等方面对企业面临的挑战和机遇进行了分析。技术方面:国内规模化养殖技术发展不成熟,小规模养殖的生产效率低下、生产硬件水平不达标,养殖技术需要提升;政策方面:一方面,近年来国家环保政策越来越严格,推出了一系列法律法规对农业环境污染问题进行治理,对养殖业提出了更高的生产污染排放要求,另一方面,国家在农业的相关育种机制的投资方面需要加大力度,育种机制的不成熟给养殖业带来了挑战;产业经济方面:相关的行业人才和高级管理人才都非常缺乏,需要建立长效的培养机制;市场方面:国内对相关农产品的需求日益增长,为企业的发展和产能扩张提供了良好的机遇。

（2）正邦集团的战略目标需要一个长期计划,以及一系列更为具体的中期和短期计划作为支撑。

主要结合战略计划制定的环境分析模型进行分析,有理即可。

2.（1）特克泽水电站项目的开展有着明显的目标管理特点。项目组在中标后先制定了项目的总目标,然后确定了项目工作范围,在了解信息的基础上再对总目标进行拆分,这是目标管理的第一个阶段——目标的制定与展开,主要活动包括调查研究、目标展开和定责授权。在目标确定后,项目组开始了施工。在这个过程中,出现了国内水电站市场需求高涨导致设计能力短缺、种种原因导致工期滞后等问题,项目组都及时作出反应,并采取相应策略解决这些突发情况。这部分材料集中体现了目标实施阶段中的跟踪检查环节。主要围绕目标管理过程展开,言之有理即可。

（2）PDCA循环的特点表现在以下几个方面:首先,大环套小环。PDCA循环构成了一个大环套小环、一环扣一环、互相制约、互为补充的有机整体。在PDCA循环中,一般来说,上一级循环是下一级循环的依据,下一级循环是上一级循环的落实和具体化。其次,上升式循环。每个PDCA循环,都不是在原地周而复始地运转,而是像爬楼梯那样,每一循环都有新的目标和内容,这意味着质量管理,经过一次循环,解决了一批问题,质量水平有了新的提高。再次,综合性循环。四个阶段是相对的,它们之间不是截然分开的。最后,推动PDCA循环的关键是A（改进）阶段。

第三篇

组织

# 第六章　组　织　设　计

## 一、知识点回顾

### 1. 组织设计的任务与影响因素

#### ■ 组织设计的任务

**组织设计的任务**是设计清晰的组织结构,规划各部门的职能和权限,确定组织中职能职权、参谋职权、直线职权的活动范围,最终编制职务说明书。

**完整的组织结构设计**至少包括职能设计、部门设计和层级设计三方面内容。职能设计是对组织完成目标所需要的职能、职务的整体安排。组织的部门设计是指按照职能的相似性、活动的关联性、联系的紧密性将各个职位整合为部门的过程。层级设计是对部门之间关系的安排,这种关系既包括部门之间的纵向层级,又包括部门之间的横向联系。

组织结构设计是组织设计的基础,组织运行需要制度和人员的保障,而这些是通过运行制度设计来实现的。**组织运行制度设计**是指为了保证组织的高效运行进行的制度和人员方面的安排,包括沟通系统设计、管理规范设计和激励设计。

#### ■ 组织设计的影响因素

**影响组织结构的因素**包括环境因素、战略因素、技术因素、规模因素和发展阶段因素。

环境因素可以分为两大类:一般环境和任务环境。战略因素,包括战略的发展阶段和战略类型,均对于组织设计具有重要影响。技术因素的变化会影响人与人之间的沟通与协作,因此,组织设计必须考虑技术因素。规模因素是影响组织设计的一个重要变量。发展阶段因素的影响表现为,组织设计需要根据不同阶段的特点来进行。

#### ■ 组织设计的原则

**组织设计的原则**可以归纳为目标一致原则、分工与协作原则、有效管理幅度原则、权责对等原则和柔性经济原则。目标一致原则包括目标的一致性和统一指挥。分工与协作原则是指组织结构能够反映出实现目标所需的工作分解和相互协调,在专业分工的基础上实现组织的整体目标。有效管理幅度原则是指,在进行组织设计时,管理幅度应控制在一定的水平。权责对等原则是指,组织中各个层级的管理者需要拥有开展工作所需要的相应权力,同时承担相应责任。柔性经济原则是指组织设计需要保持一定的灵活性。

### 2. 组织结构

#### ■ 组织结构的概念

**组织结构**是组织中正式确定的,使工作任务得以分解、组合和协调的框架体系,包括组织内部的职能分工和纵向的层级体系。组织结构中各部门之间的相互关系可以用组织结构图表示。

**组织结构的本质**是组织内部成员的分工协作关系,包括工作任务的分解、任务组合和组织协调。工作任务的分解包括根据不同的标准进行的横向分解和根据管理幅度的限制而进行的纵向分解。任务组合是指,组织需要把相似或相关的工作加以组合,并归口特定部门进行管理。

■ **机械式组织与有机式组织**

机械式组织是一种稳定的、僵硬的结构形式,追求的主要目标是稳定运行中的效率。

**机械式组织的特点**包括,基于职能的高度专门化,僵化的职务与权限,信息集中于高层,垂直的命令与信息传递,对组织的忠诚和对上级的服从,强调固有知识。

机械式组织的适用条件为以下几点:环境相对稳定;任务明确且持久,决策可以程序化;技术相对统一而稳定;按常规活动,以效率为主要目标;企业规模较大。

有机式组织是一种松散、灵活的具有高度适应性的结构形式,它追求的主要目标是动态适应中的创新。

**有机式组织的特点**为以下几点:基于知识与经验的专门化,柔性的职务与权限,信息的分散与共享,水平的沟通与信息传递,对工作和技术的忠诚,强调吸收外部智慧。有机式组织更具适应性,能根据需要迅速做出调整。

有机式组织的适用条件为:环境不确定性强,任务多样且多变,无法进行程序化决策,技术复杂多变,有许多非常规活动,需要较强的创新能力,组织规模较小。

■ **组织结构的形式**

**直线制的特点**是组织中所有职位都实行从上到下的垂直领导,下级部门只接受一个上级的指令,各级负责人对其下属的一切问题负责。

**职能制组织形式**也称 U 形结构,以专业职能作为划分部门的基础,在各级管理人员之下根据业务需要设立职能机构和人员,协助其从事职能管理工作。

**直线职能制**组织又称直线参谋制组织,是指综合直线制和职能制两种形式的特点,取长补短而建立起来的组织结构。

**事业部制**也被称为 M 型组织结构,是指组织面对不确定的环境,按照产品或类别、市场用户、地域以及流程等不同的业务单位分别成立若干个事业部,由事业部进行独立经营和分权管理的一种分权式组织结构。

**矩阵制组织结构**的实质是为了加强职能制组织之间的协调,引进项目管理的形式开发的一种组织形式,非常适合需要横向协作的攻关项目。

■ **组织结构的演变趋势**

企业在不断对组织结构进行动态调整,**扁平化、柔性化、无边界化、虚拟化**成为组织结构演进的大趋势。

扁平化是由于随着信息技术的发展,新型沟通工具与管理工具的使用,有效管理幅度得到提高的组织结构变化的趋势。

柔性化是通过设置协调岗位、临时委员会或工作团队的形式加强组织内部的横向联系、增强组织机动性的一种趋势。

无边界组织的基本内涵是,在构建组织结构时,不是按照某种预先设定的结构来限定组织的横向、纵向和外部边界,而是力求打破和取消组织边界,以保持组织的灵活性和有效运营。

　　虚拟化是组织结构的另一个演变趋势,而电子商务领域的企业组织是虚拟组织的最好范例。

### 3. 组织整合

#### ■ 正式组织与非正式组织的整合

　　**正式组织**是由两个或以上的人围绕一个共同目标并经过有意识的、处于系统关系的物的要素、人的要素和社会要素组成的有机整体。**非正式组织**是独立于正式组织目标之外,以人际关系和谐为导向,以非理性为行为逻辑,受潜在的不成文规定约束的个体组成的集合体。非正式组织与正式组织存在密切的相互作用。一方面,非正式组织在正式组织之间或依附于正式组织成立;另一方面,非正式组织对正式组织的活动产生影响,二者有可能形成相互补充,也可能引发对立、导致冲突。

　　正式组织与非正式组织的整合首先要发挥非正式组织的积极作用,同时,组织需要充分认识非正式组织可能产生的消极影响,避免其破坏作用。

#### ■ 层级整合

　　**层级整合**是指组织在纵向设计中需要确定的管理幅度、层级数量以及体现了不同集权程度的各层级之间的权责关系。层级整合包括管理幅度设计、有效集权与分权和组织设计中的授权问题。

　　当组织规模一定时,管理幅度与组织层级呈现出反比例关系。管理幅度越大,同样规模的组织所需要的组织层级越少;反过来,管理幅度越小,组织层级也就越多。有效管理幅度受到诸多因素的影响,需要考虑管理者和被管理者的工作能力、工作内容和性质、工作条件与环境以及成员的差异性等方面。

　　从组织设计的角度分析,组织中各层级的权力来自其职位,因此又称为**职权**。职权有直线职权、参谋职权和职能职权类型。集权是指决策权集中在组织高层的一种权力系统。与之相对应,分权是指决策权分散在组织各部门的权力系统。集权与分权并不是相互排斥、非此即彼的关系,而是程度的问题。

#### ■ 直线与参谋的整合

　　组织中存在两类管理人员,**直线管理人员和参谋人员**。直线管理人员是指位于组织纵向层级中特定职位的管理者,拥有直线职权;参谋人员是指从专业的角度为特定层级的管理者提供咨询、建议的管理者。

　　直线与参谋之间既相互联系,又存在明显的区别。直线与参谋的联系包括:直线与参谋都是组织的管理者,共同为组织目标服务;参谋为直线管理者提供咨询、建议与审查等方面的专业服务;直线与参谋都是为了克服管理人员的局限性而设置的;直线和参谋的角色可以转换。直线与参谋的区别包括:职权性质不同,设置方式不同,在决策中的角色不同,考核标准和待遇不同,所承担的责任不同。

# 二、拓展阅读材料

## （一）巴纳德理论中的正式组织概念

理解"组织是否存在意识"这一问题的关键在于在巴纳德理论整体中把握概念，避免断章取义。具体地说，只有将"正式组织"定义与巴纳德理论的诞生背景、人性观、方法论以及与其他相关概念联系起来，才能准确地把握其内涵。

（1）巴纳德理论产生的历史背景。巴纳德理论出现在 1938 年，也就是霍桑实验之后。该时期管理学发展有两个特点：一是对"经济人"假设的否定和"社会人"假设的提出；二是对非正式组织的认识使得对正式组织的研究呼之欲出。巴纳德认为，当时社会科学研究存在一个严重的缺陷就是忽视对正式组织的探索，这种缺陷"就像解剖学忽视重要器官，生理学无视各器官的功能"（Barnard，1938，p.3）。可见，巴纳德不是像传统组织研究那样去归纳现存组织的共性，而是试图从组织的起源接近其本质。

（2）人性观。不可否认，巴纳德理论受到了以梅奥（G. E. Mayo）为代表的群体关系学派的影响。但是，其人性观又不同于"社会人"假设，而是一种能动的人性观。其内容可以归纳为三点：一是人受到来自物理的、生物的、社会的制约，人为了克服制约而参与协作；二是人具有选择力和自由意志；三是人与组织是一种交换关系，人在向组织贡献活动的同时，也从组织得到成果的分配。巴纳德将人当作一个主客统一体，而不是一个可以用来操纵的客体，这与"社会人"假设有着本质的区别，所以，我们不妨将巴纳德的人性观称为"能动人"假设。

巴纳德并没有将个人与组织的关系对立起来，单方面地强调"个人主义"或"集体主义"，而是谋求二者的共同发展。可以说，"探讨个人与组织的共同发展"是《经理人员的职能》的一条主线，贯穿于整个理论的始终。

（3）方法论。为了接近组织的本质，巴纳德采用了"有机系统法"。该方法有两个重要观点：一是将组织作为一个开放的有机系统，而不是封闭的机械系统；二是强调整体大于部分之和。人类对组织的认识经历了从封闭的机械结构到开放的有机体系的过程，而巴纳德可以说开创了有机系统法的先河。

既然组织是一个有机体，那么也像其他有机体一样存在意识，而且这种意识是独立于组织成员的，是非人格性的。如果在肯定组织是一个有机体的同时，却否认组织存在意识，那显然是自相矛盾。通过以上分析，我们不难理解"正式组织"定义中"consciously coordinated"所指的调整主体是组织而不是组织成员。

（4）相关概念。《经理人员的职能》由人性论、协作论、组织论和管理论四部分组成，依次成为之后论述的基础和铺垫，从而使得整个理论浑然一体。因此，理解"正式组织"概念要与其他相关概念联系起来，其中最为重要的两个概念就是"协作体系"和"非正式组织"。

协作体系是"由两个以上的人为了一个或更多目的进行协作而引起的、处于明确的系统关系中的物理的、生物的、人的、社会的要素所组成的复合体"。该概念是巴纳德为了便于读者理解"正式组织"概念而追加的。另一个重要的相关概念是"非正式组织"。非正式组织与正式组织的根本区别在于,正式组织的成立需要具备三个要素,即共同目的、协作意愿和沟通;而非正式组织既没有明确的共同目的,当然也就谈不上协作意愿,其实质就是一种沟通。一旦具备了共同目的和协作意愿,非正式组织就会转化为正式组织。同时,正式组织与非正式组织之间又存在相互联系。一方面,非正式组织可以成为正式组织产生的前提;另一方面,非正式组织可以影响正式组织的沟通和激励。

资料来源:改编自周卫中、林嵩:《饭野—加藤之争与巴纳德理论中的正式组织概念》,《管理世界》2009 年第 9 期。

## （二）决定集权与分权的因素

在对组织的管理中,必须既有集权,又有分权,这一点,认识是比较统一的。但问题的关键是,集权与分权必须适度。权力过于集中,会产生独裁、专制、长官意志。过于分散,则又会导致目标不一致、组织涣散、管理混乱等。那么,集权与分权,怎样才算适度? 如何做到适度? 要明确这些问题,我认为首先要弄清影响集权与分权的主要因素。以往的管理学者,往往只分析组织内部的若干因素。比如,哈罗德·孔茨就是从决策的代价、政策一致性的要求、组织的规模、管理者和被管理者的素质等组织内部因素去分析的。无疑,这样做是正确的、必需的。但我认为,仅仅从内部因素去分析是不全面的,同样重要甚至更为重要的是,还有一些社会的、文化的、市场的因素却被忽略了。实际上,这些因素往往起着更大的作用。这些因素包括:

### 1. 意识形态和社会制度

意识形态和社会制度对集权与分权的影响源于管理的社会属性。这种社会属性决定了特定的意识形态和社会制度必然会对社会组织结构、领导体制和管理方式等诸多方面产生直接的根本性的影响作用,其中一个重要方面,就是对集权与分权的影响。这种影响不仅表现在权力在不同社会层次中的结构性分配状态,同时还表现在构成社会细胞的各类组织中。正像我们不能笼统地说是集权好还是分权好一样,我们也不能抽象地谈意识形态和社会制度对集权与分权的影响作用是好是坏。其衡量标准要看是否有利于社会效率和组织效率的提高。

### 2. 市场化程度

市场化本身就是对市场中各类组织主体地位的确认。而这种确认乃是对其天然权力的尊重。市场化程度越低,随之而来的必然是高度的集权,权力的主体越来越集中于政府,其结果是对各类组织权力的侵犯和剥夺。反之,市场化程度越高,与之相伴的则是权力的自然分配。随着市场中各类具有主体地位的组织(如企业)权力的确立,分权管理首先在政府与组织之间得以实现。那些硬要冒充市场主体地位的政府可以休矣! 它们应该回到它本该去的地方,管好它应该管的事情。

### 3. 民族文化价值观差异及个体文化差异

它的影响表现为:在一个国家中,民族、宗教、文化、价值观的差异越大,越需要集权。集权,使得具有巨大差异的个体在强制中共存于一体;失去集权,则很难共存。对一个多民族且文化差异较大的国家而言,解决差异性与统一性的矛盾,集权是合法的,合乎情理的。随着差异的缩小,逐步分权也是自然的。同样的道理,在各类如企业这样的社会组织中,人群中的个体在文化、价值观方面的差异,也是影响该组织集权与分权程度的一个重要因素。

### 4. 组织的性质

组织的性质决定着一个组织的基本特征。但从社会分工的角度看,它的这种特征是社会所赋予的。因此,我们仍然把它看作是影响集权与分权的外部因素。

军队的性质决定它必须有高度的统一性,必须绝对遵守统一指挥原则。这说明集权对军队是绝对必要的。管理好一个研究所,则必须更注重分权。可见,不同性质的组织,对集权与分权的内在要求,是有很大差别的。

资料来源:改编自朱传杰:《论管理的集权与分权》,《经济问题探索》2000 年第 3 期。

## 三、习题

### (一) 判断题

1. 组织设计的实质是按照组织目标在对管理活动进行横向和纵向分工的基础上,通过部门化形成组织框架并进行整合。                                                    (    )

2. 专业分工的好处是可以使工作简单化、缩短员工培训时间和提高人员流动性。(    )

3. 组织结构是组织中正式确定的,使工作任务得以分解、组合和协调的框架体系。
                                                                        (    )

4. 直线制组织结构的专业化水平低且对管理人员的要求不高。               (    )

5. 矩阵组织是一种由纵横两套系统交叉形成的复合结构组织。纵向的是项目系统;横向的是为完成某项专门任务(如新产品开发)而组成的职能系统。              (    )

6. 组织层级的多少受到组织规模和管理幅度的影响。                       (    )

7. 一般来说,机械式组织适用于外部环境相对稳定的情况,而有机式组织则适用于外部环境不稳定的情况。                                                      (    )

8. 参谋人员向直线管理者提出建议,并承担决策结果的责任。               (    )

### (二) 填空题

1. 组织设计涉及两个方面的工作内容:一是静态的_____;二是动态的_____。

2. 工作任务的分解包括_____和_____两个方面。纵向分解是根据_____的限制,确定组织系统的层级关系,并根据组织层级确定管理人员的权责。

3. 组织协调的具体内容涉及职权分配、确定管理幅度、_____。

4. 影响组织结构的环境因素可以分为_____和_____。其中_____是与组织活动直接相关的环境。

5. 组织层级与管理幅度的反比关系决定了两种基本的组织结构形态:一种是_____;另一种是_____。

6. 职权分为三种形式:_____,_____,_____。

7. 非正式组织是以_____为导向,以非理性为行为逻辑,受潜在的不成文规定约束的个体组成的集合体。

8. 有效的管理幅度需要考虑管理者和被管理者的_____,工作内容和性质,_____,_____。

## (三) 选择题

1. 知识经济、全球化给现代组织管理提供了新的机遇,也带来了新的挑战。企业在不断对组织结构进行动态调整,下列不属于组织结构演进趋势的是_____。

　　A. 扁平化　　　　　B. 柔性化　　　　　C. 边界化　　　　　D. 虚拟化

2. 随着环境不确定性的增加,组织需要增加柔性以应对环境变化。增强组织结构的柔性通常有两种方式:一是充分发挥非正式组织的作用;二是_____。

　　A. 加强纵向沟通　　　　　　　　　B. 增加管理幅度

　　C. 增强成员的自我管理能力　　　　D. 加强横向沟通

3. 一家产品单一的跨国公司在世界许多地区拥有客户和分支机构,该公司的组织结构应考虑按什么因素来划分部门? _____。

　　A. 职能　　　　　B. 产品　　　　　C. 地区　　　　　D. 矩阵结构

4. 矩阵制组织的主要缺点是_____。

　　A. 分权不充分　　　　　　　　　B. 组织稳定性差

　　C. 对项目经理要求高　　　　　　D. 协调难度大

5. 某企业的员工在工作中经常接到来自上边的两个有时甚至是相互冲突的命令,以下哪种说法指出了导致这种现象的本质原因_____。

　　A. 该公司在组织设计上采取了职能结构

　　B. 该公司在组织运作中出现了越权指挥的问题

　　C. 该公司的组织层次设计过多

　　D. 该公司组织运行中有意或无意地违背了统一指挥的原则

6. 企业中管理干部的管理幅度,是指他_____。

　　A. 直接管理的下属数量

　　B. 所管理的部门数量

　　C. 所管理的全部下属数量

　　D. B 和 C

7. 下列不属于影响组织分权程度的因素是_____。

A. 组织成员的决策参与度 　　　　　B. 政策的统一性

C. 成员的自我管理能力 　　　　　　D. 组织的可控性

8. 某公司随着经营范围的扩大,其由总经理直辖的营销队伍人员也从 3 人增加到 100 人,最近,公司发现营销队伍似乎有点松散,对公司的一些做法也有异议,但又找不到确切的原因,从管理的角度看,你认为出现这种情况的重要原因最大可能在于_____。

A. 营销人员太多,产生了鱼龙混杂的情况

B. 总经理投入的管理时间不够,致使营销人员产生了看法

C. 总经理的管理幅度太宽,以致无法对营销队伍进行有效的管理

D. 营销队伍的管理层次太多,使得总经理无法与营销人员有效沟通

## (四) 名词解释

1. 激励设计

2. 有机式组织

3. 柔性经济原则

4. 权责对等原则

5. 参谋职权

6. 授权

7. 正式组织

8. 层级整合

## (五) 论述题

1. 组织的生命周期的各阶段都有哪些特点?

2. 阐述直线职能制组织结构和事业部制组织结构分别有哪些优缺点。

3. 组织中存在直线管理人员和参谋人员,二者之间的关系如何?

## (六) 案例分析

案例一

郑义近来感到十分沮丧。一年半前,他获得某名牌大学工商管理硕士学位后,在毕业生人才交流会上凭着他的满腹经纶和出众的口才,他力挫群芳,有幸地成为某大公司的高级管理职员。由于其卓越的管理才华,一年后,他又被公司委以重任,出任该公司下属的一家面临困境的企业的厂长。当时,公司总经理及董事会希望郑义能重新整顿企业,使其扭亏为盈,并保证郑义拥有完成这些工作所需的权力。考虑到郑义年轻,且肩负重任,公司还为他配备了一名高级顾问——张高工(原厂主管生产的副厂长)为其出谋划策。

然而,在担任厂长半年后,郑义开始怀疑自己能否控制住局势。他向办公室高主任抱怨道:"在我执行厂管理改革方案时,我要各部门制定明确的工作职责、目标和工作程序,而张

高工却认为,管理固然重要,但眼下第一位的还是抓生产、开拓市场。更糟糕的是他原来手下的主管人员居然也持有类似的想法,结果这些经集体讨论的管理措施执行受阻。倒是那些生产方面的事情推行起来十分顺利。有时我感到在厂里发布的一些命令,就像石头扔进了水里,我只看见了波纹,随后,过不了多久,所有的事情又回到了发布命令以前的状态,什么都没改变。"

资料来源:改编自刘哈波:《企业管理职能》,MBA 智库网,2016 年 4 月 18 日。

结合材料,运用所学的组织设计的知识,回答下列问题:

1. 郑义和张高工的权力各来源于何处?

2. 这家下属企业在管理中存在什么问题? 如果你是公司总经理助理,请就案例中该企业存在的问题向总经理提出你的建议以改善现状?

案例二

尊敬的王院长:

您好! 我叫李玲,是医院妇产科的护士长,我在护士长这个岗位上已经工作半年了,但我再也无法忍受这种工作,我有两三个上司,每个人都有不同的要求,都要求优先处理。要知道,我只是一个凡人,我已经尽最大的努力适应这种工作,但看来这是不可能的。

让我给您举个例子吧。请相信我,这是一件平常的事,像这样的事情,每天都在发生。昨天早上 7:45,我来到办公室就发现办公桌上留了一张纸条,是主任给我的。她告诉我,她上午 10 点钟需要一份床位利用情况统计报告,以供她下午在向董事会作汇报时用。我知道,这样一份报告至少要花费一个半小时的时间才能写出来。30 分钟以后,直接主管基层护士监督员金华走进来质问我为什么我的两位护士不在班上。我告诉她,外科主任从我这要走了她们两位,说是急诊外科手术正缺人手,需要借用一下。我告诉她,我也反对过,但外科主任坚持说只能这么办。你猜直接主管说什么? 她叫我立即让这些护士回到妇产科。她还说,一个小时后,她会回来检查我是否把这事办好了。我跟你说,院长,这种事情每天都要发生好几次。一家医院就只能这样运作吗? 这份工作我无法胜任,特提交此申请,请批准。

资料来源:改编自百分网:《一封辞职信案例分析》,2014 年 8 月 17 日。

结合材料,运用所学的组织设计的知识,回答下列问题:

1. 案例中李玲所在的这家医院在组织结构的运行上合理吗? 为什么?

2. 要避免案例中的这种结局,谈谈你的建议。

# 四、习题答案及提示

## (一) 判断题

1. √　　2. ×　　3. √　　4. ×　　5. ×　　6. √　　7. √　　8. ×

## （二）填空题

1. 组织结构设计,组织运行制度设计
2. 横向分解,纵向分解,管理幅度
3. 集权与分权
4. 一般环境,任务环境,任务环境
5. 扁平型的组织结构形态,高耸型的组织结构形态
6. 直线职权,参谋职权,职能职权
7. 人际关系和谐
8. 工作能力,工作条件与环境,成员的差异性

## （三）选择题

1. C    2. D    3. C    4. B    5. D    6. A    7. A    8. C

## （四）名词解释

1. 激励设计是指组织为了调动组织成员尤其是管理人员的积极性而进行的制度性安排,包括激励制度和惩罚制度。

2. 有机式组织是一种松散、灵活的具有高度适应性的结构形式,它追求的主要目标是动态适应中的创新。

3. 柔性经济原则是指组织设计需要保持一定的灵活性,根据内外环境的变化及时对机构和人员做出调整,通过对层级与幅度、人员结构和部门工作流程的合理安排,提高组织管理的效率。

4. 权责对等原则是指组织中各个层级的管理者需要拥有开展工作所需要的相应权力,同时承担相应责任。

5. 参谋职权是指组织中的参谋人员拥有的某些特定的权力,如建议、审核、对直线职权的评价等,是对直线职权的一种补充。

6. 授权是组织中的管理者将部门职权授予下属或参谋,由其代为履行职责的一种形式。

7. 正式组织是由两个或以上的人围绕一个共同目标并经过有意识的、处于系统关系的物的要素、人的要素和社会要素组成的有机整体。

8. 层级整合是指组织在纵向设计中需要确定的管理幅度、层级数量以及体现了不同集权程度的各层级之间的权责关系。

## （五）论述题

1. 组织的生命周期可分为生成阶段、成长阶段、成熟阶段、衰退阶段和再生阶段。各阶

段的主要特点有：

（1）生成阶段：组织的生成阶段也被称作创业阶段。由于规模较小，组织往往采用比较简单、机械的组织结构，权力集中在以创始人为代表的高层管理者手中。这一阶段，组织成长的动力在于创始人或团队的创造性，活动复杂性较低，对分权的需求、对管理规范性的要求也不高，但面临着领导力风险。

（2）成长阶段：组织在成长阶段，一般发展速度较快。这一阶段，组织成长的关键在于决策的方向。随着规模的迅速扩大，原有机械式组织结构已经不能满足组织发展的需求，需要形成一种有机的组织结构，向中层、基层管理者授予更多决策权，组织的规范性提高。与此同时，容易出现沟通不畅、部门之间争权夺利的现象，组织面临各自为政风险，因此需要对组织结构进行必要调整。

（3）成熟阶段。这一阶段，组织成长的动力在于授权，组织结构呈现出规范化的特征：层级关系更加清晰；职能逐渐健全；内部沟通越来越正式化；规章制度更加完善。

（4）衰退阶段。授权、规范化固然能够带来组织的成长，但同样会产生负面影响。主要表现在：机构臃肿、人浮于事；沟通路径过长导致决策迟缓；过于强调程序和规范，形式主义蔓延；明知组织运行效率低，却无法推进改革。如果不能有效地加以应对，组织就会进入衰退阶段。这一阶段，组织成长的动力在于协调，但同时面临着"繁文缛节风险"。

（5）再生阶段。组织进入衰退阶段后，组织会努力地生存，寻求可持续发展，这就要求进行大胆变革：通过再集权排除阻力、推进改革；通过流程再造对原来过细的分工进行重新整合；有选择地退出部分业务，降低运行成本；通过扁平化，减少组织层级；采用矩阵制组织结构，提高沟通效率；加强与其他组织的合作，谋求共同发展等。这一阶段，组织成长的动力在于合作，而面临的风险是人才枯竭。

2. 直线职能制组织是综合直线制和职能制两种形式的特点，取长补短而建立起来的组织结构。

直线职能制组织结构的优点：

（1）统一指挥与专业化管理相结合。直线职能制组织既保持了直线制组织的统一指挥优势，又吸取了职能制组织专业化管理的特长。（2）能够有效减轻管理者负担。

直线职能制组织结构的缺点：

（1）协调难度加大。（2）损害下属的自主性。（3）降低对环境的适应能力。（4）降低决策效率。（5）增加管理成本。

事业部制组织结构是指组织面对不确定的环境，按照产品或类别、市场用户、地域以及流程等不同的业务单位分别成立若干个事业部，由事业部进行独立经营和分权管理的一种分权式组织结构。

事业部制组织结构的优点：

（1）有利于管理者专注于战略规划与决策。（2）有利于培养通才。（3）提高了组织对环境的适应性。

事业部制组织结构的缺点：

（1）机构重复设置导致管理成本上升。由于总部与各事业部均设有完备的职能机构，必然会造成管理人员增加，管理成本上升。

（2）容易滋生本位主义。虽然各事业部拥有独立的市场，但由于高度分权，容易导致各事业部只考虑自己的利益,给相互间的支持、协调带来困难,影响企业总体战略目标的实现。

3. 直线与参谋之间既相互联系,又存在明显的区别。

(1) 直线与参谋的联系:

① 直线与参谋都是组织的管理者,共同为组织目标服务。

② 参谋为直线管理者提供咨询、建议与审查等方面的专业服务。

③ 直线与参谋都是为了克服管理人员的局限性而设置的。直线部门存在的必要性来自管理幅度的限制,参谋的设置是为了弥补直线管理人员专业知识和精力方面的局限性。

④ 直线和参谋的角色可以转换。直线管理人员可能作为上级、下级和同级直线管理人员的参谋,而参谋可能在承担一定参谋职权的同时兼任一个部门的直线管理者。

(2) 直线与参谋的区别:

① 职权性质不同。直线管理者拥有直线职权,是组织指挥链不可或缺的组成部分;参谋拥有参谋职权,依附于某一个直线部门。

② 设置方式不同。直线部门是按照组织层级自上而下逐级设置的,相互之间是一种命令与服从的关系,参谋则是按照专业需求进行设置的,相互之间并不存在明显的等级。

③ 在决策中的角色不同。直线管理者拥有与其岗位相适应的决策权,而参谋并不具有决策权,只是通过向直线管理者提供建议,从而影响决策。

④ 考核标准和待遇不同。直线管理者的待遇取决于所在组织层级、职位和绩效,而参谋人员的待遇则由所提供的建议、服务的价值决定。

⑤ 所承担的责任不同。直线管理者做出决策并对决策的结果负责,而参谋人员只是向直线管理者提出建议,并不承担决策结果的责任。

## (六) 案例分析

1. (1) 郑义的权力属于直线权力,张高工的权力属于参谋职权,他们的权力都由上级公司给予,但是张高工由于在该企业具有人气优势,因此他的权力更加受到该厂人员的认可。

(2) 该下属企业已经濒临破产,说明原来的问题比较严重,而一个问题严重的企业,最大的责任来源于原有企业的领导部门,而原有企业的领导和主管并没有丧失他们手中的权力,原有的工人也已经习惯原来的管理模式,因此只派一个新的厂长是无济于事的。所以针对问题较为严重的企业,需要采用换血疗法,将原来的高层领导整个替换,同时安排具有创新和改革意识的人员来填充领导部门。但是郑义却还不能胜任这一职责,由于他的资历较浅,需要有一个强有力的人来支持他,但这个人除了能够服众以外,一定要与郑义的思考大方向一致,避免不必要的矛盾,需要安排两个人提前进行商讨,达成共识后,才能入驻企业。

2. (1) 李玲所在的这家医院在组织结构运行上是不合理的,这也正是导致护士长李玲辞职的根本原因。

首先,从统一指挥原则可知,一个下级只接受一个上级的命令和指挥,同时一个下级只对这个上级负责。该原则要求:上下级之间要形成一条纵向连续的等级链;一个下级只有一个上级领导。案例中,李玲有"两个上司",在几乎同一时间内,主任护士让她写报告,基层护士监督员让她找人,这种多头领导的局面严重影响了组织管理的效率。

其次,从授权原则可知,为了使组织结构有效的运行,不能越级授权,不能交叉授权,以保证命令的统一。授权者不要越过下级去干涉下级职权范围的事务,因为这样会造成直接下级失去对其职权范围的事务的有效控制;另外,授权者不可将不属于自己权力范围的权力授予下级,以避免交叉指挥,造成管理混乱和效率低下。

案例中,"外科李主任因急诊外科手术正缺人手"将不属于自己权力范围的权力授予李玲,让她在内科调用两名护士,而李玲的直接主管王华叫李玲"立即让这些护士回到内科部",这样就形成了交叉指挥,从而造成管理混乱,组织结构运行效率低下。

（2）要避免案例中由于组织结构运行不合理所致的李玲辞职这一结局需要两方面的努力。

首先,如题（1）分析可知,案例中这家医院的组织运行不合理,大大降低了组织的运行效率,造成了管理混乱。因此,应该严格遵循组织设计以及组织结构运行的原则对这家医院的组织结构进行再设计,确定李玲唯一的直接上司,统一指挥,保证一个下级只接受一个上级的命令和指挥,同时一个下级只对这个上级负责。

其次,有了合理的组织结构,还需要明确规定每个层次管理者的任务、职责和权限,明确自己的上级是谁、下级是谁和对谁负责,明确工作的程序与渠道、从何处获得信息等。案例中,李主任不应超越自己的权力范围直接向内科借调护士,而应向李玲护士长的直接上司王华说明情况,经王华同意后方可调用,这样就避免了交叉指挥、多头领导的现象的发生。同时,作为护士长的李玲,遇到双重领导指挥的情形时,应与直接上司商议行事。李玲在接到李主任的命令后,应及时向王华报告,经王华同意后方可执行。

# 第七章 人员配备

## 一、知识点回顾

### 1. 人员配备的任务、工作内容和原则

**■ 人员配备的任务**

人员配备,一般是指组织中基于组织岗位要求对人员的配备,既包括组织管理岗位的人员配备,也包括非管理岗位的人员配备。**人员配备的主要任务**有以下几个方面:为组织岗位物色合适的人选;促进组织结构功能的有效发挥;充分开发和挖掘组织内的人力资源;促进人的全面和自由的发展。

**■ 人员配备的工作内容**

人员配备主要有三部分**工作内容**。首先,确定组织人员需要量,主要依据是组织设计出的岗位职务类型和岗位职务数量。其次,为组织选配人员,保证担任不同职务的人员具备该岗位职务要求的知识和技能。最后,根据组织要求制定和实施人员培训计划,真正发挥好选聘来的人员的作用。

**■ 人员配备的原则**

**人员配备应遵循以下五点原则**:任人唯贤原则,是指在人事选聘方面重视和使用确有真才实学的人;程序化、规范化原则,是说员工的选拔必须遵循一定的程序和标准;因事择人、因材器使原则,是指以职位对人员的实际要求为标准,选拔、录用各类人员,同时根据人的能力和素质的不同,去安排不同要求的工作;量才使用、用人所长的原则,就是根据每个人的能力大小安排合适的岗位,同时在用人时不能求全责备,管理者应注重发挥人的长处;动态平衡原则,即处在动态环境中的组织是不断变革和发展的,人和事的配合也需要进行不断的动态平衡。

### 2. 人员选聘

**■ 人员的来源**

**人员来源**有组织内部人员和组织外部人员两种来源。内部选聘可以提高组织选聘的效益。对组织外部人员选聘的具体来源有:内部人员介绍推荐,上门求职者,劳务中介机构和教育机构。

**外聘的优点**体现在以下几个方面:一是能给组织带来新观念、新思想、新技术和新方法;二是外来者与组织成员之间无裙带关系,因而能较客观地评价组织工作,洞察存在的问题;三是组织能聘用到已经受过训练的人员,及时满足组织对人才的需要;四是外聘人员使用较灵活,组织可根据组织活动情况与外聘者签订短期或临时的工作合同。

**外聘也有其不足之处**：一是有可能挫伤内部成员的工作积极性；二是外聘者需要较长调整时间来适应组织环境和工作；三是管理职务上的外聘者可能照搬老经验来管理新组织，忽视了经验与组织发展的有机结合。

■ **人员选聘的标准**

人员选聘要做到**三个匹配**，这是人员选聘的标准和员工适应组织的前提：人员技能与岗位职责相匹配，这是人员选聘的基本标准；人员个性与岗位特点相匹配，人员个性是选聘中要考虑的重要因素；人员价值观与组织价值观相匹配，因为价值观支配个体行为。

■ **人员选聘的途径与方法**

**人员选聘的途径和方法**将直接影响所招收人员的素质和组织的效率与效益。组织内部选聘主要包括组织内部成员的提升和组织内部的职位调动两种方式及相应的选聘方法。

提升内部成员是填补组织内部空缺的最好办法，不仅可以将有管理才能的成员放在更合适的位置上，更重要的是对组织成员的工作积极性能产生激励作用。要使内部提升计划取得成功，必须做好以下几项工作：考查组织成员是否具有提升的资格，确定提升候选人；测试提升候选人；确定提升人选。

**组织内部职位的调动**是指组织将组织成员从原来的岗位调往同一层次的空缺岗位去工作。组织内部职位的调动通常由以下原因引起：组织结构调整的需要；对组织成员培养的需要；组织成员对现任岗位不适应；调动组织成员的积极性；人际关系问题。

**外部招聘的途径**主要有：职业介绍机构与人才交流市场；猎头公司；校园选聘；公开选聘。外部招聘的方式主要是招聘广告和网上招聘。外部招聘的程序通常分为准备筹划、宣传报名、全面考评和择优录取四个阶段。

■ **人员录用**

人员录用决定着组织人力资源的数量、质量和结构，是人力资源管理的前提和基础，是组织绩效和目标的重要保证。人员录用是依据选拔的结果做出录用决策并进行安置的活动。对大部分岗位来说，通常需要采用多种方法，相互结合，扬长避短，提高录用决策的科学性和正确性。**一般的录用方式**有以下几种：

（1）多重淘汰式。多重淘汰式中每种测试方法都是淘汰性的，应聘者必须在每种测试中都达到一定的水平，方能合格。

（2）补偿式。补偿式中不同测试的成绩可以互为补充，最后根据应聘者在所有测试中的总成绩做出录用决策。

（3）结合式。结合式中，有些测试是淘汰性的，有些是可以互为补充的，应聘者通过淘汰性的测试后，才能参加其他测试。

## 3. 人事考评

■ **人事考评的功能与要素**

考评是指对一段时间内个人的工作能力及工作绩效进行考核。**人事考评的功能**主要有：是实现组织绩效目标的有力工具；有助于形成激励机制；是一种反馈机制，可以促进组织成员共同协调发展。

**人员考核的基本要素**，从大的方面讲主要包括四个部分：职业品德，即员工是否在思想上与组织精神、理念保持高度一致；工作态度，包括责任心、服从意识、协作意识等；工作能力,是指员工的业务知识和工作能力,具体考核内容有管理统率、理解执行、专业知识(能力)、沟通协调、统筹策划、计划安排、判断决策、培训指导和应变创新;工作业绩,是指工作目标完成度、准确度、效益和对组织的贡献,具体内容有目标达成度、工作品质、工作方法和绩效增长。

■ **人事考评的方法**

人事考评主要有七种方法,包括实测法、成绩记录法、书面考试法、直观评估法、情境模拟法、民主测评法和因素评分法。

■ **人事考评的工作程序**

人事考评的工作程序主要有确定考核目标、制定考核标准、衡量岗位工作、收集岗位信息和做出综合评价、考评结果反馈和备案。

### 4. 人员的培训与发展

■ **人员培训的功能**

有效的人员培训,是提升组织综合能力的过程,对组织的发展有重要的作用。**人员培训的主要功能**有:培训能提高员工综合素质,人员培训有不同的类型,既有岗位技能培训,也有文化知识培训;培训有利于组织文化的建设,培训能促进组织与组织成员、管理层与非管理层的双向沟通,增强组织向心力和凝聚力,塑造优秀的组织文化;培训可以提升组织能力,通过培训提升组织成员的素质能力和组织的凝聚力也是创建优秀组织的基本途径。

■ **人员培训的任务**

人员培训的任务主要有:为组织战略的实施准备人力资源;传播组织知识和文化,加强知识管理和组织文化建设;帮助组织成员成长;创造良好的组织环境。

■ **人员培训的方法**

常见的培训可分为三类:岗前培训,即员工在进入岗位前进行的培训,包括新员工到职培训和调职人员岗前培训两种类型;在职培训,是针对在职人员进行的培训,其目的在于提高其工作效率,以更好地协调组织的运作及发展;专题培训,是指组织根据发展需要或者部门根据岗位需要,组织部分或全部人员进行某一主题的培训工作,有利于组织成员了解组织发展状况和经济社会发展。

人员培训的方法主要有:讲授法、视听技术法、讨论法、案例研讨法、角色扮演法、互动小组法、网络培训法、师徒传承法。

# 二、拓展阅读材料

## (一)人力资源理论与实践的发展演进

人事管理的概念源于第二次世界大战之后的美国。它是指对人及有关人的事的全部领域的管理。人事管理与生产、营销、财务等管理一样,是企业的基本管理功能之一。我国企业、事业单位对于人的管理长期以来也是以劳动人事管理为基础的。

传统人事管理的特征包括以下几方面:(1)职责范围狭窄。早期的人事管理工作只限于人员的招聘、选拔、委派、工资发放、人事档案保管之类的较为琐碎的具体工作;后来逐渐涉及职务与工作分析、拟订绩效考评制度与方法、奖酬制度的设计与管理、其他人事规章制度的制定、职工培训工作的规划与组织等。(2)与组织目标联系不紧密。传统人事管理工作基本上都属于行政事务性的工作,活动范围有限,属于短期导向,与组织战略目标或经济目标联系不紧密,工作往往是上级要求后被动地开展,且主要由人事部门职员执行,很少涉及企业高层战略决策。(3)在企业中的地位不高。人事工作被视为是技术含量低的、无特殊专长,谁去都可能掌握,因此人事部门长期被看作是安置其他部门不能胜任的人员的场所,甚至被称为"垃圾箱",连人事功能本身也被贬低和轻视了。

20世纪70年代以来,随着全球竞争的日益激烈和人力资本作用的日益突出,发达国家的人事管理进入了一个新阶段,主要表现在:①企业首席执行官开始关注、重视有关人的管理工作,并由副总裁级的领导主管这方面的工作。②企业对有关人员的管理方面的投资大幅度增长。③对人事工作者的资历和能力要求越来越高,其待遇也有较大改善;人事干部在组织决策层开始享有较大的发言权。人事工作出身的经理开始出现在大企业最高领导层中。1983年美国500家大企业中,只有3位人事专家出任最高领导职务,到20世纪90年代,美国前200家大企业中竟有96位人事专家出任首席执行官。④企业越来越重视各级管理者和员工的教育培训工作。

在这一时期,人事管理开始向人力资源管理阶段发展,其职责范围大为扩展,受重视程度、对企业的贡献和作用、在企业中的地位等也都有了很大提高。整个20世纪70—80年代,欧美日等发达国家都基本进入人力资源管理阶段,有效的人力资源管理为企业的发展和竞争力的提高起到了十分重要的作用。在人力资源管理中,人力资本的重要性得到充分重视,将其视为实现组织目标的重要资源而非成本,对人力资本的招聘、选拔、教育、培训、发展规划、激励、考核、沟通等一系列活动的管理较人事管理阶段更为系统化、规范化,力度也明显加大。人力资源经理的主要职责就是为满足组织经营目标的需要而选拔、培养、配置最合适的人力资源,并充分调动其积极性。人力资源经理开始进入最高决策层。

战略性人力资源管理的出现是与战略管理理论尤其是第四代、第五代战略管理理论的兴起密切相关的。传统的人力资源管理虽然比人事管理在管理的广度和深度方面都有很大突破和深入,但比较而言仍与组织战略目标结合不够紧密,还没有真正从战略的角度重视人力资源开发与管理对于组织目标实现的战略性作用。在这一阶段,开始出现"以人为中心""人本主义管理""人是企业最宝贵的财富""企业的首要目标是满足自己职工(内部用户)发展需要"等新的提法与概念,反映了管理价值观的深刻变化。

20世纪90年代,伴随着战略性人力资源管理的兴起,国外一些大企业开始制定人力资源管理战略(英文缩写为HRMS)。许多学者对HRMS进行了研究,舒勒和沃克认为人力资源管理战略是规划与活动的集合,它通过人力资源部门和直线管理部门的努力来实现企业的战略目标,并依次来提高企业目前和未来的绩效及维持企业持续竞争优势。列文和米切尔指出,人力资源管理战略与企业战略配合,可以帮助企业增加利用市场的机会,提升企业内部的组织优势,帮助企业实现其战略目标。

在战略性人力资源管理阶段,人力资源管理被提高到企业战略高度来考虑,并制定远期人力资源规划、近期人力资源规划以及人力资源战略,以配合和保障企业总体战略目标的实现。

资料来源:改编自许庆瑞、郑刚:《战略性人力资源:人力资源管理的新趋势》,《大连理工大学学报(社会科学版)》2001 年第 4 期。

## (二) 中国人力资源管理未来展望

步入 21 世纪,全社会对人力资源管理提出了更高的要求,也对其赋予了更重要的历史使命。这一时期的人力资源管理必须是动态的、战略的、全球性的。

知识经济本质上是一种创新经济,在这种新的经济形态中,拥有知识的人才将对组织的生存与竞争具有关键意义。在新的全球经济中,竞争能力将越来越多地依赖于创新能力。谁能成为全球的、柔性的、创新型的和拥有丰富社会关系资源的企业,谁就能拥有更为强大的能力和竞争优势。越来越多的全球企业采取全球战略、柔性战略、联盟战略和合作战略来管理企业。过去的人才追逐资本现象将为资本追逐人才现象所取代;素质越高、越稀少、热门的人才将获得越多的工作机会和越高的报酬;知识型员工成为企业人力资源管理关注的重点;知识的创造、传递、应用和增值成为人力资源管理的主要内容(彼得·德鲁克,1999)。因此,如何加强对这种人才的管理与开发将成为企业经营管理者的当务之急。

全球化浪潮正席卷商业世界的各个领域,全球领导者逐渐成为学术界和企业界所关注的焦点问题。管理学大师彼得·德鲁克曾指出,21 世纪有两类经理人,一类是具有全球视野的经理人,另一类是下岗的经理人。全球化时代需要更多的全球领导者,缺乏足够的全球领导者已成为全球性企业获取成功的制约因素(Javidan&House,2002)。在中国,随着国际资本和技术的加速涌入,很多产业已经“国际竞争国内化,国内竞争国际化”,中国企业同样面临全球领导者不足的现实挑战。在此现实背景下,组织必须具有全球性的思维。企业需要通过对各业务单元所构成的跨国网络中的资源流动、共同体意识和范围经济的管理来培育自身的全球性协作能力和团队精神。首先,在不断变化的全球性竞争越来越激烈的环境中,寻找、留住优秀人才是组织成功的关键,是组织最具竞争力的根本。企业一方面要帮助员工规划职业生涯、为员工提供个性化的人力资源服务和产品,考虑员工个人在本企业工作过程中人力资本的增加;另一方面,应设法提高员工的工作生活质量,使他们通过在本企业的工作和生活实现自身的人生价值和目标。战略人力资源管理既要求人力资源管理人员使企业拥有创造市场价值技术的硬能力,又要有能吸引、留住优秀的全球性人才的能力,这些能力的获取要求企业发展战略导向的价值观,并从培养组织能力的角度来安排人力资源管理的政策和实践。中国企业需要通过多种方法开发全球人才,一方面可以通过全球性的招聘计划和系统培训来为企业培育全球化的高级人才,另一方面甚至可以通过“买”或“借”的方式获得高质量的人才。用市场交易从其他国际企业或当地的其他组织获得人才,从而在获得知识和经验的同时,保持人力资源方面的柔性。

另外,如何实现全球范围内有效的核心能力管理将是一个全新的挑战。中国国际化企业未来的经营活动需要将跨国家和跨生产部门的合作放到更加重要的位置上,通过提高管理人员薪酬制度中的“对全球产出和绩效的贡献”这一指标的权重,从而提升各个业务单元对全球绩效的贡献。同时,还需要建立新的全球激励机制来适应新形势下的企业战略,鼓励知识分享。最后,信任能够促进沟通,鼓励合作,并降低冲突。全球化发展进程中的中国企业需要通过制度安排和跨文化培训,通过信息共享系统来建立不同文化之间的信任。

职业化是市场发展成熟的重要标志,市场环境的变化使得我国的人力资源从业人员面临着职业化的挑战(赵曙明,2008)。与此同时,知识经济社会的来临,也使得人力资源成为组织最重要的资源,人力资源从业人员由于其拥有的广泛专业技术,被认为是人力资源专业领域的顾问专家,从而赢得了职业的地位和尊重。爱立特·弗莱德森(Freidson,1973)对人力资源管理专业人员的职业化给出了这样的定义:"职业化是一个过程。通过这个过程,人力资源管理从业人员由于其拥有的独特专长、关注工作生活质量以及为社会带来利益,而获得从事某种特定的工作、控制职业培训和职业进入、确定与评价该职业工作方式的专有权力。"我国企业人力资源管理者的职业化基础在于人力资源管理工作的专业化和技能化;而人力资源管理者职业化的关键在于建立职业化的人力资源从业人员市场,通过人力资源从业人员市场,人力资源从业人员所拥有的专业技能能够进行认证、定价、交易和发展。未来,人力资源从业者的职业化将会突出表现在以下几个方面:严格的职业资格认定机制、规范化的人力资源管理教育、专业性协会和专业化培训、专业化的人力资源管理人员配置、较高的人力资源管理专业人员薪酬等方面(赵曙明,2005)。

随着经济全球化、社会知识化的趋势日益明显,广泛性、快速性、复杂性和不确定性等成为这个时代的关键特征,这对人力资源管理提出了新的要求。21世纪中国企业的人力资源管理必须致力于提高组织学习能力、培养组织全球性思维,招揽具有全球领导力的经理人员和知识工作者,加强人力资源管理的职业化建设,为中国经济的可持续发展提供人力资源保障。

资料来源:改编自赵曙明:《中国人力资源管理三十年的转变历程与展望》,《南京社会科学》2009年第1期。

## 三、习题

### (一) 判断题

1. 人员配备是现代组织进行人才建设的基础,关系到组织的长远发展。　　　(　　)
2. 人员配备,一般是指组织中基于组织岗位要求对人员的配备,既包括组织管理岗位的人员配备,也包括非管理岗位的人员配备。　　　(　　)
3. 科学合理地确定组织成员的选拔标准和聘任程序是组织聘任优秀人才的重要保证。只有严格按照规定的程序和标准办事,才能选聘到真正愿为组织发展做出贡献的人才。
　　　(　　)
4. 外部选聘的最大优点是能提高组织选聘的效益。　　　(　　)
5. 内部选聘主要通过职务选聘海报、口头传播、从组织的人员记录中选择、以业绩为基础的晋升表等方法进行,其中常用的是职务选聘海报。　　　(　　)
6. 公开选聘适合急于填补某一关键岗位人员的选聘需要。　　　(　　)

7. 传统人事管理中,主要凭直觉、印象以及简单的成绩记录来对员工工作情况做出判断。
（　　）

8. 员工培训有不同的类型,既可以有员工的岗位技能培训,也可以有员工的文化知识培训。
（　　）

## （二）填空题

1. 内部人员介绍推荐,即组织内部人员以口头方式传播选聘信息,推荐和介绍职位申请人到组织中来。此方法的优点是:引进的员工相对_____和_____。

2. 外部招聘的优点体现在,它能给组织带来_____,_____,_____和_____。

3. _____是指一些专门为组织选聘高级人才或特殊人才的职业选聘机构。

4. _____决定着组织人力资源的数量、质量和结构,是人力资源管理的前提和基础,是组织绩效和目标的重要保证。

5. 人员录用流程包括四个阶段:_____,_____,_____,_____。

6. 在组织发展的不同阶段,组织的战略重点不同,不断地为组织战略的实施做好准备是_____的首要任务。

7. 人员培训的方法有三种分类:_____,_____和_____。

8. 对于不同岗位的人员,由于工作性质和工作内容的不同,所以考核要素的设定也应该分门别类,只有这样,考核才具有_____。

## （三）选择题

1. 人员配备的主要任务不包括以下哪个方面:_____。

A. 促进人的全面和自由的发展　　　　B. 为组织岗位物色合适的人选
C. 充分开发和挖掘组织内外的人力资源　　D. 促进组织结构功能的有效发挥

2. 需要选聘的人员来自组织外部,其具体来源不包括_____。

A. 教育机构　　　　　　　　　　　B. 内部人员介绍推荐
C. 上门求职者　　　　　　　　　　D. 工作轮换

3. 人员选聘要做到三个匹配,不包括_____。

A. 人员个性与岗位特点相匹配　　　　B. 人员技能与岗位职责相匹配
C. 人员兴趣与领导兴趣相匹配　　　　D. 人员价值观与组织价值观相匹配

4. 为了增强组织成员的适应能力,组织通常会采用流动培训的方式来训练他们,原因是_____。

A. 对组织成员培养的需要　　　　　　B. 调动组织成员的积极性
C. 组织成员对现任岗位不适应　　　　D. 人际关系问题

5. 组织通过_____选聘人员的优点是:应聘者面广,中间环节少,人员选用耗时较短,并且可以避免裙带关系的形成。

A. 公开选聘　　　　　　　　　　　B. 猎头公司

C. 职业介绍机构与人才交流市场　　　　D. 校园选聘

6. 关于人员录用的说法不正确的是_____。

A. 它决定了组织整体的经营情况

B. 它决定组织人力资源的数量、质量和结构

C. 它是组织绩效和目标的重要保证

D. 它的主要工作是确定科学的录用流程

7. 关于人事考评指标,并未涉及的是_____。

A. 设计要与实际考评内容保持一致　　　B. 设计指标具有普遍性

C. 设计要涵盖工作的方方面面　　　　　D. 设计指标要具有可操作性

8. 关于员工培训的三种分类,以下选项正确的是_____。

A. 入职培训　　　　B.专题培训　　　　C. 调岗培训　　　　D. 提升培训

## (四) 名词解释

1. 内部选聘

2. 外部选聘

3. 在职培训

4. 人员选聘

5. 公开选聘

6. 录用评估

7. 考评

8. 工作业绩

## (五) 论述题

1. 在企业组织中人员配备是一项非常重要的工作,是现代组织进行人才建设的基础。组织在进行人员配备时有哪些主要任务?

2. 举例说明人员培训的分类。

3. 结合人员配备的原则说明,如何使人员的稳定与流动合理地组合,从而帮助每个管理人员找到最恰当的工作岗位,使人才得到最充分、最合理地使用的同时,保持组织的稳定性。

## (六) 案例分析

案例一

B 公司创始于 2005 年 3 月,是一家婚庆礼仪公司。经过十多年的发展,B 公司取得了较好的成绩,但公司管理者近期发现公司在招聘方面存在较大的疏忽,导致员工流动率大。

经过调查发现,B 公司在招聘过程中存在以下不足:

一是工作分析不到位。B公司在招聘技术类人才和管理类岗位时没有对许多标准进行有效量化,最关键一点在于用人部门没有给出详细的岗位职责、工作目标和任职资格等要求,从而没有完整的和成套的岗位职责说明书,招聘组成员和应聘者对职位要求都不甚了解,致使招聘到合适的人才比较困难。

二是缺乏对候选人深层素质的挖掘。B公司在人员招聘甄选过程中太过看重候选人的知识学历和工作经验,从而忽视了对候选人潜在能力的考察。在大多数情况下,B公司用人部门的经理在向人事部提出用人要求时,往往指出候选人需要来自哪些高校,或者必须要有多少年的工作经验才行。因此,招聘人员在招聘过程中受候选人学历、经验等背景的影响,常常忽略了对重要的潜在素质的考察,如人的价值观、工作态度等,违反了企业招聘合适人才的初衷,造成员工流失率偏高。

三是员工和岗位的匹配度低,人员流动过快。B公司在2014—2016年这三年期间共招聘了125名新职员,由于各种原因员工流失率高达25%,招聘有效性较低。有的员工是因为自身的能力达不到公司绩效要求,从而被公司辞退的。有的员工在岗位上工作了一段时间后,发现自己并不满意这个岗位的工作条件或由于压力等原因自己会主动离职。也有些员工在应聘时青睐的是行政等文职岗位,但因为公司规定必须在销售岗上锻炼一段时间才可以调换到行政岗位上,这种岗位政策也会影响公司人员的流动率。

四是负责公司招聘的工作人员缺乏专业的知识涵养和招聘技能。B公司属于中小型公司,负责公司招聘的工作人员大多知识水平较低且人事工作经验欠缺。量才使用是一个复杂的过程,需要资深的人事专员才能做到。B公司的招聘人员欠缺识人的正确标准和判断,致使他们在进行招聘工作的时候方法和流程使用不当,往往以自身的好恶挑选求职者,这无疑使招聘工作效率大打折扣。也有些负责招聘的人员在进行招聘工作的时候摆不正自己的位置,常常以为求职者的前途就掌握在自己手中,随意表现出趾高气扬的架势,并没有意识到他们代表的是公司的形象,无疑也使大量优秀人才望而却步。

资料来源:改编自史珍珍、李婵、徐龙顺:《基于案例分析的人才招聘问题分析及应对政策》,《河南科技大学学报(社会科学版)》2017年第3期。

结合材料,运用所学的人力资源管理知识,回答下列问题:

你认为B公司在招聘过程中违反了哪些人员配备原则,并提出改进的建议。

## 案例二

正百公司是一家总部在南京的服务型公司,约有50人,近三年内在江苏省内有淮安、无锡、南通、盐城相继成立了8个分公司,业务处于快速增长期。总部要求分公司未来3年年利润增长为100%。在2016年好几个分公司员工遭到客户投诉,人力资源部迟迟找不到合适的人选,而大部分分公司人手十分紧张,招聘的新员工流动率也特别高,令该公司区域负责人李总十分头疼。在2016年年底该区域分公司李总特意邀请了第三方对分公司员工进行了一次综合素质考核,对分公司人员专业知识状况、能力状况及心理状况进行了摸底。通过本次素质考核发现分公司大多数员工认同公司文化,具有强烈的使命感及发展潜力。但由于分公司人数少,无法明确分工,经常销售、服务、财务等都要做,而公司的产品多而复杂,有时候无法全面了解客户的真实需求,迅速提供可以满足其要求的产品或服务。此外还发现总部相应模块对分公司员工缺少长期的、系统的培训与支持,分公司员工在请求总部支持时又得不到很好的响应和指导,员工对此颇有微词;还有部分员工不按流程、想当然处理事件,存在隐瞒问题、有问题不愿上报的情况;已经服务几年的老员工有的觉得干活多但拿钱少,私下有抱怨及离职的打算。面临以上情况,李总该如何解决呢?

　　资料来源:改编自本书作者收集的企业案例素材,案例中企业名称和人名等均作了艺术化处理。

　　结合材料,运用所学的人力资源管理的知识,回答下列问题:
　　1. 从招聘角度分析有何解决办法。
　　2. 如何加强员工关系管理?

# 四、习题答案及提示

## (一) 判断题

1. √　　2. √　　3. √　　4. ×　　5. √　　6. ×　　7. √　　8. √

## (二) 填空题

1. 可靠,稳定
2. 新观念,新思想,新技术,新方法
3. 猎头公司
4. 人员录用
5. 录用准备,录用甄选,录用实施,录用评估
6. 人员培训
7. 岗前培训,在职培训,专题培训
8. 针对性

## (三) 选择题

1. C　　2. D　　3. C　　4. A　　5. C　　6. A　　7. C　　8. B

## (四) 名词解释

　　1. 内部选聘是通过对组织内成员晋升、职位调动和工作轮换等形式,选聘组织发展需要的人员。
　　2. 外部选聘是管理者通过对组织人事资料的检索,查明和确认在职人员中确实无人能

够胜任和填补职位空缺时,从社会中选聘员工。

3. 在职培训是针对在职员工进行的培训,其目的在于提高员工的工作效率,以更好地协调组织的运作及发展。

4. 人员选聘是组织为一定的工作岗位选拔出合格人才而进行的一系列活动,是把优秀、合格的人员引进组织,并安排在合适的岗位上工作的过程,是现代组织人力资源管理的基础性工作。

5. 组织利用广播、电视、报纸、杂志、互联网和海报张贴等多种途径向社会公开宣布选聘计划,为社会人员提供一个公平竞争的机会,从而择优录取合格人员的选聘方式。

6. 录用评估是录用活动的最后阶段,该阶段主要是对录用活动作总结和评价,将有关资料整理归档。

7. 考评是对一段时间内个人的工作能力及工作绩效进行考核。

8. 工作业绩是工作目标完成、准确度、效益和对组织的贡献。

## (五) 论述题

1. 组织在进行人员配备时主要任务包括以下几个方面:

(1) 为组织岗位物色合适的人选:人员配备的首要任务就是根据岗位工作需要,经过严格的考查和科学的论证,找出或培训组织所需的各类人员。

(2) 促进组织结构功能的有效发挥:要使组织的岗位设计和职务安排的目标得以实现,让组织结构真正成为凝聚各方面力量、保证组织管理系统正常运行的有力手段,就必须把具备不同素质、能力和特长的人员分别安排在适当的岗位上,使人员配备尽量适应各类职务的性质要求,这样组织设计的要求才能实现,组织结构的功能才能充分发挥出来。

(3) 充分开发和挖掘组织内的人力资源:在管理过程中,通过适当选拔、配备和使用、培训人员,可以充分挖掘每个成员的内在潜力,实现人员与工作任务的协调匹配,做到人尽其才、才尽其用,从而使人力资源得到高度开发。

(4) 促进人的全面和自由的发展:人员配备既要做到就职人员与岗位的高度匹配,以适应组织发展的要求,同时,又要注意对人的培养,使人员在组织中充分发挥自己的主观能动性时自身的素质也得到提升,最大限度地实现全面发展。

2. 人员培训的分类主要有以下三种:

(1) 岗前培训,即人员在进入岗位前进行的培训。岗前培训包括新成员到职培训和调职人员岗前培训两种类型。调职人员岗前培训是针对从其他岗位调任过来的成员进行的培训。培训的方式及培训内容一般由调入部门决定。

(2) 在职培训,它是针对在职人员进行的培训,其目的在于提高其工作效率,以更好地协调组织的运作及发展。培训内容和方式一般均由部门决定。

(3) 专题培训,组织可以根据发展需要或者部门根据岗位需要,组织部分或全部人员进行某一主题的培训工作,即专题培训。专题培训有利于组织成员了解组织发展状况和经济社会发展形势的变化,开阔员工视野,提升员工素质。

3. 为求人与事的优化组合,人员配备过程中必须依循一定的原则。举出三个原则即可,如下所示:

（1）任人唯贤原则：在人事选聘方面，大公无私、实事求是地发现人才、爱护人才，本着求贤若渴的精神，重视和使用确有真才实学的人。这是组织不断发展壮大、走向成功的关键。

（2）程序化、规范化原则：员工的选拔必须遵循一定的程序和标准。科学合理地确定组织员工的选拔标准和聘任程序是组织聘任优秀人才的重要保证。

（3）因事择人、因材器使原则：员工选聘应以职位的空缺和实际工作的需要为出发点，以职位对人员的实际要求为标准，选拔、录用各类人员。只有根据人的特点来安排工作，才能使人的潜能得到最充分的发挥，使人的工作热情得到最大限度的激发。

（4）量才使用、用人所长的原则：由于人的知识、能力、个性发展是不平衡的，工作任务要求又具有多样性，因此，完全意义上的"通才""全才"是稀有的，组织应该选择最适合空缺职位要求的候选人。有效的人员配备就是要能够发挥人的长处，并尽量避免其短处。

（5）动态平衡原则：处在动态环境中的组织，是不断变革和发展的。组织对其成员的要求也是在不断变化的。因此，人与事的配合需要进行不断的动态平衡。

## （六）案例分析

1. B公司的招聘过程至少违背了以下原则：

（1）任人唯贤原则。B公司由于招聘人员知识涵养和技能水平的不足，在工作中不尊重人才，不能够实事求是地发现人才、爱护人才。应当对招聘专员进行相关的技能培训，同时设置一定的反馈机制对招聘过程实施控制。

（2）程序化、规范化原则。科学的选拔标准和聘任程序都是招聘有效性的保证，B公司缺乏工作分析，在招聘的起始阶段就出现了问题。在招聘开始之前应当确定好本次人员配备任务的要求，确定好岗位职务要求和数量。

（3）因事择人、因材器使原则。既要以职位需求为出发点，也要考虑人与组织、岗位之间的匹配。B公司可以使用胜任力模型或心理测试工具，进一步解析求职者的生理、心理特点，尽量做到人岗匹配。

2.（1）从业务长远发展来看，人才招聘可以考虑要内部培养和人才引进相结合。对于引进的人才，则要在工作经验和工作的适应性上提高招聘标准，要确保引起的人才马上都能进入工作角色，这些人才的招聘要采取从竞争对手那里"挖人"和社会招聘相结合的原则，在"挖人"上，HR平常就要注意竞争对手那里的优秀人才，并建立他们的档案和保持联系和沟通。必要的时候可以请专业招聘公司进行完成。内部培养的人才招聘标准上，可以考虑招聘对象在实际工作经验上不做苛刻要求，但是应要求所招聘的对象必须具备培养的潜质，而这类人才的招聘可以采取从学校招聘和人才市场招聘相结合的办法。

（2）创造良好的组织气氛，能够充分调动员工的工作积极性和忠诚心。对于分公司因为远离总部，其母公司的企业影响力相对较弱，作为总部的负责人及HR要在内部建立起对员工关心和爱护的观念，视员工为企业发展力量源泉，给予他们尊重，要经常关心员工的工作和生活，周期性地和员工进行互动，建立畅通的沟通，为他们遮风挡雨；除此之外，初创型企业对于基层员工要为他们制定逐步锻炼的培养计划，辅以师傅带徒弟的形式，为基层员工提供成长需要的机会和资源。

# 第八章 组织文化

## 一、知识点回顾

### 1. 组织文化概述

#### ■ 组织文化的概念与分类

**组织文化**指的是一个组织在长期实践活动中形成的具有本组织特征的文化现象,是组织中的全体成员共同接受和共同遵循的价值观念、思维方式、心理预期、行为准则、团队归属感以及工作作风等群体意识的总称。

对**组织文化的分类标准**复杂多样。按组织文化的内在特征分类,文化可分为学院型组织文化、俱乐部型组织文化、棒球队型组织文化和堡垒型组织文化。依据组织文化对组织成员的影响力,将组织文化分为强力型组织文化、策略合理型组织文化和灵活适应型组织文化。按组织文化所涵盖的范围分类,组织文化又可以分为主文化和亚文化两类。按权力的集中度分类,组织文化可分为权力型组织文化、作用型组织文化、使命型组织文化和个性型组织文化。按文化、战略与环境的配置分类,组织文化可分为适应型组织文化、使命型组织文化、小团体型组织文化和官僚制型组织文化。

#### ■ 组织文化的特征

不同组织的产生和发展都有其自身的特殊环境,因此各自具有其特定的共享价值观、共同的精神取向和群体意识。由此可见,**组织文化**具有独特性、长期性和可塑性特征。除此之外,还有以下特征:

精神性,从本质上讲,组织文化是一种抽象的意识范畴。

系统性,组织文化具有很强的系统性。

相对稳定性,组织文化不会因组织领导人的变更、发展战略的转移、组织结构的变化,以及产品与服务的调整而随时改变或频繁变化。

融合性,在全球化背景下,任何组织文化的发展与完善,既要借鉴本国其他组织的优秀文化,也要融合世界上最新的文明成果。

#### ■ 组织文化的影响因素

**影响组织文化的外部因素**主要有:民族文化,是指世界上各民族在其长期历史发展过程中创造和积累起来的具有本民族特征的文化;制度文化,核心内容是国家的政治制度、法律制度和经济制度;外来文化,在全球化背景下,不同文化之间相互交流、相互融合、相互渗透。

**影响组织文化的内部因素**主要有:领导者的素质,一个组织在创立和成长初期,创始人的核心价值观及行为风格自然会直接影响该组织的文化形成;组织成员的素质,组织文化的传播和发展,依赖于高层管理人员的综合素质、行为举止与组织文化保持相对一致,也依赖于全体成员对组织文化的精髓高度认可;组织发展的不同阶段,组织自身在整个生命周期循环过程中的不同发展阶段组织文化建设侧重点不同。

## 2. 组织文化的构成与功能

### ■ 组织文化的构成

组织文化也由物质层(表层文化)、制度层(中层文化)和精神层(核心文化)三个基本层次构成。**物质层的组织文化**,是组织文化的表层部分,也有人称之为"文化构件",既涵盖组织的外在表现形式,也包括组织实体性的文化设备和设施等。**制度层的组织文化**,是组织文化的中间层次,组织的物质层文化和组织的精神层文化通过制度层的组织文化融合为一个有机的整体。**精神层的组织文化**,是组织价值观的核心,是组织在其长期历史发展中形成的组织成员群体心理定式和价值取向。

### ■ 组织文化的功能

组织文化作为一种自组织系统具有**多种特定功能:**

导向功能,组织文化的导向功能主要从两个方面发挥作用:一是直接引导组织成员的心理和行为;二是通过整体的价值认同来引导组织成员。

凝聚功能,是指组织文化能够以各种微妙的方式沟通组织成员的思想感情,融合人们的理想、信念和情操,培养和激发其群体意识。

激励和约束功能,激励功能是指通过组织文化的塑造和内在引导,最大限度地激发每个组织成员工作的积极性、主动性和创造性;约束功能,是指组织文化对每一个组织成员的思想、心理和行为都具有很强的约束和规范作用。

辐射功能,是指组织文化不仅会在组织内发挥作用,而且会通过各种渠道向社会辐射,对社会产生影响。

调适功能,是指组织文化可以帮助新加入组织的成员尽快适应组织,使自己的个人价值观更好地与组织需要相匹配。

### ■ 组织文化的反功能

组织文化的反功能对组织有害无益,所以不能忽视其潜在的负效应:

变革的障碍。组织文化作为一种软约束,相对于硬约束的规章制度,更加深入人心,更易于形成思维定式。

多样化的障碍。一个具有强势文化的组织会要求其个体多样化的组织成员的价值观与组织的价值观相一致。

并购的障碍。组织并购成功与否,在很大程度上取决于两个组织之间的文化能否有效融合。

## 3. 组织文化塑造

### ■ 选择价值观

**选择价值观**是塑造良好组织文化的首要任务。选择正确的组织价值观的要求主要是:组织价值观要体现组织的宗旨和发展战略与方向;组织价值观要与组织文化各要素之间相互协调;组织价值观要得到组织成员和社会的认可与接受。

### ■ 强化认同

在选择并确立了组织价值观和组织文化模式后,应采取有效的方式进行**强化灌输**,使得基本认可的方案真正深入人心。具体做法包括:

广泛宣传。利用组织中一切可以利用的媒体如内部报纸、杂志、电视、网络、宣传栏等,广泛传播组织文化的内容和精要,创造浓厚的舆论环境氛围。

培养和树立典型。模范典型是组织精神和组织文化的人格化身与形象缩影。

加强培训和教育。组织通过开展目的明确的内部培训和教育,以及丰富多彩的活动,潜移默化地使组织成员系统接受和强化认同组织精神与组织文化。

### ■ 提炼定格

**成熟的组织价值观和组织文化模式**需要经过精心分析、全面归纳和精练定格方能形成。精心分析是指组织价值观和组织文化模式经过广泛宣传、初步强化认同后,组织应当对反馈回来的意见和建议进行深入剖析和评价;全面归纳是指在系统分析的基础上,进行综合整理、归纳、总结和反思;精练定格是指对经过科学论证和实践检验的组织精神、组织价值观、组织伦理与行为,予以条理化、完善化和格式化。

### ■ 巩固完善

对**组织文化的巩固完善**,主要包括两方面内容。一方面,要建立规章制度,因为在组织文化演变为全体成员的习惯之前,要使每一位成员从一开始就自觉地、主动地按照组织文化和组织精神的标准去行动比较困难,因此,有必要建立奖优罚劣的规章制度。另一方面,需要领导者率先垂范,领导者在塑造组织文化的过程中起着决定性的作用,领导者自身的模范行为具有一种感召力和导向性,对广大组织成员会产生强大的示范效应。所以,为了培育和巩固优秀的组织文化,领导者应以身作则、身先士卒、率先垂范。

# 二、拓展阅读材料

## (一)组织文化形成途径:理论框架整合

前人的研究为我们进行理论模型构建提供了重要思路,我们可以从现有文献中推导出我们的理论框架:从组织文化价值观的建立和传播、人力资源管理政策以及领导人的影响这三个角度来讨论组织文化形成途径。

### 1. 组织文化价值观的建立和传播

Deal 和 Kennedy(1982)、Schein(1985)等都认为组织价值观的正式建立对组织文化形成产生正面影响。Ledford 等(1995)认为企业拥有书面的组织哲学和价值观可以指引员工的行为和决策,帮助员工了解组织文化和解释企业中发生的事件,激励员工并增加员工归属感。但是正如 Gundry 和 Roussea(1994)所认为的,组织仅仅拥有价值观是不够的,更重要的是如何使组织价值观发挥作用,使它们真正影响员工的行为,就是将已经建立的组织文化有效地传播给员工,并得到员工的认同。Deal 和 Kennedy(1982)认为组织文化象征物是传播组织文化价值观的有效手段,组织文化象征物是组织文化活动的产品,它是揭示员工思想、信念和行为的线索。不少研究者对组织中的英雄事迹、神话、故事、传奇、仪式、语言和术语、办公室布置等这些组织文化象征物的特定意义进行了研究。Trice 和 Beyer(1984)认为强文化的组织中存在精心设计的典礼和仪式,Wilkin(1983)提出组织中流传的故事是员工共同信任的重要价值观的象征,Deal 和 Kenney(1982)认为组织中的英雄人物使成功变得可以实现且人性化,他(她)代表组织特有的价值观,提供组织模范,从而激励其他员工,英雄人物是组织中抽象价值观和理念的化身。

### 2. 人力资源管理政策

Sathe(1983)认为可以通过人力资源管理政策作为媒介来传播组织的价值观或者支持、更新组织的价值体系,其中使用的工具包括选聘与组织价值观相一致的员工,剔除与组织文化背道而驰的人。Yeung 等(1991)的实证研究得出的结论是不同人力资源政策对组织文化类型和强弱都有显著影响。具体而言,我们从以下几个方面来讨论研究框架。

(1)选聘机制。Harrison 和 Carroll(1991)指出员工获知和了解组织文化的过程被称为文化传递和文化适应过程,而选聘就是这样的过程,选聘过程不仅包括寻找适合的应聘者、向潜在的候选人"推销"自己的企业和挑选他们,而且也是企业有计划地让新来的员工与组织文化相匹配的过程。Ledford 等(1995)指出选聘过程应该反映出该公司的信念或者价值观,特别是那些与公开、信任和公平有关的价值观。

(2)培训和发展机制。公司应该提供关于组织价值观和哲学方面的培训,并且通过这些培训来规范或者改变员工的行为,公司提供培训的总量、培训与员工行为之间的关联将直接影响到员工是否认同组织价值观。Chatman 和 Cha(2003)指出强文化组织在培训过程中不仅仅提供知识和技能方面的培训,而且包括组织文化培训,即通过培训使员工了解和实践组织价值观。

(3)绩效评估和薪酬机制。组织中的激励体系是一种控制体系,它能塑造和改变员工的行为,组织文化也能够达到同样目的。强组织文化的企业,奖励体系是全面、持续和有稳定性的,并且与组织成功和组织价值观相匹配。Ogbonna 和 Harris(2000)对英国食品行业为期 10 年的纵向研究显示,在众多改革组织文化的手段中,最有效的手段是采取了相应激励手段,使得员工改变了原来的行为方式。

### 3. 企业领导人对组织文化形成的影响

Schein(1985)和 O'Reilly(1989)的组织文化形成模型都强调了组织创始人和领导者对组织文化的影响。Sashkin(2004)提出领导者在建立组织过程中,他(她)需要建立价值导向的组织愿景和哲学,创立和使用政策来表达这些价值观,并采用一些个人的实践和行为来示范他们所倡导的价值观和组织文化。下面我们将分别讨论领导者的个人特质、领导者行为和领导风格对组织文化形成的影响。

(1)领导者的个人特质。Trice 和 Beyer(1991)认为创造组织文化的领导者应该具备 House 提出的魅力型领导的特质,包括:高度自信、有支配他人的倾向和对自己的信念坚定不移。这些特质会帮助领导者支撑自己的信念,同时吸引和保留追随者。除此之外,Trice 和 Beyer(1991)还认为领导者还应该是善于表达和具有表现力的,这些特质帮助他们将自己的信念和愿景传递给潜在追随者并且激励这些下属追求组织的目标和使命。

（2）领导者行为。Trice 和 Beyer(1991)提出作为组织文化的创造者，领导者的行为应该包括：有效的角色模型、表现出自己的能力、清晰表达思想上的目标、对下属设立高的期望值、信任下属、激励他人等。George 等(1999)认为领导者的行为应该包括向员工沟通期望中的组织文化。

（3）领导风格。近期组织文化与领导关系的研究重点集中在新型领导风格对组织文化的影响方面。变革型领导通过使下属意识到任务结果的价值和重要性，激发下属高层次的需要，诱导他们超越自私自利的思想而为组织目的服务。变革型领导风格主要包括四个维度：领导魅力、智力激发、个人关怀和动机激励。Block(2003)的研究发现变革型领导风格对组织文化的内容和强弱都产生影响。

资料来源：改编自黄河、吴能全：《组织文化形成途径——我国中小型民营企业的跨案例研究》，《管理世界》2009 年 S1 期。

## （二）组织文化的研究脉络

组织文化的概念早在霍桑实验中就被间接提到过，那时被称作工作小组文化。但是这一概念没有被引起重视，也与当前的组织文化概念不同。在组织气氛理论与实践的发展中，文化的意义开始凸显。20 世纪 80 年代初，"组织文化"一词开始受到我国学术界和组织管理人员的广泛关注。组织文化这一提法在国际上较为普遍，但因为多数组织文化的研究都集中在企业范畴内，所以企业文化也常常被称为组织文化。本文中采用的正是组织文化这一说法。

从气氛关注个体对环境的知觉，发展到气氛具有整体心理知觉意义，到气氛是组织内在环境相当持久的特性，组织气氛的概念操作从最初注重对组织环境的共享知觉，发展到对更深层次的共享规范、信念、价值及意义的关注，文化的内涵开始丰满并得到充实。此外，现实背景也给组织文化的发展提供了孕育的土壤，即经济竞争的日益国际化及日本经济管理对美国经济产生的冲击，管理人员和研究人员开始寻找在竞争激烈和环境复杂中使组织得以生存的法宝。于是在 20 世纪 70 年代早期，几本有关公司文化的书籍几乎在同一时间出版，其中包括迪尔和肯尼迪的《公司文化》、大内的《Z 理论》以及彼得斯和沃特曼的《成功之路》。组织文化这一主题开始自成一派，大量的研究开始针对组织文化这一不易捉摸的主题。因此，"组织文化"成为研究的焦点是组织气氛研究发展的必然结果。组织文化的研究自 70 年代末兴起后，可以划分为 80 年代的基本理论和 90 年代理论向实践转化的两个阶段。

80 年代组织文化的研究以探讨基本理论为主，如概念、要素、类型以及组织文化与组织管理各方面的关系等，围绕于此出现了因方法不同而加以区别的两个派系：定性化研究和定量化研究。组织文化的定性化研究以美国麻省理工学院的沙因教授为代表。在沙因之前对于组织文化的理解大体一致，存在差别只是因为研究者对文化的解释角度不同。例如：组织文化是企业内通过物体布局所传达的感觉或气氛，以及企业成员与顾客或其他外界成员交往的方式；组织文化是人们相互作用时共同遵循的行为规范，如使用的语言和遵从行为的礼仪；组织文化为"信念、观念、语言、礼仪和神话的聚合体"，文化因素对组织内部人们的行为具有强大的控制作用;组织文化是在企业中寻求生存的竞争"原则",是新职工要为企业所录用必须掌握的"内在规则";组织文化是指导企业制定职工和(或)顾客政策的宗旨。

但是,沙因在 1985 年出版的《组织文化和领导》及 1997 年的第二版中界定和完善了组织文化的观点,并得到广泛的认同,因此也成为 80 年代组织文化定性研究的代表人物。沙因认为,所有这些含义以及其他的一些解释都反映了组织文化,但都不是文化的本质。沙因将组织文化描述为"一套基本假设——一个特定组织在学会处理适应外界和整合内部的问题时,发明、发现或发展出来的假设"。沙因还对在组织发展的各个阶段如何培育、塑造组织文化,以及领导如何应用文化规则达成组织目标等进行了研究。

80 年代的组织文化的定量化研究以密歇根大学的奎因为代表。他们的主要观点是,组织文化可以通过一定的特征和不同的维度进行研究。以奎因的竞争价值理论模型为基础,奎因和金伯利拓展此模型并将其应用到对组织文化的测量上。该理论模型有两个主要维度,分别反映竞争需要和产生冲突,它们是变化与稳定性、组织内部管理与外部环境。两个维度的交互作用会出现四种类型的组织文化:群体性文化、发展型文化、理性化文化和官僚式文化;并且以此验证了组织文化的深层结构与组织的价值、领导、决策、发展策略有关的基本假设。上述研究为 90 年代组织文化的测量、评估和诊断提供了重要的理论基础。

进入 90 年代,组织文化的研究在定性和定量上都得到了长足的发展。组织文化的应用研究和量化研究以奎因提出的竞争价值理论模型为基础,分别体现在四个方面:理论研究的深入、组织文化与组织经营业绩的关系、组织文化的测量、组织文化的诊断和评估。

组织文化的理论研究从 80 年代的对概念和结构的探讨进一步发展到组织文化在管理过程中发生作用的内在机制的研究,如:组织文化与组织气氛、组织文化与人力资源管理、组织文化与组织环境、组织文化与创新等。其中,施奈德在《组织气氛与组织文化》中验证了组织文化可以通过影响人力资源的管理实践,影响组织气氛,进而影响员工的工作态度、工作行为以及对组织的奉献精神,并最终影响组织的生产效益。霍夫斯坦德等人则通过民族工作文化的视角研究组织文化。他认为民族工作文化有四个特征:权力范围、个人主义—集体主义、男性化—女性化、不确定性回避,并通过定性和定量方法的结合,增加几个附加维度后形成了一个企业文化研究量表。

关于组织文化与组织经营业绩的研究,主要方法是深入企业,以现场调查收取数据。观点大致相同,都认为组织文化对组织长期的经营业绩有着重要影响。代表著作分别是卡梅伦和弗里曼《文化整合、力度和类型:有效性的关系》(1991),科特和赫斯克特《企业文化与经营业绩》(1992),戴维德《组织文化与经营业绩》(1995),丹尼森《企业文化和组织有效性》(1997)。

90 年代的组织文化测量以奎因的竞争价值理论模型为基础,得到更长足的发展。雷蒙德等人在"组织文化的定量研究和定性研究"中,采用的是聚类分析的方法,成为混合研究的典范;奥瑞利等人(1991)在大量的文献基础上,从契合度的途径研究人—组织契合和个体结果变量之间的关系,总结出 54 条有关价值观的陈述,运用 Q 分类方法,开发出组织文化轮廓(OCP),从而得到组织文化的七个维度:创新、结果导向、尊重人、团队导向、稳定性、进取和关注细节;丹尼森等人提出的"丹尼森组织文化模型",描述有效组织的文化特征,总结出组织文化具有四个特征:适应性、使命、参与性和一致性。其中每个文化特质对应着三个维度,每个维度都有特定的解释。

组织文化的诊断和评估则是延续组织文化的量化研究,关注组织文化评估的维度和方法,并使组织文化的问题更为系统化。从以上国外组织文化的研究发展历程中,可以看到组织文化的基础理论是研究的起点,随后是理论研究与应用研究相结合,定性研究与定量研究相结合,并最终以能进行可操作化的组织文化为导向。其中组织文化运行机制起着承上启下的关键作用。

资料来源:改编自王庆燕、石金涛:《组织气氛与组织文化的研究脉络与异同》,《中国软科学》2005 年第 9 期。

## 三、习题

### (一)判断题

1. 文化体现在外部环境中,包括人工创造的环境和自然原生态。　　　　　（　　）
2. 组织文化具有精神性、系统性、高度动态性、融合性等基本特征。　　　（　　）
3. 组织成员不管处于哪个层次,都会受到组织文化的影响和约束,但同时都能反作用于组织文化。　　　　　　　　　　　　　　　　　　　　　　　　　　（　　）
4. 组织文化的重要功能之一是增强群体凝聚力。　　　　　　　　　　　　（　　）
5. 如同文化一样,组织文化的结构层次有三个:潜层次文化、表层文化、显层文化。
　　　　　　　　　　　　　　　　　　　　　　　　　　　　　　　　　（　　）
6. 精神层的组织文化是组织价值观的核心,是组织文化的灵魂,因此是维系组织生存与发展的精神支柱。　　　　　　　　　　　　　　　　　　　　　　　　（　　）
7. 组织文化的功能包括凝聚功能、激励功能、导向功能、辐射功能和检验功能。（　　）
8. 组织价值观要体现组织的宗旨和发展战略与方向。　　　　　　　　　　（　　）

### (二)填空题

1. 广义的文化是指人类在社会历史实践过程中所创造的_____和_____的总和。
2. 狭义的文化是指社会的_____,以及与之相适应的_____和_____。
3. 依据组织文化对组织成员的影响力,将组织文化分为三种类型:_____,_____和_____。
4. 从本质上讲,组织文化是一种抽象的_____,是存在于组织内部的一种群体意识现象、意念性行为取向和精神观念。
5. 制度文化是指人类适应_____和_____需要而主动创建的规范体系。
6. 组织文化的核心是_____。
7. 组织文化的凝聚功能,是指它能够以各种微妙的方式沟通组织成员的思想感情,融合人们的_____、_____和_____,培养和激发其_____。
8. 选择正确的_____是塑造良好组织文化的首要任务。

## （三）选择题

1. 关于组织文化,正确的说法是_____。

A. 受领导者的价值观念、经营哲学、行为方式及人格特征等因素的显著影响

B. 变化较快,每年都会淘汰落后的内容

C. 变化较慢,会逐渐失去活力

D. 根植于民族文化,只受民族文化的影响

2. 下列关于组织文化的说法中不正确的是_____。

A. 一般的文化都是在非自觉的状态下形成的,组织文化则可以是在组织努力的情况下形成

B. 组织文化具有自我延续性,不会因为领导层的人事变更而立即消失

C. 仁者见仁,智者见智,组织文化应该使组织成员面对某些伦理问题时产生多角度的认识

D. 组织文化的内容和力量会对组织员工的行为产生影响

3. 塑造组织文化时,应该注意_____。

A. 主要考虑社会要求和行业特点,和本组织的具体情况无关

B. 组织领导者的模范行为在组织文化的塑造中起到号召和导向作用

C. 组织文化主要靠自律,所以不需要建立制度

D. 组织文化一旦形成,就无须改变

4. 下列不是组织文化的特征的是_____。

A. 具有很强的系统性

B. 组织文化的形成必然会受到所在国家民族文化传统和价值体系的深刻影响

C. 是存在于组织内部的一种群体意识现象、意念性行为取向和精神观念

D. 以不变应万变,始终保持绝对稳定性

5. 一家企业的组织精神是团结、守纪、高效、创新,严格管理和团队协作是该厂两大特色。该厂规定,迟到一次罚款 20 元。一天,全市普降历史上少有的大雪,公交车像牛车一样爬行,结果当天全厂有 85% 的职工迟到,遇到这种情况,你认为下列四种方案中哪一种对企业最有利? _____。

A. 一律扣罚 20 元,以维持厂纪的严肃性

B. 一律免罚 20 元,以体现工厂对职工的关心

C. 一律免罚 20 元,并宣布当天早下班 2 小时,以方便职工

D. 考虑情况特殊,每人少扣 10 元,即迟到者每人扣罚 10 元

6. 对文化和有效性的研究认为,文化、战略和环境之间的适当配置与文化的四种类型相关联,从而形成组织文化不同类型,除了_____。

A. 适应型组织文化        B. 使命型组织文化

C. 大团体型组织文化        D. 官僚制型组织文化

7. 组织文化的特征不包括_____。

A. 独特性      B. 融合性      C. 系统性      D. 绝对性

8. 关于组织文化的功能,正确的是_____。

A. 组织文化具有某种程度的强制性和改造性

B. 组织文化对组织成员具有明文规定的具体硬性要求

C. 组织的领导层一旦变动,组织文化一般会受到很大影响,甚至立即消失

D. 组织文化无法从根本上改变组织成员旧有的价值观念

## (四)名词解释

1. 文化
2. 组织文化
3. 亚文化
4. 权力型组织文化
5. 使命型组织文化
6. 制度文化
7. 组织文化塑造

## (五)论述题

1. 组织文化有哪些重要功能?
2. 组织价值观是组织文化的核心,怎样才能选择正确的组织价值观?
3. 联系实际谈谈塑造组织文化的步骤。

## (六)案例分析

案例一

通久公司的李总是企业组织文化的缔造者和传播者,公司的组织文化受到儒家思想的影响,这与李总本人受到中国传统文化和佛教思想的影响有关,李总对自己提出的组织价值观深信不疑,并尝试将它们灌输给所有员工。员工认为李总为人非常随和,善于总结和表达,善待员工,像员工的家长和导师,视一线员工为自己的子弟,热衷学习等。李总认为他自己作为领导者应该是公司文化"孝道、信义、博爱"的典范,他深信这一文化,并且将其作为自己的行动准则。员工也认为李总的行为与他所倡导的文化高度一致。李总通过正式和非正式的沟通,传达他对企业发展和核心价值观的理解,在企业与员工之间建立共识。李总通过公司内部网络体系将他对企业内部现象、甚至社会现象的看法发给所有员工,并且都能得到员工的积极反馈。李总勤于思考,勤于总结,勤于动笔,撰写了很多关于企业发展、组织文化建设和员工发展方面的文章,通过这些文章将他关于组织核心文化的理解传递给员工。

元捷公司是家族治理的民营企业,最高管理层主要由秦家的5位兄弟姐妹构成,其中本文描述的秦总是长兄,他对公司的经营业务和组织文化都有很大的影响。员工对秦总个性

的评价是自信、勤劳、能吃苦、善于总结和表达,倡导学习和个人进步,善待基层员工等。秦总是公司组织文化的典范,秦总自己起草每周一升旗仪式的发言稿,由于工作繁忙并参加各种学习活动,经常星期日晚上要修改发言稿到深夜,但周一的升旗仪式从不迟到。秦总说:"要求员工诚信,首先要老板对员工诚信。"他在与高层经理的联谊会上,曾经请求高层经理善待他们的下属,这给高层经理留下了深刻的印象。秦总督促其他公司董事和高级管理人员不断学习,在公司中形成了积极上进、不断学习的组织氛围。秦总通过在升旗仪式上发言、与一线员工的直接沟通、发掘体现组织文化的"好人好事"、在选聘过程中宣扬公司组织文化等方式持续不断将公司的核心文化传播和灌输给员工。

顺永公司创始人罗总认为一个有魅力的领导者除了要得到企业内部员工的认同,还要得到社会的认同。罗总也正在身体力行这一理论。他很注重自己个人素质和魅力的培养,一方面不断参加各类培训提高自身素质,另一方面还积极参加各类社会活动帮助树立公司以及个人品牌,获得过香港城市青年商会颁发的"年度创意创业荣誉大奖"等多个奖项。公司员工对罗总的评价是:有权威、好学、勤奋、自律、关心下属,有创意、有感召力和有个人魅力等。罗总提到领导者的以身作则是推动组织文化的重要方式。员工指出罗总总是严格要求自己,努力提高自身素质,不断学习。罗总愿意将自己学到的知识和技能与员工分享,罗总有较强的表达和演讲能力,他除了经常对公司内部员工进行组织文化方面的培训外,还在一些公开论坛上对公司的组织文化进行总结和评价。

资料来源:改编自黄河、吴能全:《组织文化形成途径——我国中小型民营企业的跨案例研究》,《管理世界》2009年第S1期。

结合材料,运用所学的组织文化的知识,回答下列问题:

1. 组织创始人或高层领导是组织文化的缔造者、传递者和维持者。案例中的民营创始人在组织文化形成中有哪些具体影响方式?

2. 一些人认为组织文化的形成主要是自上而下的,也有人认为组织文化的形成需要员工的参与,你认为员工互动和参与对民营企业组织文化形成之间的关系是怎样的?

案例二

在企业管理的过程中,做好企业的文化建设,是一个企业可持续发展的重要基本建设。大连三洋制冷公司从成立伊始,企业的经营者和管理者就把企业文化的建设作为企业发展中的一个重要基础建设。以下是他们分享的心得。

公司刚成立时,有的公司员工是下岗后被招聘来的,有的是应届大中专毕业生,还有的是国有企业派来的技术和管理骨干。他们每个人都具有不同的行为规范,也有着不同的价值理念。当时我们借鉴了国有企业一些有效的管理经验,做好员工的思想工作,从而做好企业文化建设。

首先,公司开始注重制度文化建设,并设定了严格管理、降低成本、提高质量、创世界一流企业的方针和目标。这样的严格管理,规范了员工行为,使公司员工把公司制度变成自觉的规范,进而统一到我们共有的价值取向上来。

在价值取向的建设当中,我们公司在成立时就设定了优化地球环境和照顾人民生活,公司的经济发展、国家的社会经济发展要和社会环境共存,企业要和顾客利益共存,以及企业要和劳动者共存这样一些价值观念。在教育和规范大家行为的基础上,我们的培训把公司共有的价值观念,融入我们的管理和工作中去,使我们员工的价值观念达到一致。

企业文化建设,它既是一个管理基础,又是企业管理的一个灵魂。我们员工在整个管理过程中立足于岗位自我管理,立足于岗位的自我改善,有效地实现了个人的价值。把个人的价值追求和个人的发展,有效地融入公司的发展当中去。我们公司也把立足岗位自我改善活动、ZD(Zero Defect,零缺点)小组无缺陷活动等,作为企业文化的一个重要组成部分加以实施和推广;把公司员工立足岗位自我改善作为企业发展的一个重要动力。我们生产现场有两万多平方米的生产面积,在 165 名生产工人当中,没有一个质量检查员,而是完全依赖我们自身质量体系的有效运行。员工是生产者,又是我们产品质量的保证者和确认者。我们通过企业文化建设,也使我们的质量管理体系得到有效运行。员工通过参与企业文化建设得到了较好的培训,提高了自身素质,这就实现了企业文化人本管理的有效循环。我们的企业文化建设,能够带动起生产的高效率、产品的高质量、服务的高水平、企业的高效益,进而我们还要回归到员工的高收入上。这是对我们认可员工价值的充分体现。

资料来源:改编自陈福军、郑丽智:《阴阳五行思想与员工认同感知途径——以大连三洋制冷有限公司为例》,《管理案例研究与评论》2012 年第 1 期。

结合材料,运用所学的相关知识,回答下列问题:

1. 结合本案例说明应如何进行组织文化的建设。

2. 结合案例,谈一下要做好企业文化建设应该从哪几点入手。

# 四、习题答案及提示

## (一)判断题

1. ×    2. ×    3. √    4. √    5. ×    6. √    7. ×    8. √

## (二)填空题

1. 物质财富,精神财富
2. 意识形态,制度,组织机构
3. 强力型组织文化,策略合理型组织文化,灵活适应型组织文化
4. 意识范畴
5. 自身生存,社会发展
6. 组织价值观
7. 理想,信念,情操,群体意识
8. 组织价值观

## （三）选择题

1. A　　2. C　　3. B　　4. D　　5. C　　6. C　　7. D　　8. A

## （四）名词解释

1. 文化是人类实践活动的产物,并随着人类社会的演进与进步而不断丰富和发展。荷兰管理学者霍夫斯泰德则在其创建的文化维度理论中将文化比喻为人的"心理程序",指出文化会影响人们关注什么、如何行动以及如何判断人和事物。

2. 组织文化指的是一个组织在长期实践活动中形成的具有本组织特征的文化现象,是组织中的全体成员共同接受和共同遵循的价值观念、思维方式、心理预期、行为准则、团队归属感以及工作作风等群体意识的总称。

3. 亚文化是某一社会主流文化中一个较小的组成部分。组织中的主文化虽然为大多数成员所认可和接受,但它不可能包含组织中的所有文化。存在于组织中的各种小群体,无论是正式的、有严格划分的子系统,还是非正式群体,都各有其独特的亚文化。

4. 权力型组织文化又称独裁文化。这样的组织常常由一个人或一个很小的群体领导,不太看重组织中的正式结构和工作程序。

5. 使命型组织文化又称任务文化。在这种文化中,团队的目标就是完成设定的任务。这种组织中没有领导者,唯一需要服从的就是任务或者使命本身,成员之间地位平等。

6. 制度文化是指人类适应自身生存和社会发展需要而主动创建的规范体系,其核心内容是国家的政治制度、法律制度和经济制度。

7. 组织文化塑造是指组织有意识地发扬其积极、优良的文化,摒弃其消极、劣性的文化的过程。这一过程也是组织文化不断优化和升华的过程。

## （五）论述题

1. 组织文化作为一种自组织系统具有多种特定功能:

（1）导向功能,组织文化的导向功能主要从两个方面发挥作用:一是直接引导组织成员的心理和行为;二是通过整体的价值认同来引导组织成员。

（2）凝聚功能,是指组织文化能够以各种微妙的方式沟通组织成员的思想感情,融合人们的理想、信念和情操,培养和激发其群体意识。

（3）激励和约束功能,激励功能是指通过组织文化的塑造和内在引导,最大限度地激发每个组织成员工作的积极性、主动性和创造性;约束功能,是指组织文化对每一个组织成员的思想、心理和行为都具有很强的约束和规范作用。

（4）辐射功能,是指组织文化不仅会在组织内发挥作用,而且会通过各种渠道向社会辐射,对社会产生影响。

（5）调适功能,是指组织文化可以帮助新加入组织的成员尽快适应组织,使自己的个人价值观更好地与组织需要相匹配。

2. 选择价值观是塑造良好组织文化的首要任务。选择正确的组织价值观的要求主要是:

（1）组织价值观要体现组织的宗旨和发展战略与方向。

（2）组织价值观要与组织文化各要素之间相互协调。

（3）组织价值观要得到组织成员和社会的认可与接受。

3. 塑造组织文化的步骤主要有:

（1）选择价值观要注意组织价值观要体现组织的宗旨和发展战略与方向,要与组织文化各要素相互协调,要得到组织成员和社会的认可与接受。

（2）强化认同:充分利用一切宣传工具和手段,宣传组织文化的内容和要求,以创造浓厚的环境氛围;培养和树立典型;加强培训教育,能够使组织成员系统接受和强化认同组织所倡导的组织精神和组织文化。

（3）提炼定格:精心分析,详细分析和仔细比较实践结果与规划方案的差距,可吸收有关专家和员工的合理化意见;全面归纳,在系统分析的基础上,进行综合的整理、归纳、总结和反思;精炼定格,把经过科学论证的和实践检验的组织精神、组织价值观、组织文化,予以条理化、完善化、格式化,加以必要的理论加工和文字处理,用精练的语言表述出来。

（4）巩固完善:落实组织文化,建立规章制度,领导率先垂范。

## （六）案例分析

1.（1）民营企业创始人在组织文化形成中的具体影响方式,主要表现在以下四个方面。

第一,民营企业的组织文化来源于创始人的个人价值观以及组织成功实践。三个案例企业都提炼出了书面组织文化,通久公司的价值观是"孝道、信义、博爱",这与企业经营实践没有任何关系,来自创始人的个人价值观;元捷公司的组织文化则是创始人（领导者）个人价值观和企业成功实践相结合的产物;顺永公司的组织文化是从公司核心竞争力中提炼出来的,可以看出民营企业创始人在组织文化建立过程中有很大的影响力。

第二,民营企业创始人善于利用多种途径传播组织文化。三个案例企业的最高领导人均十分重视组织文化,他们都认同好的组织文化会给企业带来成功,因此他们都很注重组织文化的传播,他们通过演讲、培训、撰写文章来不断向下传递组织文化。

第三,民营企业创始人是组织文化的信徒和身体力行者。三个案例中的创始人都对自己企业的组织文化深信不疑,并把它们作为自己的行动指南,他们的行为与所倡导的组织文化较为一致。

第四,创始人的个人特质和领导风格促进了组织文化的传播。三个案例中创始人的个人特质存在一些很强的共性,例如,具有个人魅力、善于总结、有较强的语言和文字表达能力、关心下属、自己热衷于学习并要求下属学习等,同时三个领导人都具备变革型领导的领导风格。无论是他们的个人特质还是领导风格都帮助他们将已经树立起来的组织文化传递给追随者并且激励这些下属追求组织的目标和使命。

（2）虽然组织价值观来自组织的上层,但是员工的反馈和参与对组织文化的形成非常重要。三个企业都运用了很多有参与性和互动性的活动来传播和解释组织文化。因此民营企业的组织文化并不仅仅是自上而下的文化,员工的参与和互动增加了员工对组织文化的理解,帮助员工将组织文化与自己的行为相联系,还不断地对组织文化的内涵赋予新的含义。

以上观点供参考,回答有理即可。

2.（1）组织文化,主要是在一定的历史条件下通过社会实践所形成的,并为全体成员遵循的共同意识、价值观念、职业道德、行为规范和准则的总和。在企业中通常称它为企业文化。

大连三洋制冷公司把企业的价值观念、组织信念、组织目标、规章制度、职业道德、组织情感等要素很好地结合起来,构成了独具特色的中国合资企业文化。他们通过企业文化建设,使质量管理体系得到有效运行。在整个生产过程中,员工通过企业文化建设得到了较好的培训,提高了员工的素质,这就实现了企业实施以人为本的企业文化的人本管理有效循环。

（2）大连三洋制冷公司成功的企业文化建设例子告诉我们,要搞好企业文化建设必须做到以下几点:

第一,领导者重视、调节和控制,如公司经理就把企业文化的建设视为企业发展中的一个重要基础建设来抓。

第二,领导者对重大事件和企业危机的反应。

第三,领导者进行详细的角色示范、教育和培训,如使员工在立足岗位自我改善这项活动和 ZD 小组无缺陷活动中得到锻炼和提高。

第四,合理制定与实施分配报酬和提升的标准。

第五,科学合理地制定招聘、挑选、提升、退休和解聘员工的标准,大连三洋制冷公司在刚成立时,就注意做好员工的思想工作,形成共有的价值观,这是内化和渗透文化最核心的一个方面,而且也是最有效的方法。

第四篇　领导

# 第九章　领导的一般理论

## 一、知识点回顾

### 1. 领导的内涵与特征

#### ■ 领导与管理

首先,两者的**职能范围**不同。从管理过程理论来说,领导是管理的一个部分,管理除了领导职能,还包含了决策、组织和控制。

其次,两者的**权力来源**不同。管理的权力来自组织结构,建立在合法的和强制性的权力基础之上;领导的权力可以来源于其所在职位,即组织结构的权力,也可以来源于其个人,如专家的权威性或个人的魅力等。

最后,两者的**主要功能**不同。管理是为了维持秩序,在一定程度上实现预期的计划,使事物能够高效地运转,如实现股东们要求的预算,满足客户的要求。领导则能带来变革,如实现组织活动方向与方式的创新。

#### ■ 领导权力的来源

约翰·弗兰奇和伯特伦·瑞文认为**权力有五种来源**。奖赏权力,这是一种能够对他人进行奖赏的权力;强制权力,是一种惩罚的权力,假如下属工作无法达到要求,将会被领导处罚;法定权力,是指特定职位和角色被法定的、公认的正式权力;参照权力,源于领导者个人的特征;专家权力,产生于领导者个人的专业知识或技能。

#### ■ 领导三要素

**领导行为或过程**包含三个要素:领导者、被领导者和情境。系统论告诉我们,组织是一个开放的系统,任何生产经营活动都会受到内、外部环境的影响,领导行为也是如此。因此,可以将领导行为看作领导者、被领导者和他们所处环境构成的复合函数,表达公式如下:

$$领导 = f(领导者,被领导者,情境)$$

### 2. 领导与领导者

#### ■ 领导者特质理论

贾吉等学者以**五大人格特质理论**(外向性、情绪稳定性、经验开放性、随和性和责任感)为框架对个体特性和领导的关系进行了测量。研究发现,在绝大多数情况下外向性、情绪稳定性、经验开放性和责任感都对领导有影响,而其中外向性更是在不同研究设置中都对领导有着一致的影响,这一特质代表着善于交际、自信、主动,并带来积极的影响,如能量和热情。

#### ■ 领导者行为理论

俄亥俄州立大学的一项研究确立了领导行为的关怀维度与定规维度。**关怀维度**以人为中心,是指领导者信任和尊重下属的观念程度,期望与下属建立温暖、和谐的人际关系。**定规维度**以工作为中心,是指领导者确定和构建自己和下属的角色,以实现组织的目标。研究发现,在两个维度方面均高的领导者,一般更能使下属达到高绩效和高满意度。不过高关怀—高定规风格并不总是产生积极效果;在一些情境中,可能高定规—低关怀或低定规—高关怀的模式更好。

密歇根大学对领导行为的研究的目的是期望明确实现预期的绩效和满意水平的基本原理,以及有效的领导方式类型,结果发现了两种不同的领导方式。一是**以生产为中心的领导行为**。这种领导者关心工作的技术、日程的安排和任务的完成,员工是达成目标的手段。二是**以员工为中心的领导行为**。这种领导表现为关心员工,并着力建设具有高绩效目标的有效工作群体,重视人际关系。

**管理方格理论**的目的是探讨什么样的领导方式可以使资源更有效地转变为结果。横轴代表对生产的关心,包括结果、绩效、利润、任务的完成等,纵轴代表对人的关心,包括上级、下级、同事、客户等。这两个维度都可以看作一种程度大小的尺度,分别被分为从 1 到 9 的 9 格。该理论认为(9,9)方格的领导方式是最有效的,既能够提高员工满意度,又能够带来高的生产效率。

### ■ 领导者团队理论

**高阶理论**认为,高层管理人员在进行决策和采取行动时会受到其自身所具有的经验、性格和价值观等个性化因素的影响;要更好地预测组织的绩效,则应该了解整个高层管理团队的特征,而非仅仅了解首席执行官的个体特征,如团队的平均年龄比首席执行官个人年龄更能预测组织决策的风险倾向;运用人口统计学变量是大样本研究在实际操作中可行而有效的方法,但它并不能精确代表管理人员的认知和价值观,这一方面还需要进一步处理。

## 3. 领导与被领导者

### ■ 情境领导模型

该理论认为有效领导和无效领导的差异并不是领导者的行为本身,而是**领导者行为和实施情境的匹配**。

领导者的行为首先被分为两个维度,**任务行为和关系行为**。任务行为是指在多大程度上领导者倾向于确定组织成员该做什么以及怎么做。关系行为是指在多大程度上领导者倾向于通过开放的沟通,给予下属充分利用潜能的机会。

而情境领导模型中的"情境"关注的是下属成熟度。成熟度被定义为承担责任的愿望和能力,它与下属的心理年龄而非时间年龄相关。

情境领导模型强调有效的领导应该根据下属的成熟度去匹配相应的领导者行为,而不存在一般意义上最好或最差的领导。情境领导模型提供了一种动态的视角,领导者的行为需要与情境相匹配。

### ■ 领导—成员交换理论

该理论认为领导者并不是以同样的领导行为对待所有下属,而是对于不同特点的下属会采取不同的领导方式。

根据关系的不同,领导者将下属分为**圈内人和圈外人**。圈内人与领导者关系密切,得到更多的关注、信任、资源和支持,作为交换,圈内人回报以忠诚和超越角色的努力工作。相反,圈外人与领导者的关系质量较低,这样的下属只能获得较少的指导和资源,以及有限的信息,从而不利于他们的工作和职业生涯,也导致圈外人工作满意度和组织承诺较低,而领导者通常也会认为他们的工作态度和绩效低于圈内人。

因此,领导—成员交换理论强调发展成熟的领导者和下属的关系,这样高质量的关系能够带来很多好处,产生有效的领导过程。

■ **领导者角色理论**

**领导者角色理论**认为管理者需要在不同的角色间进行转换,在这里,角色是指属于一定职责或地位的一套有条理的行为。

该理论将管理者的工作划分为三种类型,共 10 种角色。第一类是人际关系方面的角色,涉及人际交往和各种具有象征性和礼仪性的角色,包括挂名首脑、领导者和联络者。第二类是信息传递方面的角色,涉及接收和传递信息的角色,包括监听者、传播者和发言人。第三类是决策制定方面的角色,涉及做出各种重大决策的角色,包括企业家、故障排除者、资源分配者和谈判者。

领导者的角色是 10 种角色中最显著的一种角色,也是管理者权力最明显的表现。

### 4. 领导与情境

■ **费德勒的权变领导理论**

费德勒的权变模型指出组织的效率取决于两个变量的相互作用:一个是领导者的风格,另一个是情境的有利性。领导者的风格分为两类:任务取向型和关系取向型。情境的有利性指的是某一种情境能赋予领导者多大的权力和影响力。

费德勒从三个维度对情境是否有利进行分析:① 领导者—成员关系;② 任务结构;③ 职位权力。领导者—成员关系是指下属对领导者尊敬和信任的程度。任务结构是指需要完成的具体任务或工作的特点。职位权力是指与领导职位相联系的权力。

■ **豪斯的路径—目标领导理论**

罗伯特·豪斯的路径—目标领导理论指出,领导者的工作是提供必要的帮助与指导,激励下属达到他们的目标。领导者的激励功能包括:为工作目标的实现增加下属的报酬;为下属更容易地完成工作指明路径;减少障碍和陷阱;增加下属在工作中的满意度。

路径—目标领导理论有两个重要的命题:其一,领导者的行为是否被下属接受和令下属满意,取决于在多大程度上下属将其视为即时满足来源或是将来带来满足的工具;其二,领导者的行为是否有激励作用,取决于在多大程度上这种行为使得下属需求的满足依赖于有效的工作绩效,以及这种行为为下属取得有效的工作绩效提供必要的辅导、指导、支持和奖励。

豪斯将领导者行为分为四种类型:指示型、支持型、参与型和成就导向型。

■ **文化背景与领导**

**文化层次论**中的文化洋葱比喻指出,**文化可以由外及里分为表层、中层和核心层**。表层文化是看得见的文化特征,如礼仪、语言、生活习惯等。中层文化指的是一个社会的价值观和社会规范。核心层文化涉及一个社会最基本的假设,经过长期历史发展和文化理念体系的震荡与积累,从而形成这一社会当前的核心层假设。核心层文化驱动中层文化,进而影响表层文化。

霍夫斯泰德将**文化分为权力距离倾向、个人主义—集体主义倾向、不确定性回避倾向、阳刚—娇柔倾向和长期—短期倾向五个维度**。权力距离倾向用于衡量组织中低级或普通成员接受不平等的权力和奖赏的程度。不确定性回避倾向用于衡量一个社会中的人们对不确定情况感到威胁的程度以及他们试图获得更稳定的职业、建立更加正规的规则,抵制异常的观点和行为以及接受绝对真理和上级目标来避免这种不确定的程度。阳刚倾向指社会的主要价值观念强调自信和获得金钱、物质与社会地位的程度;娇柔倾向指社会的主要价值观念重视人们之间的联系、关心他人和整个生活质量的程度。

# 二、拓展阅读材料

## (一)从邓小平看卓越领导人的个性特征

在领导我国改革开放期间,邓小平所创造的领导绩效之卓越性、公认性、可持续性以及确保我国能够在不利、动荡的国际环境中继续发展的特点,说明作为改革开放总设计师的他还是一个管理学意义上的卓越领导人。邓小平取得卓越绩效的原因在于包括其价值观、气质、性格与思维能力在内的个性特征。这里从领导学的角度,通过考察他的性格特征来探讨这个问题。

### 1. 价值观

价值观是一个人对人、事、物的意义和重要性的总体评价和信念,包含了好坏、正误、取舍的判断倾向。邓小平的价值观主要表现为实事求是、讲求实效和注重发展。在"不争论"这一发明上,在"发展才是硬道理"上,其价值观已经表现得很充分了。从更深的层面上,邓小平真正地关注人,重视个人的物质价值,重视生产力。如邓小平指出的"社会主义的本质就是解放生产力,发展生产力"和始终坚持的"以经济建设为中心",就淋漓尽致地表现了这一点。在价值评价上,他以国家、人民为价值主体,以人民为评价主体,以实际效益、效果、影响为价值标准。如"三个有利于""共同富裕""一国两制"等,都反映了这一点。

### 2. 气质

按希波克拉底和盖仑的理论,人体内有四种体液——血液、黏液、黄胆汁和黑胆汁。据此,可将气质分为四种类型:多血质、黏液质、胆汁质和抑郁质。邓小平显然是属于黏液质的管理者。他沉着冷静,情绪稳定,深思远虑,情绪兴奋性和随意性都较低;同时,交际适度,自制力强,感受性较低而耐受性较高,内倾性明显。

邓小平内敛沉静,从他周围的人撰写的回忆录中也可以看到这一点。王平将军回忆小平"冷静、严肃认真、讲话不多,简明扼要,讲话句子短,好记录"。邓小平的女儿邓榕说:"我父亲为人性格内向,沉默寡言。"邓林也说:"父亲沉默寡言,不爱聊天,光听我们说,从不轻易表态。"在家里,邓小平的话也不多,一次,邓榕问父亲:"你在长征的时候都干了什么工作?"邓小平说:"跟着走。"邓小平秉性如此,其"三落三起"的特殊经历也强化了他黏液质的特点。对于一种意见，如果不理解、不同意，有时并不直接说出来，而是不吭气，不发言。他需要观察、分析、思考，把握事情的来龙去脉。

### 3. 性格

性格是个体对社会环境稳定独特的态度和行为方式，是个体的本质属性，在个体心理特征中起核心作用。性格有复杂的结构，包括态度特征、情绪特征、意志特征和理智特征。我们重点分析态度特征和意志特征。

（1）性格的态度特征分为四类：对社会、集体和他人的态度（负责、善良、诚实等）；对待劳动、生活和学习的态度（勤劳、认真、进取）；对待劳动产品的态度（节俭）；对待自己的态度（自尊、自律、自信、谦逊等）。在这一维度中，邓小平的性格突出表现为坚持原则和态度谦逊。邓小平在事关组织和人民的利益的重大问题上，意志坚定，毫不妥协，不说违心话，不做违心事。

（2）性格的意志特征，是指是否具有明确的目的性、纪律性、独立性、自制力、主动性、镇定、果断、勇敢、坚韧等。它是指为实现某种目标，下定决心，准备克服困难的内部心理过程的调节方式和水平。邓小平具有极强的自我约束能力、坚忍不拔的容忍力和刚毅顽强的坚持力。邓小平在改革开放出现较大波折、党和人民群众内部出现意见混乱时，发表了著名的"南方谈话"，明晰了社会主义的本质，要求胆子大一点，坚决地试，大胆地闯，其坚定意志极大地鼓舞了全国人民的斗志，推动了改革开放的各项事业发展。

### 4. 思维能力

思维能力对领导者至关重要。感觉和知觉获得的印象，借助于语言在人脑中进行进一步的整理和加工，抛开事物个别的、表面的现象，抓住事物普遍的、内部的本质，使人的认识由感性阶段进入高一级的理性阶段，这个过程称为思维。思维能力则包括归纳、演绎、推理、去粗取精、去伪存真、由此及彼、由表及里等。邓小平的思维能力特别突出，很大程度上是先天性的，但其"三落三起"的特殊经历也有助于思维的锻炼。在江西的三年中，邓小平阅读了《二十四史》《资治通鉴》以及大量的马列著作，他每天步行10里路以上，并且不准其他人打扰，边走路边思考。

邓小平的思维能力主要体现在改革开放的一系列重大历史决策上。首先，邓小平善于识别问题，把握问题本质。其次，邓小平的思维深刻、缜密、系统。在重新分析世界形势之后，1984年5月，邓小平准确指出当今世界的主题已经转变为和平与发展问题，这一判断具有极其重要的意义。在改革开放初期，邓小平选择了农村作为改革的突破口，现在看来是极为关键的。邓小平的决策标准合理，重点突出，始终把决策的着眼点放在百姓身上，坚持以经济建设为中心，坚持生产力标准；重视知识分子，提出科学技术是第一生产力；削减军事力量的同时推动军事现代化建设。邓小平的决策灵活务实，可行性强，曾创造性地提出"一国两制"的思想、创办经济特区等，这些都是其灵活务实的反映。

资料来源：改编自杨忠：《从邓小平看卓越领导人的个性特征》，《南京大学学报》2005年第4期。

### （二）变革型领导与交易型领导

Burns（1978）在对政治领袖的领导风格进行定性分类时，援引了有关特质、领导风格、领导者—成员交换关系等方面文献，在自己观察的基础上将政治领袖的领导风格划分为两种类型：变革型领导和交易型领导。他认为变革型领导者与交易型领导者是有显著区别的，是相反的两端。交易型领导者是出于跟下属交换某些价值，比如绩效奖励、相互支持、坦诚相对，才去建立某种联系的。而变革型领导者是出于构建与下属之间更高水平的激励和道德而去建立某种联系的，不仅仅是出于传统的工具性交换。他认为根据他们与下属之间是交易关系还是变革关系的倾向，所有的管理者都可以进行领导风格的划分。

Bass（1985）把变革型和交易型领导模式看成是互补的结构而非两极结构，他认为变革型领导风格是与交易型领导风格互补的，一个管理者可能既是变革型的又是交易型的，如果领导者与下属之间的关系缺乏交易型领导，那么变革型领导也可能变得无效（Bass，Avolio& Goodheim，1987）。

Bass（1985）将交易型领导者看作是在既存的系统和文化下发挥作用的人，他乐于回避风险、更加注重时间和效能的限制、更多控制过程而非内容本身。高水平的交易型领导者在稳定的、可预测的环境中可能更加有效，因为在这种情境下，详细的计划是最有效的策略。这种领导类型与公正的领导—下属交换关系是一致的，即当下属的绩效达到了基本期望后领导者才会以交换方式满足其需求。变革型领导者却在面临风险时寻求新的工作方式和机会、宁愿选择有效的方法而非高效的方法、不太喜欢保持现状，他们不仅仅对环境做出反应，而是试图塑造和创造环境（Avolio& Bass，1988）。变革型领导者在适当的时候也会使用交易型的策略，但他们会利用畅想未来和描绘愿景的手段来激发更大的努力，即通过提高对结果重要性的意识程度、通过提升个体需求水平、通过引发一种超越个体利益的团队信念等方式来达成目标。

Bass（1985）还认为现有的领导理论主要集中在下属目标和角色明晰上，以及领导对下属行为进行奖励和惩罚的方式上。这种交易型领导局限于诱使下属进行基本的交易行为。他建议改变视角去理解领导如何影响下属，让下属去超越自身利益而为了所在部门和组织的更大利益去实现最高水平的绩效。他把这种领导称为变革型领导。变革型领导促使下属关注集体的利益，并帮助他们实现卓越的目标。变革领导在理论上包括下列五个二级因素：①理想化的影响（品质），指的是领导魅力，领导是否感觉上很自信、强有力，是否看起来关注高层次的理想和道德要求。②理想化的影响（行为），指的是领导以价值观、信念和使命感为中心的富有魅力的行动。③鼓舞性的激励，指的是领导通过以下方式来鼓舞下属：乐观地展望未来，强调雄心勃勃的目标，描绘理想的愿景并且与下属沟通让下属相信愿景是可以实现的，等等。④智能性的激励，指的是领导通过挑战下属的创造性思维能力，让下属为难题找到解决方案，来提升下属的逻辑思维能力和分析能力。⑤个性化的关注，指的是领导通过建议、支持和关注下属的个体需要，并允许他们发展和自我实现，从而提高员工的满意度的领导行为。

交易型领导是一种以履行约定义务为基础的相互交易过程，其典型的表现是设置目标，监控和控制产出。交易型领导在理论上包括下列两个二级因素：①权变性的奖励，以明晰角色和任务要求为中心,根据下属对约定责任的完成情况来给予物质或精神奖励的领导行为。②例外管理,领导积极地监控绩效避免出错,或对违反要求的行为或错误发生后才进行干预的领导方式,又可分为积极例外管理和消极例外管理,共同特征就是领导通过惩罚个体的失误来试图达成期望的绩效水平。

Bass 等(1985,1993a,1993b)还讨论了"第三种领导行为",即放任型领导。它是一种无领导的行为,对下属既没有变革型的领导也没有交易型的领导,看上去是领导结构的对立面。放任型领导逃避决策,放弃责任,不使用职权。虽然领导"选择"不采取行动从某种程度上讲可以被认为是积极的,但总的来说这种行为被认为是领导行为中最消极和低效率的。

资料来源:改编自李秀娟、魏峰:《打开领导有效性的黑箱:领导行为和领导下属关系研究》,《管理世界》2006 年第 9 期。

## (三)家长式领导行为

目前来看,变革型和交易型领导行为的研究占据了西方领导力研究的主流文献。但是,一些学者对变革型和交易型领导跨文化的适用性提出了质疑。一些研究指出,一个国家和民族的文化传统对领导者的行为有非常大的影响。就像中国,中国是一个古老的文明古国,有深厚和独特的文化传统,同时中国也是一个高权力距离、高集体主义和注重长期结果的国家(Hofstede,1994)。Redding(1990)通过对中国香港、台湾地区以及新加坡等一些华人企业的主管研究,发现家长式领导是华人企业中普遍存在的一种领导行为。在 Redding 等人研究的基础上,Westwood(1997)提出了一个华人家族企业领导行为的模型,他将这种独特的领导风格定义为"家长式领导"。

目前,在家长式领导行为的内容建构方面,郑伯壎等人(2000)提出的"三元理论"受到了普遍关注。郑伯壎等人指出,家长式领导包含三个维度,即权威领导、仁慈领导和德行领导。其中,权威领导主要包括专权作风、贬抑部属能力、形象修饰、教诲行为等;仁慈领导主要包括个别照顾、维护面子等;德行领导则主要包括公私分明、以身作则等行为。

一些学者对我国台湾和大陆的企业中的家长式领导行为的有效性进行了研究。多数研究发现,家长式领导中的仁慈领导和德行领导对员工的态度和绩效有正向预测作用,而权威领导行为则与员工态度和绩效呈负相关关系。王锦堂(2002)指出,家长式领导中的仁慈领导、德行领导与人际和谐、工作满意、个人与团队绩效显著正相关;张德伟(2001)发现仁慈领导与德行领导对领导能力及其工作绩效有正相关关系;郑伯壎、周丽芳、黄敏萍(2003)也发现家长式领导中的仁慈领导与德行领导对角色外行为以及工作绩效有正向预测作用。鞠芳辉、谢子远、宝贡敏(2008)研究发现,在除去权威领导行为后,家长式的领导行为对企业绩效具有显著的解释力。

也有一些学者指出,虽然家长式领导是中国文化背景下的一种特有的领导行为,但是家长式领导的"人治"特点将会阻碍企业的变革。周浩、龙立荣(2005)在一篇关于家长式领导的研究综述中指出,家长式领导在一种人治的氛围下,显示出严明的纪律与权威、父亲般的仁慈及道德的、廉洁性的领导方式。家长式领导具有浓厚的人治色彩,并不是对所有部属都一视同仁的,而是按照关系、忠诚、才能等标准将部属区分为自己人和外人,并据此采取不同的领导行为。这种将部属划分为自己人和外人的方式将会影响领导者的作用。同时,樊景立（2000）也指出，家长式的权威领导在家族企业、所有权与经营权不分、创业性的结构，以及企业环境简单且技术稳定的组织中体现得更为明显。在这些组织中，权威领导的作用更容易得到体现和认可，而在一些制度明晰、成员年轻且文化素质较高的组织中，权威领导容易引起员工的反感和抵触，进而影响领导效能和企业发展。王辉、忻榕和徐淑英（2006）以中国企业 CEO 作为研究对象，总结了在转型经济环境下，中国企业领导者的典型行为主要包括开拓创新、协调沟通、设定愿景、关爱下属、监控运行和展示权威等，这些领导行为也大大超出了家长式领导行为的范畴。

　　资料来源：改编自吴春波、曹仰锋、周长辉：《企业发展过程中的领导风格演变：案例研究》，《管理世界》2009 年第 2 期。

## 三、习题

### （一）判断题

1. 领导是为了维持秩序，在一定程度上实现预期的计划，使事物能够高效地运转，而管理则能带来变革，通常是剧烈的、积极的变革。（　　）
2. 领导者的权力来源于职位权力、参照权力和专家权力。（　　）
3. 领导者特质理论认为成功的领导基于领导者个人特质，并且这些特质只存在于少数的英雄人物身上。（　　）
4. 勒温等人的研究结果显示，民主型领导方式一般要比独裁型领导方式来得更有效。（　　）
5. 如果高层管理团队是高度分散的，只是单个管理者的集合，而非一个团队，那么其整体特征对组织绩效的影响就不大。（　　）
6. 亨利·明茨伯格提出的领导角色理论中，他认为企业家的角色是 10 种角色中最显著的一种角色，也是管理者权力最明显的表现。（　　）
7. 为了测量领导者属于哪一种风格，费德勒设计了最难共事者 LPC 问卷，并认为在 LPC 问卷上打分较高（64 分及以上）的人，是属于关系取向型领导风格。（　　）
8. 路径—目标理论以激励理论中的期望理论为基础。（　　）

### （二）填空题

1. 勒温总结了领导方式基本上有三种类型：_____，_____，_____。
2. 布莱克和莫顿在提出管理方格理论时，列举了五种典型的领导方式：_____，_____，_____，_____，_____。
3. 按照权变理论，领导者的风格分为两类：_____和_____。
4. 费德勒的权变模型指出组织的效率取决于两个变量的相互作用：_____和_____。

5. 费德勒从三个维度对情境是否有利进行分析：_____，_____和_____。

6. 密歇根州立大学关于领导行为的研究，其目的是区分_____和_____的管理者。

7. 费德勒模型中的任务结构指_____。

8. 管理方格图中的纵轴表示领导者对_____的关心程度，横轴表示领导者对_____的关心程度。

## （三）选择题

1. 提出权变理论的是_____。

A. 吉沙利　　　　B. 费德勒　　　　C. 布莱克　　　　D. 施米特

2. 管理方格图中，9.9 型对应的是_____领导方式。

A. 任务型　　　B. 乡村俱乐部型　C. 中间型　　　　D. 团队型管理

3. 王先生是某公司的一名年轻技术人员，一年前被调到公司企划部任经理，考虑到自己的资历、经验等，他采取了较为宽松的管理方式，试分析下列哪一种情况下，王先生的领导风格最有助于产生较好的管理效果_____。

A. 企划部任务明确，王先生与下属关系好但职位权力弱

B. 企划部任务明确，王先生与下属关系差但职位权力弱

C. 企划部任务不明确，王先生与下属关系差且职位权力弱

D. 企划部任务不明确，王先生与下属关系好且职位权力强

4. 领导方式可以分成独裁、民主、放任三种，其中民主型领导方式的主要优点是_____。

A. 纪律严格，管理规范，赏罚分明　　　B. 组织成员具有高度的独立自主性

C. 按规章管理，领导者不运用权力　　　D. 员工关系融洽，工作积极主动，富有创造性

5. _____是指收集、整理和解释大量信息的能力，领导者需要凭借这种能力去制定合适的战略、解决问题并做出正确的决策。

A. 认知能力　　　B. 内在驱动力　　C. 整合能力　　　D. 沟通能力

6. 很多研究认为，_____模式最有效率，因为这种模式既关心生产又关心员工。

A. 高定规—高关怀　　　　　　　B. 高定规—低关怀

C. 低定规—低关怀　　　　　　　D. 低定规—高关怀

7. 费德勒认为在 LPC 问卷上打分_____的人，是属于关系取向型领导风格。

A. 80 分以上　　　B. 64 分以上　　　C. 58 分以下　　　D. 60 分以下

8. 一份英国杂志比较了欧洲各国经理的习性和处事手法后得出这样的结论：法国经理最"独裁"，意大利经理最"无法无天"，德国经理最按意气办事，英国经理最不能"安于位"。各国经理的习性和处事法的不同，最有可能是因为_____。

A. 各国的文化传统不同　　　　　　B. 各国的教育体制不同

C. 各国的经济发展不同　　　　　　D. 各国的天气不同

## （四）名词解释

1. 法定权力
2. 奖赏权力
3. 领导涌现
4. 参照权力
5. 专家权力
6. 工作成熟度
7. 心理成熟度

## （五）论述题

1. 领导和管理是一回事吗？
2. 请简述费德勒权变领导理论的基本思想。
3. 虽然没有任何迹象说明领导能力来源于家庭的遗传或者一些特别的个人特质，并且无论你是否具备这些天生条件，你都可以成为一个有效的领导者。但是，一般认为作为一名领导者，必然具备一些基本特质。这些特质主要有哪些？

## （六）案例分析

案例一

在柳传志、王树和、张祖祥三位同志的带领下，计算所共 11 名科研人员凭借计算所提供的 20 万元人民币贷款，在 1984 年共同创办中科院计算所新技术发展公司，1989 年更名为北京联想计算机集团公司；1988 年以 30 万元港币合资创办香港联想电脑有限公司；1997年，两间公司经过整合统一为联想集团有限公司。柳传志作为公司的最高决策者和管理者，负责制定公司的长远发展战略，实现经营目标。柳传志为人务实，中庸，具有政治头脑和商业远见，深谙妥协之道，有事业心，讲究领导艺术，长于运筹，善解人意，善于激励，善于发现人才、培养人才。

杨元庆研究生毕业后就加入了联想，曾出任联想集团董事长。杨元庆自担任联想集团PC 事业部负责人起，就负责联想品牌 PC 的研究开发、生产、销售和市场推广，联想计算机业务在他的领导下取得了极大成就，连续多年获中国市场销量第一。自 2001 年担任联想总裁后，负责集团整体发展策略及业务运作。杨元庆为人正直，倔强，有毅力，做事脚踏实地，有坚定的意志，不善于人情世故，既谦和又霸气十足，认准了一个目标就会百折不挠。

柳传志和杨元庆都是优秀的领导者。柳传志在 20 世纪 90 年代初期所遇到的最大困境即政策法规的不确定性所带来的风险，市场竞争相对较小，情境较为有利。此时，在变革战略的选择上，柳传志发挥其关系导向领导风格的优势——善于识人用人，强调激励和授权，重视沟通和人际关系，能够充分挖掘下属的潜力，发挥主观能动性，能够正确认识政治环境为其带来的机遇和挑战,选择渐进式的主动变革,从而使组织获得良好绩效。杨元庆时代所面临的主要问题则是国际竞争者的大举入侵,市场份额被抢占,竞争态势明显,情境有利性中等。在变革战略的选择上,杨元庆选择了激进式的被动变革。他"永远冲在第一线,只会玩儿命工作,一点人情世故也不懂"。

资料来源:改编自董亚军:《基于权变理论的领导风格分析——以联想为例》,《经营管理者》2013年第14期。

结合材料,运用所学的权变理论,分析这两位领导者的领导为什么有效。

## 案例二

世纪集团的总裁韩远钧刚刚得知一个消息,说杭州分公司的四位高管正往他这里赶来,准备向他告状,要求罢免他们的新任总经理叶丽芸。这让他很为难。

两年前,世纪集团调整了经营战略,准备上市。董事会对韩远钧提出了更高的要求,各分公司纷纷调整步伐,只有杭州分公司没有任何动静。杭州分公司是集团内唯一的设备生产企业,是世纪集团十年前与杭州当地一家国有设备厂合资成立的,公司原任总经理老吴从年轻时就在这家国有设备厂工作,对公司有很深的感情。但韩远钧对老吴这十年的业绩很不满,因为杭州分公司的地位在行业内一直在下滑;而且每次集团公司对各业务单位考核,它也总是垫底。总部早有换将打算,但迟迟找不到合适的接替人选,加上老吴在杭州分公司有一定的影响力,所以这事就拖下来了,转眼老吴要退休了,韩远钧经过再三考察后,决定选作风硬朗、业绩突出且与老吴私交甚好的叶丽芸来接替老吴。他万万没想到,自己费尽心机做出的人事决策这么快就出现了问题。

韩远钧先找到杭州分公司的贺蓉。贺蓉是叶丽芸在杭州分公司最倚重的人,她的角色也相对中立。韩远钧想,只要贺蓉还支持叶丽芸,那么他就会想方设法去做其他人的工作。然而,他并没有从贺蓉那里得到他想要的回答。虽然贺蓉认同叶丽芸的精细化管理,但她并不认同她的管理方式。"她做事真的很较真,一板一眼的,里里外外人都得罪光了。"

韩远钧接着找到了老吴,老吴对叶丽芸的声讨则是更加激烈:"我与她前世无怨,今世无仇,犯不着和她过不去啊!她一来就到处找茬,什么这不规范、那不符合程序,可笑!她一来就把公章和合同章揽在手里,搞什么统一管理,让所有的销售直接和她汇报,听说还要从上海招聘销售副总,摆明了不信任我们啊!"

与此同时,在杭州分公司里,叶丽芸接到下属打来的电话,告诉她四位高管去总部告状的事情,她放下电话,全身在发料,怒气在燃烧。半年前,她上任的时候,杭州分公司在她看来就是一辆走错方向的车子,她得先将其制动,然后才能再次将它启动,带到正确的方向上。现在半年过去了,似乎这车要抛锚了。上任时,通过分析,她发现杭州公司的症结出在成本控制上,于是她在第一次召集管理层的会议上,就强调通过精细化管理来控制流程,节约成本。按照她的指示,每个部门都要开始重新建立工作规范,她希望通过规范管理,尽快改变杭州公司以往拖沓、随意的管理作风。但她发现,这些在上海分公司行之有效的管理规范却在杭州分公司遇到了前所未有的阻力,而最大的阻力竟来自当时力荐她来杭州的老吴。

其实她心里知道,老吴经常向韩远钧告她的状,要不然韩远钧不会动不动就旁敲侧击,要她处理好团队的关系。她很想告诉韩远钧,不是她不想和团队处理好关系,而是杭州分公司就是冷冰冰的钢板一块,她插不进也融不入。叶丽芸心里何尝不苦,身负韩总的改革重托,想要做出一番成绩,彻底改变旧有的管理模式,这仅仅靠她自己的一腔热血是很难实现的,必须有公司上下的员工齐心协力才能实现。可是,公司现在这种情况,自己压根儿就融不进去。

叶丽芸对自己说,她要最后一搏了。她不想就这么坐以待毙,因为她是用心在为公司工作,如果公司其他人不理解她,她忍了,但是支持她改革的韩总若是不理解她,那她的一颗红心就真的是太受委屈了。考虑再三,她终于鼓起勇气,拨通了韩远钧的电话:"韩总,我知道您在为他们四个说我的事情在烦恼。其实您看看这段时间,杭州分公司在管理方式的改革上已经有了一些起色,特别是在基层员工中,大家逐渐认识到以往管理方式的落后,在这个时候,我的去留就不只是我一个人的事了,这还意味着总部对新的管理方式的否定或者肯定。只要总部还相信我,给我三个月的时间,我能把公司带上正轨。"

资料来源:改编自本书作者收集的企业案例素材,案例中企业名称和人名等均作了艺术化处理。

结合案例,你认为韩总应该立刻罢免叶丽芸还是给她 3 个月的时间?

## 四、习题答案及提示

### (一)判断题

1. ×    2. √    3. ×    4. √    5. √    6. ×    7. √    8. √

### (二)填空题

1. 独裁型领导,民主型领导,放任型领导
2. 任务型管理,乡村俱乐部管理,中间型管理,贫乏型管理,团队型管理
3. 任务取向型,关系取向型
4. 领导者的风格,情境的有利性
5. 领导者—成员关系,任务结构,职位权力
6. 高产出,低产出
7. 需要完成的具体任务或工作的特点
8. 人,生产

### (三)选择题

1. B    2. D    3. B    4. D    5. A    6. A    7. B    8. A

## （四）名词解释

1. 法定权力是指特定职位和角色被法定的、公认的正式权力。

2. 奖赏权力是指对他人进行奖赏的权力，奖赏的力量随着下属认为领导可以给予奖励或去除负面影响而增强。

3. 领导涌现是指一个个体是否或在多大程度上被他人视为领导者。

4. 参照权力，这种权力源于领导者个人的特征，包括行为方式、魅力、经历、背景等，其基础是下属对领导者这些特征的认同，或是一种对认同的渴望，此时下属会期望自己的行为、感觉或信仰能够像领导者一样。

5. 专家权力是指产生于领导者个人的专业知识或技能。

6. 工作成熟度是指下属的工作能力，包括与任务相关的受教育程度、经验技术等。

7. 心理成熟度是指下属主动承担责任、获得成就的愿望。

## （五）论述题

1. 管理和领导是不一样的。

（1）从本质上说，管理是建立在合法的、有报酬的和强制性权力的基础上对下属命令的行为。下属必须遵循管理者的指示。在此过程中，下属可能尽自己最大的努力去完成任务，也可能只尽一部分努力去完成工作。而领导更多地是建立在个人影响权、专长权以及模范作用的基础上。

（2）一个人可能既是管理者，也是领导者，但是，管理者和领导者两者分离的情况也是有的。一个人可能是领导者但并不一定是管理者。非正式组织中最具影响力的人就是典型的例子。

2. 费德勒的权变领导理论指出组织的效率取决于两个变量的相互作用：一个是领导者的风格，另一个是情境的有利性。领导者的风格分为两类：任务取向型和关系取向型。情境的有利性指的是某一种情境能赋予领导者多大的权力和影响力。

费德勒从三个维度对情境是否有利进行分析：领导者—成员关系；任务结构；职位权力。领导者—成员关系是指下属对领导者尊敬和信任的程度。任务结构是指需要完成的具体任务或工作的特点。职位权力是指与领导职位相联系的权力。

三个维度分别有高低之分，将它们组合在一起形成了8组不同的组织情境。任务取向型领导者在非常有利或相对不利的情境下表现更好，关系取向型领导者则在中等有利的情境下绩效较好。

个体的领导风格与个性有关，很难改变，因此要更好地匹配领导者的风格和情境的有利性，以提高组织绩效，只有两种方法：一是根据情境选择合适的领导者；二是改变情境，以适应领导者的风格。

3. 本题结合领导者特质理论回答即可。例如，伯纳德·巴斯将领导者特质分为了不同的类型，主要有生理特性、个性以及社会特性。生理特性包括精力充沛、外貌、讲话的流利程度等；个性包括自信、警觉、创意和创造力等；社会特性包括社会和人际交往技巧、社会参与和外交风范等。或者分析蒂姆西·贾吉的五大人格特质理论(外向性,情绪稳定性,经验开放性,随和性和责任感)。

再如,柯克帕特里克和洛克基于对领导力过程的关注,指出了成功领导的六个关键特质,在拥有这些特质的同时必须将其转化为特定行动以最终取得成功。这六个核心领导特质分别为内在驱动力、领导动机、诚实与正直、自信、认知能力,以及工作相关知识。

此外,从其他学者或中国古代管理思想分析亦可。

## (六)案例分析

1. 领导方式由领导者特征和环境因素等导致的,本案例中特别是环境因素应该值得被探讨。

(1)不同的环境导致两代领导者的管理情境不同,可以采用的领导风格亦不相同。

(2)面临组织变革的任务时,他们所采取的组织变革的方式各异,而这些变革方式与他们的领导风格相一致。

本题主要结合权变理论中情境因素、领导者特质以及领导者与成员之间的相互关系来谈,有理即可。

2. 韩总应该要给叶丽芸 3 个月的时间,主要原因如下。

(1)企业在改革之初受到一些阻碍是必然的,但是如果仅仅因为这些阻碍而放弃改革,企业以后可能很难做到真正的改革。

(2)就如案例中,叶丽芸提到的改革者推动改革是需要高层的支持与鼓励的。如果这个时候韩总不支持她,除了改革得不到进步,改革者也会因此对韩总失去信任。

(3)案例中还提到,改革虽然受到了管理者们的反对,但在基层已经得到了一些小的进步,所以说明改革还是有效果的。

(4)韩总如果在四位高管的动员下,把叶丽芸裁去,很有可能会丧失自己的领导威信,领导权力受到影响。

结合案例材料进行分析即可,从案例中,我们也能看出叶丽芸在沟通、改革方式上有一定的问题。如何缓解这种改革的阻碍,必须考虑在改革节奏、方式和范围上进行调整。

# 第十章　激　　励

## 一、知识点回顾

### 1. 激励基础

#### ■ 人的行为过程及特点

**行为可笼统划分为动机性行为与非动机性行为两种**。其中,动机性行为是在人的理性意识支配下按照一定的规范进行并达成一定成果的活动,属于激励理论研究的范畴;非动机性行为则是人在无意识状态下进行的无目的活动,并非属于激励理论研究的范畴。

**动机性行为的一般过程包括刺激、需要、动机、行为和目标等环节。**人的行为总是指向一定的目标,又总是为一定的动机所支配;动机又为需要所决定,需要又是在一定的社会环境背景下受内外刺激所产生的。

**动机性行为的特点有:**自发性、目的性、持续性、可塑性和因果性。

#### ■ 人性假设及其发展

**经济人假设**认为,人是以追求**个人利益最大化**为目的并积极从事经济活动的主体,具有四个特点:第一,人必然是自利的,且不是孤立的,追逐个人利益的动机是人行为的驱动力;人不能孤立地生存,只有在经济生活中与他人进行交往,才能谋求私人的利益。第二,人总是凭借所处环境判断自身的利益,使用各种手段追求自身利益的最大化。第三,人唯一目的是追求私人的利益,但最终会促进社会的公共利益。第四,人追逐私利的手段和内容会随着社会发展而发生变化,但其自利的本性不变。

**社会人假设**认为,**人不仅具有经济性的需求更具有社会性的需求**。该假设的基本观点包括四个方面:第一,从根本上说,劳动者是由社会需求而引起工作的动机,并且通过与同事的关系而获得认同感;第二,工业革命与工业合理化使得工作本身失去了意义,因此劳动者只能从工作上的社会关系寻求工作的意义;第三,劳动者对同事们的社会影响力,比对管理者所给予的经济诱因控制更为重视;第四,劳动者的工作效率随着上司能满足他们社会需求的程度而改变。

**马斯洛认为人类需要的最高层次是自我实现**,"每个人都需要发挥自己的潜力,表现自己的才能;只有人的潜力充分发挥出来,人的才能充分表现出来,人才会感到最大的满足"。有别于经济人假设强调的物质需求和社会人假设强调的情感需求,**自我实现人假设**具有发挥潜能、追求自我完美的需要。麦格雷戈在自我实现人假设的基础上提出了 **Y 理论**。

**复杂人假设**是 20 世纪 60 年代末 70 年代初由美国学者艾德佳·沙因提出的。依据复杂人假设,人性的复杂性体现在两个方面:首先,就个体的人而言,其需要和潜力会随着年龄的增长、知识的增加、地位的改变、环境的改变以及人与人之间关系的改变而发生变化;其次,就群体的人而言,人与人之间的需要是千差万别的。因此,无论是经济人假设、社会人假设,还是自我实现人假设,虽然各有其合理性的一面,但并不适用于一切人。从复杂人假设出发,美国管理心理学家莫尔斯和洛什提出了**超 Y 理论**。

■ 激励机理

激励机理旨在揭示激发个体行为积极性的一般原理,其建立在对**人的行为规律和人性假设的正确认知**的基础之上。依据人的行为规律,人的行为过程包含了三类基本变量,即**刺激变量、机体变量和反应变量**。刺激变量是指对个体反应产生影响的外界刺激,也叫诱因,如自然环境刺激、社会环境刺激等。机体变量是对个体反应产生影响的内部决定因素,是个体本身的特征,如个体性格、动机等。反应变量是刺激变量和机体变量在个体反应上引起的变化。依据人性的假设,**人的需要**是一个包含了物质经济需要、社会关系需要和自我实现需要的复杂动态系统。因此,激励措施生效的关键就在于甄别出不同的人在不同的时间、不同的境遇下的优势需要并加以刺激。

## 2. 激励理论

■ 行为基础理论

**需要层次理论**是行为科学的经典理论之一,由美国心理学家**亚伯拉罕·马斯洛**于 1943 年在其《人类激励理论》一文中首次提出。需要层次理论有两个基本论点:人是有需要的动物,其需要取决于它已经得到了什么,还缺少什么,只有尚未满足的需要能够影响行为;人的需要都有高低层次,某一层需要得到满足后,另一层需要才出现。马斯洛认为,每个人其实都有五个层次的需要,即生理需要、安全需要、社交需要、尊重需要、自我实现需要。马斯洛还将这五种需要划分高低两级。生理需要、安全需要和社交需要被称为较低层次的需要,而尊重需要和自我实现需要是较高层次的需要。

**双因素理论**是由美国心理学家赫茨伯格提出,他认为**影响人们行为的因素**主要有两类:**保健因素和激励因素**。保健因素是那些与人们的不满情绪有关的因素,保健因素处理不好,会引发对工作不满情绪的产生;处理得好,可以预防或消除这种不满。但这类因素并不能对员工起激励的作用,只能起到维持工作现状的作用。激励因素是指那些与人们的满意情绪有关的因素。与激励因素有关的工作处理得好,能够使人们产生满意情绪;如果处理不当,其不利效果顶多只是没有满意情绪,而不会导致不满。他认为,激励因素主要包括工作表现机会、工作带来的愉快、工作上的成就感,等等。

**成就需要理论**是由美国哈佛大学教授戴维·麦克利兰创建的。戴维·麦克利兰提出,**人的高层次需要有三种**,分别为**成就需要、权力需要和亲和需要**。成就需要是争取成功、希望做得最好的需要;权力需要是影响或控制他人且不受他人控制的需要;亲和需要是建立友好亲密的人际关系的需要。高成就需求者的主要特征有:事业心强、敢于负责、敢于寻求解决问题的途径;喜欢设立具有适度挑战性的目标,不喜欢凭运气获得的成功,不喜欢接受那些在他们看来特别容易或特别困难的工作任务;密切注意自己的处境,要求不断得到反馈信息,喜欢多少能立即给予反馈的任务;重成就,轻报酬,报酬对高成就需求者来说,只是衡量进步和成就的工具。

■ 过程激励理论

**公平理论**也称为**社会比较理论**,是由美国心理学家约翰·亚当斯于 1965 年在《社会交换中的不公平》中提出的,主要讨论报酬的合理性、公平性对人们工作积极性的影响。人们将通过两个方面的比较来判断其所获报酬的公平性,即横向比较和纵向比较。所谓横向比较,就是将自己与他人的相对报酬进行比较来判断自己所获报酬的公平性,并据此做出反应。除了自己与他人的横向比较外,还存在着自己的目前与过去的比较。

**期望理论又称"效价—手段—期望理论"**,是由美国心理学家维克托·弗鲁姆提出来。他认为,只有当人们预期到某一行为能给个人带来有吸引力的结果时,个人才会采取这一特定行为。根据这一理论,人们对待工作的态度取决于对下述三种联系的判断:努力与绩效的关系;绩效与奖赏的关系;奖赏与满足需要的关系。

**目标设置理论**由美国心理学家爱德温·洛克于 1968 年提出的,他认为,目标对人们努力程度的影响取决于四个方面:目标明确性,具体的目标要优于空泛的目标;目标难易性,有一定难度的目标比唾手可得的目标要好;目标责任清晰度,责任清晰的目标比责任不明的目标好;目标接受度,人们接受的目标将提高其实现目标过程中的自觉性与主动性。

#### ■ 行为强化理论

**强化理论**是由美国心理学家斯金纳提出的,他认为**人们出于某种动机,会采取一定的行为作用于环境**;如果这种行为的结果对他有利,这种行为会重复出现;若对他不利,这种行为会减少或消失。因此管理者要采取各种强化方式,以使人们的行为符合组织的目标。根据强化的目的,可以分为四种类型,**正强化**、**负强化**、**惩罚**和**自然消退**;根据强化的方式,可分为**连续强化和间断强化**。

### 3. 激励方法

#### ■ 工作激励
当前**有关工作激励的措施**主要包括:**工作扩大法、工作丰富法和岗位轮换法**。

工作扩大法是指通过扩大岗位工作的范围、增加工作岗位的职责,消除员工因从事单调乏味工作而产生的枯燥厌倦情绪,从而提高员工的劳动效率。工作扩大法包括横向扩大工作和纵向扩大工作两种。

工作丰富法是指通过增加岗位的技术和技能的含量,使工作内容更具挑战性和自主性,以满足员工更高层次的心理需求。

岗位轮换法是让员工在预定时期内变换工作岗位,使其获得不同岗位的工作经验的激励方法。

#### ■ 成果激励
成果激励是依据员工的工作业绩给予员工相应回报的激励方法。笼统来说,常见的成果激励主要包括两类:**物质激励和精神激励**。物质激励按形式划分,主要包括工资、福利、员工持股计划等。精神激励按形式划分,主要包括情感激励、荣誉激励、信任激励等。

#### ■ 综合激励
除了上述各种主流的工作激励和成果激励方法以外,管理实践中还有一些辅助性激励方法,如榜样激励、危机激励、培训激励和环境激励等。

# 二、拓展阅读材料

## （一）组织公平理论的发展

国外对组织公平的研究始于 1965 年 Adams 对"分配公平"的研究。早期公平研究的焦点集中在分配的"结果"，即分配公平或结果公平的问题上。鉴于分配公平忽略了分配结果之前的分配程序，Thibaut 和 Walker（1975）提出了程序公平的概念。他们通过研究不同的司法审判程序如何影响诉讼者对审判结果的满意度以及他们对审判过程的公平知觉，提出了有关程序公平的两个重要概念，即过程控制和决策控制。Leventhal（1980）针对分配程序和分配过程的属性，提出了关于程序公平的六个标准：①一致性原则；②避免偏见原则；③准确性原则；④可修正原则；⑤代表性原则；⑥道德伦理原则。

虽然组织公平的研究已经十分丰富，但 Colquitt（2001）等研究者认为这一领域的一些核心的问题并不是很清楚，主要是关于组织公平感的结构，研究者们的意见分歧很大。归纳起来有四种主要的看法：①双因素论，认为公平分为分配公平和程序公平两个维度，这是一种最常见的看法。②单因素论，认为分配公平和程序公平之间的联系太紧密以至于无法在实证上将二者加以区分，因此主张公平的结构是单维的。③三因素论，认为公平由分配公平、程序公平和互动公平三部分组成。④四因素论，认为公平由分配公平、程序公平、人际公平和信息公平四部分组成。而国内的研究大都只涉及分配公平（含奖惩公平）和程序公平两个维度（赖志超，黄光国，2000），或将互动公平作为程序公平的一部分（樊景立等，1997），直接翻译和使用从西方组织公平的相关问卷较多，自下而上的建构较少。

由于文化、制度和组织形态的不同，中国人的组织公平感从内容、结构等方面也可能不同。西方关于组织公平感的研究都是基于物质资源的分配公平，并最终指向资源分配结果的公平，主要关注的是个人与组织基于公平交换原则的工具性关系。而在强调家庭气氛、重视和谐、鼓励集体精神的中国化背景下，个人与组织的交换是为了长久而稳定的社会关系和满足关爱、温情、安全感、归属感等方面的需求，情感性成分大于工具性成分。另外，根据 Hofstede（1980）的文化维度，中国文化具有较高的权力差距；较规避不确定的情境，依规定而行、尊重权威；集体主义取向，忠诚、期望组织像家庭一样照顾他们。杨国枢（1993）等认为中国文化是一种泛家族主义的人治文化，这使得作为家长的领导在组织中的作用和地位更加突出，因此与领导有关的互动公平在中国文化背景下应该有更加重要的意义。

资料来源：改编自刘亚、龙立荣、李晔：《组织公平感对组织效果变量的影响》，《管理世界》2003 年第 3 期。

## （二）如何正确而有效地激发员工士气呢？

如何正确而有效地激发员工士气呢？可以从以下五个原则出发去思考，并且在实施过程中不能忘了激励的一些技巧。

第一，企业战略目标与个人发展相结合。企业战略目标是一面号召和指引千军万马的旗帜，是企业凝聚力的核心。而目标的设置必须体现组织目标的要求，否则将偏离实现组织目标的方向。只有将组织目标与个人目标结合好，使组织目标包含较多的个人目标，使个人目标的实现离不开为实现组织目标所做的努力，这样才收到良好的激励效果。

第二，物质激励与精神激励相结合。金钱奖励有时是必要的，也是行之有效的，但不是唯一的，也不是总能灵验的。员工存在着物质需要和精神需要，特别是在知识经济时代的今天，金钱与激励之间的关系正在逐渐淡化，二者之间的关系也越来越不紧密了。

第三，实现外激与内激的相互结合。外激是指如工资、奖金、福利、人际关系，均属于创造工作环境方面；内激是指满足员工自尊和自我实现需要，即使员工从工作本身（而非工作环境）取得很大的满足感。在激励中，领导者应善于将外激和内激相结合，而以内激为主，力求收到事半功倍的效果。

第四，按需激励。激励的起点是满足员工的需要，但员工的需要存在着个体差异和动态性，因人而异，因时而异，并且只有满足最迫切需要的措施，其效力才高，其激励强度才大。因此，企业领导人在进行激励时，切不可犯经验主义错误。须知，在激励上不存在一劳永逸的解决办法，更没有放之四海而皆灵的法宝。企业领导人必须深入地进行调查研究，不断了解员工需要层次和需要结构的变化趋势，有针对性地采取激励措施，才能收到实效。

第五，激励需民主公正，公正是激励的一个基本原则。如果不公正，奖不当奖，罚不当罚，不仅收不到预期的效果，反而会造成许多消极后果。赏罚严明就是铁面无私、不论亲疏、不分远近、一视同仁。赏罚适度就是从实际出发，赏与功相匹配，罚与罪相对应，既不能小功重奖，也不能大过轻罚。

当然仅仅依靠遵循以上原则并不能充分发挥激励应有的作用，还应具有一定的奖励技巧，针对不同情况采用不同的手段，使激励机制灵活有效地应用于企业之中，始终发挥积极作用，总结起来有以下几种技巧。

第一，对不同的员工应采取不同的手段。对于低工资人群，奖金的作用就十分重要；对收入水平高的人群，特别是对知识分子和管理干部，则晋升其职务、授予其职称，以及尊重其人格，鼓励其创新，放手让其工作，会收到更好的激励效果；对于从事危险、环境恶劣的体力劳动的职工，搞好劳动保护，改善其劳动条件，增加岗位津贴，都是有效的激励手段。

第二，适当拉开实际效价的档次，控制奖励的效价差。效价差过小，搞成平均主义，会失去激励作用，但效价差过大，超过了贡献的差距，则会走向反面，使员工感到不公平。应尽量使效价差与贡献差相匹配，使员工感到公平、公正，才会真正使先进者有动力，后进者有压力。

第三，注意公平心理的疏导。亚当斯的公平理论指出，每位职工都是用主观的判断来看待是否公平的，他们不仅关注奖励的绝对值，还关注奖励的相对值。尽管客观上奖励很公平，但也仍有人觉得不公平。因此，必须注意对职工公平心理的疏导，引导大家树立正确的公平观。公平的激励应该是要认识到绝对的公平是不存在的；不要盲目地攀比；不应"按酬付劳"，造成恶性循环。

第四，恰当地树立奖励目标。在树立奖励目标时，要坚持"跳起来摘桃子"的标准，既不可太高，又不可过低，过高则使期望概率过低，过低则使目标效价下降。对于一个长期的奋斗目标，可用目标分解的办法，将其分解为一系列阶段目标，一旦达到阶段目标，就及时给予奖励,即把大目标与小步子相结合。这样可以使员工的期望概率较高,维持较高的士气,收到满意的激励效果。

　　资料来源:改编自杨玲:《企业发展中遗忘的激励要素》,《管理世界》2003 年第 2 期。

## 三、习题

### (一) 判断题

　　1. 经济人假设认为,人是以追求个人利益最大化为目的并积极从事经济活动的主体。
（　　　）

　　2. 麦格雷戈在自我实现人假设的基础上提出了超 Y 理论。　　　　（　　　）

　　3. 明茨伯格在双因素理论中提出保健因素能消除不满意,并且激励因素是调动人们积极性的关键。　　　　（　　　）

　　4. 成就需要理论过于强调个体高层次需要的重要性,而忽视了满足个体低层次需要的意义。　　　　（　　　）

　　5. 非动机性行为则是人在无意识状态下进行的无目的活动,属于激励理论研究的范畴。
（　　　）

　　6. 信任激励是建立在下级对上级理解和信任基础上的激励方式。　　（　　　）

　　7. 期望理论的涵盖面太广,内涵比较笼统,且忽略了对个体行为意志的考虑,故其适用范围有一定的局限性。　　　　（　　　）

　　8. 成就理论既满足了个体高层次需要的意义,也满足个体低层次需要的意义。（　　　）

### (二) 填空题

　　1. 依据人的行为规律,人的行为过程包含了三类基本变量,即_____,
_____,_____。

　　2. 马斯洛将需要划分为五级:_____,_____,_____,_____,_____。

　　3. 公平理论认为人们将通过两个方面的比较来判断其所获报酬的公平性,即_____比较和_____比较。

　　4. 期望理论可用公式表示为_____。

　　5. 依据强化的目的,强化可分为四种类型:_____,_____,_____,_____。

　　6. 依据强化的方式,强化可分为:_____和_____。

　　7. 期望理论通过对各种权变因素的分析,论证了人们会在多种可能性中做出_____的选择。

　　8. _____是美国心理学家亚当斯于1960 年首先提出的,也称为社会比较理论。

## （三）选择题

1. 处于需要最高层次的是_____。
A. 生理需要　　　B. 安全需要　　　C. 社交需要　　　D. 自我实现需要

2. 为了激发员工内在的积极性,一项工作最好授予_____。
A. 能力远远高于任务要求的人　　　　B. 能力远远低于要求的人
C. 能力略高于任务要求的人　　　　　D. 能力略低于任务要求的人

3. 从期望理论中,我们得到的最重要的启示是_____。
A. 目标效价的高低是激励是否有效的关键
B. 期望概率的高低是激励是否有效的关键
C. 存在着负效价,应引起领导者注意
D. 应把目标效价和期望概率进行优化组合

4. 下列关于强化理论的说法正确的是_____。
A. 强化理论是美国心理学家马斯洛首先提出的
B. 所谓正强化就是惩罚那些不符合组织目标的行为,以使这些行为削弱直至消失
C. 连续的、固定的正强化能够使每一次强化都起到较大的效果
D. 该理论过于强调对人的行为的限制和控制,而忽视了人的内在心理过程和状态

5. 中国企业引入奖金机制的目的是发挥奖金的激励作用,但到目前,许多企业的奖金已经成为工资的一部分,奖金变成了保健因素。这说明:_____。
A. 双因素理论在中国不怎么适用
B. 保健和激励因素的具体内容在不同国家是不一样的
C. 防止激励因素向保健因素转化是管理者的重要责任
D. 将奖金设计成为激励因素本身就是错误的

6. 某企业对生产车间的工作条件进行了改善,这是为了更好地满足职工的_____。
A. 生理需要　　　B. 安全需要　　　C. 社交需要　　　D. 尊重需要

7. 公司好几个青年大学生在讨论明年报考 MBA 的事情。大家最关心的是英语考试的难度,据说明年将会有很大提高。请根据激励理论中的期望理论,判断以下四人中谁向公司提出报考的可能性最大?_____。
A. 小郑大学学的是日语,两年前来公司后,才开始跟着电视台初级班业余学了些英语
B. 小齐英语不错,本科就学管理但他妻子年底就要分娩,家中又无老人可依靠
C. 小吴被公认为"高才生",英语棒,数学强,知识面广,渴望深造,又无家庭负担
D. 小冯素来冷静多思,不做没把握的事。她自信 MBA 联考每门过关绝对没问题,但认为公司里想报考的人太多,领导最多只能批准 1 人,而自己与领导关系平平,肯定没希望获得领导批准

8. 小王上个月上班迟到了好几回,领导扣发了小王 30% 的奖金,这个月小王每天准时上班,一次都没再迟到过。这是_____的强化方式在起作用。
A. 正强化　　　B. 惩罚　　　C. 负强化　　　D. 自然消退

## （四）名词解释

1. 负强化
2. 正强化
3. 工作激励
4. 成果激励
5. 员工持股计划
6. 培训激励
7. 工作扩大法
8. 强化理论

## （五）论述题

1. 试阐述激励的过程。
2. 公平理论有什么缺陷？该如何克服？
3. 期望理论给管理者带来什么启示？

## （六）案例分析

案例一

佳明公司对于员工有着一套相当完善的考评制度。公司每个月、每个季度、每年都会对员工进行评估，每个人都知道自己所处的位置。第一类占10%，他们是本月对工作有突出贡献者，评分A+；次一些的是第二类，占15%，评分A；第三类是普通表现员工，占50%，评分B+；接下来是占15%的第四类，公司需要对他们敲响警钟，督促他们上进，评分B；第五类是最差的，占10%，评分C。根据业绩评估，每个员工都会知道他们处在哪一类，这样没有人会抱怨得不到赏识。年终综合成绩，第一类员工会得到超额年终奖金，并得到晋升机会；第二类中的大约90%和第三类中的50%会得到1~3个月工资年终奖金；第四、第五类员工没有奖励。根据员工的表现可以做出图表，佳明公司可以清晰地对员工做出奖赏与惩罚。佳明公司每年年底会有一部分人被裁员，原因除了项目地点变化的客观因素以外，主要是通过辞退年度表现最差的员工以保证公司员工的素质，同时给公司员工紧迫感和压力，促使其更好地工作。对于高层管理人员，佳明公司鼓励他们在工作上相互竞争，但不要有个人恩怨。

除了有严格的考评外，佳明对员工还有丰富的培训，让员工全方位了解公司，提高自我。比如，佳明的核心培训生，称之为"新家族"计划，是企业内部核心准管理层人选的一个培训，从新毕业开始即进入公司工作，经过公司各种培训和轮岗，在深圳总部工作一段时间后，调到各地项目上锻炼，最后分配到各管理层岗位，从而形成自己的核心管理层网络。而像外聘人员在完成特定项目工作或某一阶段的工作后，或许可以在当地项目上得到小范围的晋升，但很难进入核心管理层或者总部管理层。

资料来源：改编自本书作者收集的企业案例素材，案例中企业名称和人名等均作了艺术化处理。

结合材料，佳明公司的激励机制好在哪里？是否所有公司都适用？

案例二

为了进一步加强企业文化建设，激励员工献计献策、锐意创新，奥康公司成立了"专利基金委员会"。基金由公司提供，每年拨专款对企业员工的表彰。

《专利基金委章程》规定，员工在生产开发、市场营销、行政管理等方面提出好建议或发明创新的，一经采纳，此项建议或成果以该员工的姓名进行命名，实行特殊的奥康专利管理。

有一名叫陈启焕的员工，通过业余时间的钻研，自己研发出了能固定后包的后跟包带，经试验后证明，的确能大大改进工艺，为公司节约不少的成本。经专利委员会审核后，特召开公司员工干部大会给予表彰，由总裁亲自颁发"奥康专利奖证书"。这种激励，大大激发了员工的创造热情，使员工的革新和创造成果层出不穷。

资料来源：改编自邓玉林、张龙、奚红华：《知识型员工的激励机制研究》，东南大学出版社 2011 年版，第 76—78 页。

结合材料，运用所学的组织文化的知识，回答下列问题：
1. 奥康公司采取了什么激励法？
2. 结合案例谈谈奥康公司在执行激励时具体应该怎么做。

# 四、习题答案及提示

## （一）判断题

1. √　　2. ×　　3. ×　　4. √　　5. ×　　6. ×　　7. √　　8. ×

## （二）填空题

1. 刺激变量，机体变量，反应变量
2. 生理需要，安全需要，社交需要，尊重需要，自我实现需要
3. 横向，纵向
4. $M = V \times E$
5. 正强化，负强化，惩罚，自然消退
6. 连续强化，间断强化
7. 自身效用最大
8. 公平理论

## （三）选择题

1. D　　2. D　　3. D　　4. D　　5. C　　6. B　　7. C　　8. B

## （四）名词解释

1. 负强化是指预先告知某种不符合要求的行为或不良绩效可能引起的后果,引导员工按要求行事,以此来回避令人不愉快的处境。

2. 正强化是通过出现积极的、令人愉快的结果而使某种行为得到加强。

3. 工作激励是指通过合理设计与适当分配工作任务来激发员工内在的工作热情。

4. 成果激励是在正确评估员工工作产出的基础上给员工合理的奖励,以保证员工工作行为的良性循环。

5. 员工持股计划是一种特殊的物质激励,是指为了吸引、保留和激励公司员工,通过让员工持有股票,使员工享有剩余索取权的利益分享机制和拥有经营决策权的参与机制。

6. 培训激励是指组织通过为员工提供定期或不定期的培训和教育,以满足员工渴望学习、渴望成长的需要的激励方法。

7. 工作扩大法是通过扩大岗位工作的范围、增加工作岗位的职责,消除员工因从事单调乏味工作而产生的枯燥厌倦情绪,从而提高员工的劳动效率。

8. 强化理论是由美国心理学家斯金纳提出的,他认为人们出于某种动机,会采取一定的行为作用于环境,如果这种行为的结果对他有利,这种行为会重复出现;如果对他不利,这种行为会减少或消失。

## （五）论述题

1. 依据人的行为规律,人的行为过程包含了三类基本变量,即刺激变量、机体变量和反应变量。刺激变量是指对个体反应产生影响的外界刺激,也叫诱因;机体变量是对个体反应产生影响的内部决定因素,是个体本身的特征;反应变量是刺激变量和机体变量在个体反应上引起的变化。激励过程本质上就是通过刺激变量引起机体变量(需要、动机)产生持续不断的个体兴奋,从而引起个体积极行为反应的过程。

2. 公平理论的缺陷主要在于:(1) 不完全信息往往使社会比较脱离客观实际,出现"看人挑担轻松"的情况;(2) 主观评价易使社会比较失去客观标准,不同个体对同种报酬的效用、同种投入的价值的评价都有可能不同;(3) 不同个体的所受教育、技能水平等均有差异,在"投入"和"产出"中形式不可能完全相同,这就使得社会比较难以进行。

要克服社会比较过程中的客观和主观偏差,需要建立完善量化管理制度,使报酬和投入尽量量化客观;在制度制定过程中提倡员工参与,民主式管理,提高制度透明度;建立有效的监督机制,为员工提供维权的通道;塑造良好的企业文化,潜移默化影响员工的思维模式和行为模式,引导员工保持健康的心态。

3. 激励过程的期望理论对管理者的启示是,管理人员的责任是帮助员工满足需要,同时实现组织目标。

（1）管理者必须尽力发现员工在技能和能力方面与工作需求之间的对称性。

（2）为了提高激励，管理者可以明确员工个体的需要，界定组织提供的结果，并确保每个员工有能力和条件得到这些结果。

（3）企业管理实践中不时有公司在组织内部设置提高员工积极性的激励性条款或举措，如为员工提供担任多种任务角色的机会，激发他们完成工作和提高所得到的主观能动性。

（4）通常，要达到使工作的分配出现所希望的激励效果，根据期望理论，应使工作的能力要求略高于执行者的实际能力，即执行者的实际能力略低于工作的要求。

## （六）案例分析

1. 佳明公司通过严格的考评制度与具有发展性的丰富的培训在激励员工方面有很多好处。

（1）佳明公司采取严格的考评制度，奖赏分明，并且采用了"末位淘汰制"，让员工内部形成竞争。这些制度让员工加倍努力，这些激励因素能够给员工很大的激励，能充分、有效、持久地调动员工的积极性和主动性。

（2）佳明公司采取的从新人到老员工的一系列有意义的员工培训，让员工能在掌握技能的同时，也知道公司对他们的用心，从而使员工感觉到他们是佳明的一部分，对公司更加有归属感，归属感会让员工认为自己和公司是一体的，更加为公司奋斗、为公司利益考虑。

但是，佳明公司的激励方法并不是所有公司都适用的。因为企业的性质、所处行业以及所处阶段的不同，管理者在运用激励机制的时候万万不可生搬硬套，适合其他行业的激励机制不一定适合自己，适合同一行业不同发展阶段的激励机制也不一定适合生搬硬套，只有根据企业自身的特点量体裁衣，权衡选择适合的激励体制，这样才能达到事半功倍的效果，有效推动企业的发展以及企业内部员工的发展。

2. 通过荣誉激励法激励员工，可以通过以下措施实现：

（1）给员工授予响亮的头衔。就像案例中，将员工研发的产品用员工名字来命名。

（2）荣誉奖励也应该结合一定的物质奖励，比如奖金、假期等。

（3）给予荣誉时，一定要表示出对员工的欣赏，并且重视程序、流程等，加强仪式感，使员工感受到荣誉的正式。

（4）荣誉的授予不宜过多，也不宜过少，要真正起到对员工的激励作用。

具体答题应结合激励相关理论，言之有理即可。

# 第十一章 沟 通

## 一、知识点回顾

### 1. 沟通与沟通类型

**■ 沟通及其功能**

沟通是信息的传递与理解的过程,是在两人或更多人之间进行的在事实、思想、意见和情感等方面的交流。良好的沟通在实际工作中是必不可少的,它能够最大限度地化解工作中的各类矛盾,使管理者充分了解组织内外部与管理工作有关的各种信息或想法。具体说来,沟通在管理工作中具有以下作用:**首先,有效沟通可以降低管理的模糊性,提高管理的效能;其次,沟通是组织的凝聚剂和润滑剂,它可以改善组织内的工作关系,充分调动下属的积极性;最后,沟通是组织与外部环境之间建立联系的桥梁。**

**■ 沟通过程**

任何沟通必须具备三个基本条件:第一,沟通必须涉及两个或两个以上的主体;第二,沟通必须有一定的沟通客体,即信息情报等;第三,沟通必须有传递信息情报的载体,如文件等。

**■ 沟通类型与渠道**

**按照沟通的方式**,我们将沟通划分为**言语沟通与非言语沟通**。言语沟通是指使用正式语言符号的沟通,一般分为口头沟通和书面沟通两种;非言语沟通是指借助非正式语言符号,即口头表达及文字以外的符号系统进行的沟通。

根据沟通渠道产生方式的不同,沟通可以分为两种:**正式沟通与非正式沟通**。正式沟通是指通过组织明文规定的渠道进行的信息传递与交流。正式沟通渠道是通过组织正式结构或层级系统运行,由组织内部明确的规章制度所规定的渠道进行的信息传递与交流,如组织内部的文件传达、上下级之间的定期情报交换、召开会议等。**正式沟通渠道包括下行沟通、上行沟通和平行沟通**。正式沟通网络的基本形式有五种:**链式、轮式、Y式、环式、全通道式**。非正式沟通是指正式沟通渠道以外进行的信息传递和交流。在组织中,许多信息是通过非正式沟通渠道获得的。最典型的就是小道消息,它们传播着各种员工所关心的和他们有关的信息。

### 2. 沟通障碍及其克服

**■ 有效沟通的标准**

有效沟通是指组织能够克服各种因素的干扰,保证信息交流的可靠性和准确性。首先,保证沟通的"量"。其次,保证沟通的"质"。最后,保证沟通的"时"。

### ■ 影响有效沟通的因素

影响沟通过程的障碍有几种,包括**人际障碍、组织障碍和文化障碍**。

人际障碍可能来源于信息发送者,也可能来源于信息接收者,通常是由个体认知、能力、性格等方面差异所造成的。

组织障碍的根源存在于组织的等级结构之中。无论组织的复杂程度如何,它们都有专门的职责和多层职权,这种专业化分工为沟通困难的产生提供了合适的土壤。其主要表现为组织结构不合理和组织氛围不和谐。

信息发送者和信息接收者之间的文化相似性有助于成功的沟通,文化的差异会造成人际沟通的障碍。不同文化的差异通过自我意识、语言、穿着、饮食、时间意识、价值观、信仰、思维方式等方面表现出来。

### ■ 克服沟通障碍

为了克服人际障碍、组织障碍和文化障碍,管理者必须掌握或培养一定的沟通技巧,包括**学会倾听、重视反馈、克服认知差异和抑制情绪化反应**。

一般来说,在沟通过程中最常用到的能力是**洗耳恭听的能力和能说会道的能力**。

反馈,是指信息接收者给信息发送者一个信息,告知信息已收到,以及理解信息的程度。反馈是沟通过程中的最后一个环节,往往是决定沟通目标可否实现的关键。为了克服认知和语言上的差异,信息发送者应该使信息清晰明了,尽可能使具有不同观点和经验的信息接收者都能理解。

情绪化反应,如愤怒、失望、戒备、爱、恐惧、嫉妒等,会使信息的传递严重受阻或失真。处理情绪因素最简单的方法就是**暂停沟通直到完全恢复平静**。

## 3. 冲突及其管理

### ■ 冲突的概念及特征

冲突是一种广泛的社会现象,它以各种形式存在于人类社会活动的各个层面、各个领域和所有行为主体之中。冲突发生于对稀缺资源分配方式的分歧以及不同的观点、信念、行为、个性的冲撞。

冲突的特征有:客观性;主观知觉性;二重性;程度性。

### ■ 冲突的原因与类型

**冲突的来源**大致可以分为三大类:**个人差异、沟通差异和结构差异**。常见的导致冲突产生的结构因素包括:专业化、任务互依性、资源稀缺、目标差异、权力分配、职责模糊等。

根据**冲突发生的层次**来划分,包括:个体内部冲突,指发生在一个个体内部的冲突;人际冲突,指发生在两个或者多个人之间的冲突;群体间冲突,指发生在群体、团队或者部门之间的冲突;组织间冲突,指发生在两个或者多个组织之间的冲突。

根据**冲突对组织的影响**来划分,包括:建设性冲突,又称功能正常的冲突,是指对组织有积极影响的冲突;破坏性冲突,又称功能失调的冲突,是指对组织有消极影响的冲突。

根据**冲突产生的原因**来划分,包括:目标冲突,由于冲突主体内部或冲突主体之间存在不一致或不相容的结果追求所引发的冲突;认知冲突,由于冲突主体内部或冲突主体之间存在不一致的看法、想法和思想而导致的冲突;情感冲突,由于冲突主体内部或冲突主体之间情感上的不一致而引发的冲突;程序冲突,冲突主体内部或冲突主体之间存在不一致或不相容的优先事件选择与过程顺序安排而产生的冲突。

### ■ 冲突观念的变迁

人们对组织冲突的理解大概经历了三个阶段,按照出现的先后顺序大致为**传统观念、人际关系观念和相互作用观念**三个阶段。

### ■ 管理冲突

当冲突水平过高时,管理者可以采取冲突抑制的方法。美国行为科学家托马斯提出的冲突处理的二维模式可以作为我们思考冲突抑制方法的参考。托马斯以"合作性"(一方试图满足对方关心点的程度)为横坐标,"坚持己见"(一方试图满足自己关心点的程度)为纵坐标,定义了冲突行为的二维空间,并组合成五种冲突处理策略,即竞争(坚持己见,不合作)、合作(坚持己见,合作)、回避(不坚持己见,不合作)、迁就(不坚持己见,合作)和妥协(中等程度的坚持己见,中等程度的合作)。

当组织冲突不足时,管理者需要考虑激发必要的、适度的建设性冲突。激发建设性冲突首要的一步是将冲突合法化。管理者应当将鼓励冲突的信息传递给员工,并且采取支持性行动,以使冲突在组织中有其合法地位。另外一种冲突激发手段就是**适度引入外部的新鲜血液,刺激组织内部的竞争氛围**。此外,管理者也可以通过**组织结构的安排**来激发冲突。


# 二、拓展阅读材料


## (一)组织沟通与信任

一个组织的正常运转离不开组织内各个层次的沟通,组织内部信任也是组织运营的必要条件。对于沟通与信任间存在的关系,许多学者的研究都表明,组织中的沟通与信任具有相关关系。在以往对组织沟通与信任关系的研究中可以发现,组织中流畅的沟通可以提高组织内的信任水平。学者 Nelson 认为,双方之间的沟通之所以会对两者之间的信任产生影响,主要是由于通过情感交流增加了双方对彼此的了解,从而对对方产生信任感。Das 等学者认为,上下级沟通是构建信任的主要策略之一,原因如下:①由于组织中上级和下级所处的位置不同,上下级之间通过不断的交流和沟通,可以避免上级和下级在工作中发生严重冲突,从而使得组织的日常运作更加顺畅。这有助于在组织中建立一种令人满意的工作关系,而这种满意的工作关系会增加下级对上级的信任。②上下级之间的沟通可增加双方相互间的了解,更好地向对方展示相互信任的诚意。上下级间的沟通越多,下级就会越了解上级,觉得上级是值得信赖的;反之,上下级之间的沟通越少,下级就会觉得上级难以接近,从而影响到上下级之间的关系,进而降低下级对上级的信任水平。③上下级之间的沟通为双方间后续的交流和互动以及形成共同的价值观提供了基础。研究表明,组织中领导者与下属之间的一致性会直接影响到下属对领导的信任。所以,上下级之间通过不断沟通进行信息交换,双方可以找到更多的共同点和一致性,下级对上级的信任感就会增强。

Mcallister 认为,在双方的交往过程中,情感信任产生于一方对另一方行为动机的归因。在频繁的沟通和互动过程中,双方都可以获得大量的有关对方行为的信息,这样有助于做出恰当的归因。因此，双方的互动频率与情感信任有显著的正相关关系。此外，Whitener 等学者认为，双方沟通中信息的准确性和沟通的开放性是决定沟通在多大程度上影响信任的关键因素。当沟通中信息的流传比较准确时，信任方对被信任方的信任会增加；而且沟通双方之间开放的沟通模式也有助于一方对另外一方信任的产生。在企业中，上下级之间的开放式沟通对形成下级对上级的信任关系具有积极的影响。

赵钊等人的研究发现，认知信任和情感信任在高层管理团队的沟通频率和沟通方式与共识的关系中起中介作用。这也从侧面反映了沟通频率、沟通方式会对认知信任与情感信任产生显著影响。王重鸣等对虚拟团队中沟通模式与团队信任和绩效之间的关系进行了研究，发现虚拟团队的沟通模式对信任和绩效有显著影响，网络式沟通模式中团队的信任与绩效水平最高，其次是层级模式，而序列模式为最低，这表明沟通模式与信任以及绩效都有十分密切的关系。

资料来源：改编自韩平、闫围、弓雅琼：《企业内上下级沟通与下属上向信任的关系研究》，《管理学报》2012 年第 3 期。

## （二）冲突管理和团队冲突

### 1. 团队冲突理论

从管理心理学的角度来说，冲突可以看成是两种目标的互不相容或互相排斥。正因为冲突总是表现为某种斗争，传统的观点认为，任何冲突都是不利的，应该尽量避免。随着关于结构化冲突决策方法——辩证询问法和"魔鬼发言人"法研究的深入，研究者们更加辩证地看待冲突。尽管对于两种决策方法孰优孰劣，理论界并无定论，但这一争论促使研究者们认识到冲突功能性的一面，并促进了冲突分类理论的成熟。在此基础上，理论界将冲突分为两类：任务冲突和关系冲突。任务冲突是指团队成员对工作内容或构想有不同意见，进而导致激烈的辩论；关系冲突是指人际矛盾，包括互相不喜欢对方、人身攻击等，且伴随着挫折、愤怒、烦恼等情绪。研究表明两种冲突之间的相关度很高，但二者在概念上是可以清晰区分的。

### 2. 团队冲突管理理论

西方经典冲突管理理论主要建立在布莱克和莫顿所提出的管理方格理论基础之上。该理论依据双重关心维度将冲突管理划分为五类：合作、竞争、折中、调和以及回避。每一种冲突管理风格都有其适应的情境，而合作型冲突管理最适合解决复杂的非常规型任务。也有学者仅仅关注其中的几种，如 Tjosvold 等人将冲突管理划分为三类：合作性、竞争性和回避性冲突管理。合作性冲突管理代表团队成员希望满足各方利益，而采取相互合作以追求共赢结果的做法；而竞争性冲突管理指的是团队成员在冲突中寻求自我利益的满足，而不考虑冲突对其他人影响的做法；回避性冲突管理是指团队成员意识到了冲突的存在，但希望逃避或抑制它的做法。他们指出合作性冲突管理能够促使建设性的争论过程，是一种较为理想的冲突管理行为。

### 3. 冲突管理与团队冲突

冲突水平会影响人们采取的冲突管理行为;同样,冲突管理行为也会影响团队冲突水平。冲突的好坏主要取决于对冲突采取何种处理方法。当人们采取合作态度处理冲突时,他们会关注共同问题的解决。他们认为任务结果同他们息息相关,因而会不遗余力地贡献自己的观点,从而产生更多的任务冲突。他们能够彼此聆听和理解对方的观点,不会担心社会面子等关系问题。他们往往会将冲突归因为是任务方面的,而不是人际关系方面的。当团队内成员采取竞争型的冲突管理行为时,他们往往是出于某种利益的考虑而坚持己见。这虽然会促使人们贡献出彼此的观点,但同样也会造成人际的摩擦,甚至相互攻击。这种做法不利于团队和谐人际关系的培养,更易导致任务冲突向关系冲突的转化,引发更高水平的情感摩擦。以往研究表明,中国是典型的关系导向型的集体主义国度,当采取合作行为失败时,为了维系人际和谐他们往往会采取回避型行为。回避型行为可以暂时缓和紧张局面,却不利于问题的解决。它一方面缓解了人际的矛盾,另一方面却也减少了观点的产生,是一种消极的冲突管理方式。

资料来源:改编自陈晓红、赵可:《团队冲突、冲突管理与绩效关系的实证研究》,《南开管理评论》2010 年第 5 期。

# 三、习题

## (一) 判断题

1. 语调是指人们对某些词或词组的强调。　　　　　　　　　　　　　　(　　)
2. 信息不足会影响沟通的效果,但是信息过量不会阻碍有效沟通。　　　(　　)
3. 信息发送者和信息接收者双方共有的知识和经验越多,沟通越顺利。　(　　)
4. 一般来说,东方社会比较注重个人发展及成就,权力距离较小;而西方社会比较重视团队和谐,权力距离较大。　　　　　　　　　　　　　　　(　　)
5. 建设性冲突,又称功能失调的冲突,是指对组织有消极影响的冲突。　(　　)
6. 人们对组织冲突的理解大概经历了两个阶段,按照出现的先后顺序大致为传统观念和相互作用观念。　　　　　　　　　　　　　　　　　　(　　)
7. 组织冲突不足时,管理者需要考虑激发必要的、适度的建设性冲突。　(　　)
8. 合作的基础是先建立互信。　　　　　　　　　　　　　　　　　　(　　)

## (二) 填空题

1. 按照沟通的方式划分,沟通可以分成_____和_____。
2. 根据沟通渠道产生方式的不同,沟通可以分为_____和_____。
3. 非正式沟通最典型的是_____。

4. 人际障碍可能来源于＿＿＿＿＿＿＿＿，也可能来源于＿＿＿＿＿＿＿＿，通常是由个体认知、能力、性格等方面差异所造成的。

5. 组织障碍主要表现在＿＿＿＿＿＿＿＿和＿＿＿＿＿＿＿＿。

6. 克服沟通障碍，管理者应有的沟通技能有＿＿＿＿＿＿＿＿，＿＿＿＿＿＿＿＿，＿＿＿＿＿＿＿＿和＿＿＿＿＿＿＿＿。

7. 冲突对于组织、群体或个人既具有＿＿＿＿＿＿＿＿、＿＿＿＿＿＿＿＿，有产生积极影响的可能，又具有＿＿＿＿＿＿＿＿、＿＿＿＿＿＿＿＿，有产生消极影响的可能性。

8. 冲突的来源大致可以分为三大类：＿＿＿＿＿＿＿＿，＿＿＿＿＿＿＿＿和＿＿＿＿＿＿＿＿。

## （三）选择题

1. 下列关于非正式沟通的说法正确的是＿＿＿＿＿＿＿＿。
A. 非正式沟通传播的是小道消息，准确率较低
B. 非正式沟通经常将信息传递给本不需要它们的人
C. 非正式沟通信息交流速度较慢
D. 非正式沟通可以满足员工的需要

2. 当必须对重大事件或紧急事件进行迅速处理时，可采用＿＿＿＿＿＿＿＿策略。
A. 回避　　　B. 迁就　　　C. 强制　　　D. 妥协　　　E. 合作

3. 当希望为以后的工作建立信任、换取合作时，可以采用＿＿＿＿＿＿＿＿策略。
A. 回避　　　B. 迁就　　　C. 强制　　　D. 妥协　　　E. 合作

4. 当冲突双方都有意寻求双赢的解决方案，或是该项议题十分重大、双方不可能妥协时，而且时间压力不大，可以采用＿＿＿＿＿＿＿＿策略。
A. 回避　　　B. 迁就　　　C. 强制　　　D. 合作

5. 如果发现一个组织中小道消息很多，而正式渠道的消息很少，这意味着该组织＿＿＿＿＿＿＿＿。
A. 非正式沟通渠道中信息传递很通畅，运作良好
B. 正式沟通渠道中消息传递存在问题，需要调整
C. 其中有部分人喜欢在背后乱发议论，传递小道消息
D. 充分运用了非正式沟通渠道的作用，促进了信息的传递

6. 张先生是一家企业的经理，创业初期，公司里只有 12 个员工，每个人都由张先生直接管理。随着规模的扩大，张先生聘请了一位副经理，由他处理公司的具体管理事务，自己专心于企业战略经营，有什么事情都由副经理向其汇报。这说明公司的沟通网络＿＿＿＿＿＿＿＿。
A. 由轮型变成了 Y 型　　　　　B. 由 Y 型变成了轮型
C. 由轮型变成了链型　　　　　D. 由链型变成了星型

7. 销售部经理说："我们的销售队伍在竞争对手中是实力最强大的，要不是我们的产品缺乏多样性、不能及时满足消费者需要，我们的销售业绩也不会这么差。"生产部经理说："一流的熟练技术工人完全被缺乏想象力的产品设计局限了。"研发部经理打断说："创新思维凝结出的高科技含量的产品葬送在单调乏味而又机械的低产出生产线上。"上述谈话揭示该企业在组织上存在的问题是＿＿＿＿＿＿＿＿。

A. 各部门经理的论述都有道理,只是态度过于强硬

B. 各部门经理对各自角色及其在组织中的作用定位不清晰

C. 各部门经理过于强调本部门工作的重要性

D. 各部门经理对组织内各项职能的分工合作缺乏客观而准确的认识

8._____是指由于冲突主体内部或冲突主体之间存在不一致或不相容的结果追求所引发的冲突。

A. 目标冲突　　　　B. 认知冲突　　　　C. 情感冲突　　　　D. 程序冲突

## (四)名词解释

1. 正式沟通
2. 沟通网络
3. 信息过滤
4. 竞争策略
5. 合作策略
6. 回避策略
7. 迁就策略
8. 妥协策略

## (五)论述题

1. 影响有效沟通的因素有哪些?管理者应如何克服这些因素?
2. 试论述沟通的重要性。
3. 处理冲突的方法有哪些?如何选择?

## (六)案例分析

案例一

在王总 15 年的广告业管理经验中,常常困扰他的一个问题是"知音难觅",一件事情的有效推进和执行,往往需要耗费大量前期的"沟通成本",并经过他反复多次的解释和引导,员工才能逐渐领会他的需求和意图。他时常在思考,这是否是因为自己的表述方式有问题,却困惑而不得解。

有一次,客户总监在王总不在公司的时候,接到了一个较大的比稿项目,由于时间紧迫,她通过电话形式简单地向王总汇报了此事,但是王总未给她明确答复。情急之下,这名客户总监误以为此比稿项目被默认了,并且组织了营业和设计团队投入了时间和费用进行该项目,最终因准备不充分,比稿失败了。事后,在高层会议上,王总以"汇报不详,擅自决策,公司资源运用不当"的过失,当着部门面给予这名客户总监严厉的批评,然而客户总监却满腹委屈地反驳王总,她认为自己"已经汇报,是领导重视不够、故意刁难"。高层会议上的争

执在公司的领导班子里激起了小小的波澜,某种程度上打击和挫伤了客户总监的自尊和积极性,使他们之间的沟通产生了难以磨灭的隔阂。

王总的管理风格是"权威性",以结果为导向的行事风格,王总也常常教导下属们要适应他高频的工作节奏并立竿见影提出解决方案,这是创意行业所必备的素质和在激烈市场竞争中立于不败之地的能力要求。王总希望自己下属以"no excuse"的职业精神和精益求精的态度去完成一个项目,这样才能符合王总衡量"一个专业的广告人"的标准。可往往这些年轻的员工们总是无法真正发自内心去理解和认可王总这种于他们而言显得有些"严苛"的要求,只有当王总更为严厉地对他们工作中的不足之处提出批评,让他们重新完成时,才能得到一个较满意的结果。对此王总实在是很困惑,无论客户总监还是这些员工,他们其实都是有能力用更好的方式去完成工作的,但为什么就不能在最初推进工作时更注意理解他的想法和要求?这种情况不断发生,一定要经历一番曲折,既耽误了工作进度,又产生了诸多不愉快。这种"昂贵"的沟通成本成了困扰王总的一大难题。

资料来源:改编自找同行网相关文章。

根据案例,请分析案例中王总沟通存在的问题,以及作为员工,面对王总这种"权威性"的领导,在沟通时应该注意哪些问题。

## 案例二

马主任供职于一家国有大型电力企业,是该企业重要生产部门——运行部的主任。2014年,企业进行机构设置优化以及奖金制度改革。原脱硫、化学两个分部的运行人员整体划入马主任所在部门。同时,公司提高奖金基数以及员工的奖金系数,每月按照"基数×系数"的标准发放员工月度奖金,并另外划拨一定数额款项至部门,由部门根据员工工作表现进行再次分配。管辖范围变大了,员工人数增多了,部门自主权增加了,马主任的烦恼也来了。

为用好公司另外划拨的奖金,真正激发员工的工作积极性,做到奖勤罚懒,马主任主持起草了《部门绩效奖励办法(试行)》,突出业绩优先、不搞平均、动态激励以及公平公正的原则,并且对奖励事项、奖励力度等做了详细规定。可这份精心编制的绩效奖励办法却遭到了很多员工的质疑与反对,迟迟不能正式推行。马主任深感不解,一气之下决定召开职工代表大会,强行通过该办法。但投票结果显然没能让马主任满意,这份绩效奖励办法只能暂时搁置。

办法通不过,奖金分配不下去,来自公司的压力以及部门员工的压力让马主任如坐针毡。偏偏这时,其他部门领导都表示对办法的具体内容不知情,这更将马主任推上了这场风波的风口浪尖。

马主任很无奈也很委屈:在制定绩效奖励办法过程中,自己充分考虑了各工种的工作性质及劳动强度,并在分配系数上有所体现,应该是考虑到了公平这个因素,但员工们反映最多的居然是"不公平";其他领导班子成员在这个时候没有人声援和支持自己,纷纷表示"不知情"。这到底是哪里出了错误?

资料来源:改编自本书作者收集的企业案例素材,案例中企业名称和人名等均作了艺术化处理。

结合材料,为什么其他领导都对办法不知情,马主任的沟通是否存在问题? 如何解决马主任的沟通问题?

# 四、习题答案及提示

## (一)判断题

1. √    2. ×    3. √    4. ×    5. ×    6. ×    7. √    8. √

## (二)填空题

1. 言语沟通,非言语沟通
2. 正式沟通,非正式沟通
3. 小道消息
4. 信息发送者,信息接收者
5. 组织结构不合理,组织氛围不和谐
6. 学会倾听,重视反馈,克服认知差异,抑制情绪化反应
7. 建设性,有益性,破坏性,有害性
8. 个人差异,沟通差异,结构差异

## (三)选择题

1. D    2. C    3. B    4. D    5. B    6. A    7. D    8. A

## (四)名词解释

1. 正式沟通是指通过组织明文规定的渠道进行的信息传递与交流。

2. 沟通网络是指由若干环节的沟通路径所组成的总体结构,信息往往都是经过多个环节的传递,才最终到达信息接收者的。

3. 信息过滤是指信息发送者为了投信息接收者所好,故意操纵信息传递,造成信息歪曲。

4. 竞争策略又称强制策略,是指即为了满足自己的利益而无视他人的利益,是一种"我赢你输"的策略。

5. 合作策略是指尽可能满足双方利益,代表了冲突解决中的双赢局面。

6. 回避策略是指既不合作又不坚持己见,既不满足自己利益又不满足对方利益的冲突解决策略。

7. 迁就策略又称克制策略,是指当事人为了满足他人的需求,而抑制了自己的需求。

8. 妥协策略实质上是一种交易,又称为谈判策略。它需要冲突双方各让一步,通过一

系列的谈判、让步、讨价还价来部分满足双方的要求和利益。

## （五）论述题

1. 影响有效沟通的因素主要包括人际障碍、组织障碍和文化障碍。

（1）人际障碍可能来源于信息发送者，也可能来源于信息接收者，通常是由个体认知、能力、性格等方面的差异所造成的。这具体表现在表达能力、知识和经验差异、个性和关系、情绪、选择性知觉、信息过滤、信息过载等方面。

（2）组织障碍的根源存在于组织的等级结构之中，包括组织结构不合理、组织氛围不和谐。

（3）文化障碍即不同文化的差异通过自我意识、语言、穿着、饮食、时间意识、价值观、信仰、思维方式等方面表现出来。

克服沟通障碍的方法包括学会倾听、重视反馈、克服认知差异、抑制情绪化反应。

2. 沟通是信息的传递与理解的过程，是在两人或更多人之间进行的在事实、思想、意见和情感等方面的交流。良好的沟通在实际工作中是必不可少的，它能够最大限度地化解工作中的各类矛盾，使管理者充分了解组织内外部与管理工作有关的各种信息或想法。具体说来，沟通在管理工作中具有以下作用：

（1）有效沟通可以降低管理的模糊性，提高管理的效能。沟通可以澄清事实、交流思想、倾诉情感，从而降低信息的模糊性，为科学决策提供依据。

（2）沟通是组织的凝聚剂和润滑剂，它可以改善组织内的工作关系，充分调动下属的积极性。管理者通过沟通可以了解员工的需求，满足员工的需要；可以让员工更了解组织，增进对组织目标的认同，从而建立起相互信任的、融洽的工作关系。

（3）沟通是组织与外部环境之间建立联系的桥梁。通过沟通，组织能够与外部环境建立联系，降低交易成本，提高组织的竞争能力。

3. 处理冲突的方法包括冲突抑制和冲突激发两大类。

冲突抑制策略包括竞争、合作、回避、迁就、妥协五种。

（1）竞争策略又称强制策略，即为了满足自己的利益而无视他人的利益，是一种"我赢你输"的策略。当一方在冲突中具有占绝对优势的权力和地位，取得对方的接纳不是太紧要，或者有些重要议题存在时间压力，需要立刻解决时，竞争策略往往有其效用。

（2）合作策略是指尽可能满足双方利益，代表了冲突解决中的双赢局面。当冲突双方都有意寻求双赢的解决方案，或是该项议题十分重要而无法妥协，而时间压力又不大的情况下，合作可能是最佳的解决方法。

（3）回避策略是指既不合作又不坚持己见，既不满足自己利益又不满足对方利益的冲突解决策略。如果冲突本身不是太重要，或者冲突已经引发过度的情绪反应，此时回避策略可能在短期内很有效。

（4）迁就策略又称克制策略，即当事人为了满足他人的需求，而抑制了自己的需求。通常，迁就策略是为了从长远角度出发换取对方的合作，或者是屈服于对方的势力和意愿。

（5）妥协策略实质上是一种交易，又称为谈判策略。它需要冲突双方各让一步，通过一系列的谈判、让步、讨价还价来部分满足双方的要求和利益。当冲突双方势均力敌、相持不下，或是急于对某些议题取得一个暂时的解决方案，或是面对很大的时间压力时，妥协可能为最佳策略。

没有一种适合任何情况的、理想的冲突解决策略，使用哪种策略要视具体情况而定。

## （六）案例分析

1. 王总的问题如下：

（1）在该事件发生初期，王总并没有给出员工准确信息，也没有从员工那里听到关键的"事情紧急"的重要信息，说明他个人表达不够简短清楚、有方向，倾听没有认真抓住重点。

（2）在批评问题上，王总首先没有考虑时间地点，为给下属留有一定余地；其次是批评前未对事件整体做反思与了解。

作为王总的员工，应该注意：

（1）接受领导的风格，沟通时直面主题，让领导知道你最想知道什么和最想告诉他什么。

（2）王总作为"权威性"领导，特别珍惜和维护自己的面子与权威。因此应在沟通中尊重领导权威，注重沟通的时机与表达方式。

2. 其他领导班子成员都表示对该办法不知情的原因：

（1）一是真的不知情，那马主任显然没有与其他领导成员作事前沟通。那么就本次事情来看，马主任没有事前沟通有欠妥当。

（2）二是推说不知情，那马主任则存在沟通问题。从案例中我们看出马主任对办法的制定以及通过没有对外进行合适的商议，做法行为存在一定的强势性。由此可以判断马主任在本事件中，以及在平时工作中，与班子成员的沟通存在一定问题。这也是关键时刻班子成员并没有声援和力挺马主任的原因之一。

马主任应该要重视沟通：

（1）沟通包括领导成员之间的沟通、班子成员与班值长的沟通、班子成员与一般员工的沟通。

（2）沟通可以有多种方式，更需要一定的形式，让沟通双方产生仪式感，从而重视沟通，并尊重和认同沟通结果。比如，召开专门的交流会，听取员工代表意见，等等。

第五篇　控制

# 第十二章　控制的类型与过程

## 一、知识点回顾

### 1. 控制的内涵、系统与原则

#### ■ 控制的内涵

控制具有**目的性**。管理中的控制工作表现形式多种多样,但都是为了保证组织中的各项活动按计划和标准进行,以有效达成组织的特定目标。

控制具有**整体性**。控制的整体性表现在三个方面:其一,管理控制工作要以系统理论为指导,将整个组织的活动作为一个整体来看待,使各方面的控制工作能协调进行,以取得整体的优化效益。其二,管理控制工作应覆盖组织活动的各个方面,组织中的各层次、各部门、各单位,以及生产经营的各个阶段,都要实施管理控制。其三,管理控制工作应成为组织全体成员的职责,而非仅仅是管理人员的职责。

控制是**通过监督和纠偏来实现的**。通过组织中的控制系统,管理者可以对组织活动及其效果进行监控,以预警或发现组织偏差的出现,分析偏差产生的原因,并采取相应的行动进行纠偏,从而保证组织目标的实现。

控制是**一个过程**。管理控制工作不是一次行为,而是一个过程。它通过检查、监督并确定组织活动的进展情况,对实际工作与计划之间所出现的偏差加以纠正,从而确保组织目标及计划得以顺利实现。

#### ■ 控制的系统

**控制主体**。一般来讲,企业由四种经济主体所组成,即**股东**、**经营者**、**管理者和普通员工**。这四种经济主体都有各自的目标。所以,企业的控制主体可以划分为高、中、低三个层次。

**控制客体**。控制客体就是评价的对象范围。企业进行控制的目的就是控制风险,而控制风险的基础是评价风险。评价风险时要考虑两部分的控制客体:一是具体**控制对象**,包括财产、交易和信息,它们决定着风险的高低;二是影响**控制有效性的因素**,包括控制系统和人,其决定控制风险的高低。

**控制目标**。有效控制系统多倾向于具有一些共同的特性,尽管这些特性在不同情况下的重要性并不相同。一般来讲,有效控制要达到以下的目标:确保组织目标的有效实现、经济且有效地利用组织资源和确保信息的质量。

**控制的手段与工具体系**。这主要包括控制的机构、控制的工具和控制的运作制度。

#### ■ 控制的原则

**有效标准原则**。制定的控制标准必须与组织的理念与目标相一致,对员工的工作行为具有指引和导向作用,并便于对各项工作及其成果进行检查和评价。

**控制关键点原则**。一般而言,管理者在控制过程中所面临的内外环境是复杂多变的,影响组织绩效的因素也是多种多样的,需要管理者善于把握问题的关键,将注意力集中于计划执行中的一些主要影响因素上。

**控制趋势原则**。由于管理控制中往往存在时间滞后的问题,所以面向未来的控制趋势就至关重要。对控制全局的管理者来说,重要的通常不是现状本身,而是现状所预示的趋势。

**直接控制原则**。直接控制是相对于间接控制而言的。间接控制是在出现偏差、造成损失后才采取行动,代价较大;而直接控制能事先觉察偏差、采取预防措施就变得尤为重要。

**例外原则**。管理者越是集中精力对例外情况进行控制,控制的效果就会越好。

### 2. 控制的类型

■ **控制进程分类**

**前馈控制**又称事前控制或预先控制,是指组织在工作活动正式开始前对工作中可能产生的偏差进行预测和估计并采取防范措施,将可能的偏差消除于产生之前。

**现场控制**也称为同步控制或同期控制,是指在某项工作或活动正在进行过程中所实施的控制。现场控制是一种面对面的领导,目的是及时处理例外情况、矫正工作中发生的偏差。现场控制主要有监督和指导两项职能。

**反馈控制**又称为事后控制,是指在工作结束或行为发生之后进行的控制。反馈控制把注意力主要集中于工作或行为的结果上,通过对已形成的结果进行测量、比较和分析,发现偏差情况,据此采取相应措施,防止在今后的活动中再度发生。

■ **控制职能分类**

**战略控制**。战略方案付诸实施后,如何保证战略的顺利落实就成为决定战略成败的关键。战略控制为企业提供了一种管理机制,通过监控整个实施过程,把不确定性因素的影响限定在一个可以接受的范围内,使企业朝着预定的战略目标前进。

**财务控制**。传统的财务控制衡量标准有比率分析和预算分析。除了传统的财务工具,管理者还使用经济附加值和市场附加值等工具。

**营销控制**。营销控制主要包括年度计划控制、盈利控制、效率控制和战略控制。

■ **控制内容分类**

**制度控制**。制度规范是组织管理过程中借以约束全体组织成员行为,确定办事方法,规定工作程序的各种规章、条例、守则、标准等的总称。一般包括制度的制定、执行和考核。

**风险防范控制**。企业在现代市场经济环境下,会不可避免地遇到各种风险,风险防范控制应成为企业内部管理控制的重要组成部分。

**预算控制**。预算控制的突出特点是通过量化标准使管理者及员工明确自身目标,实现企业总体目标与个人目标紧密衔接。

**激励控制**。激励控制是指企业通过激励的方式控制管理者及员工的行为,使管理者及员工的行为与企业目标相协调。

**绩效考评控制**。绩效考评控制是指企业通过考核评价的形式规范企业各级管理者及员工的经济目标和经济行为。

## 3. 控制的过程

### ■ 确定标准

**选择控制对象**。对组织工作和活动进行控制的目的是实现组织目标,取得相应成果,因此,组织活动的成果应该优先作为管理控制工作的重点对象。基于此,管理者需要明确分析组织活动想要实现的目标,并提出详细规定了组织中各层次、各部门人员应取得何种工作成果的完整目标体系。一般地,影响实现组织目标成果的主要因素有:**环境特点及其发展趋势、资源投入和活动过程**。

**选择关键控制点**。对关键控制点的选择,一般应统筹考虑这样几个方面的因素:影响整个工作运行过程的重要操作与事项、能在重大损失出现之前显示出差异的事项和若干能反映组织主要绩效水平的时间与空间分布均衡的控制点。

**确定控制标准**。一般而言,组织使用的确定**控制标准的方法**有三种:统计计算法、经验估计法和工程方法。**控制标准的类型**很多,通常可分为定量标准和定性标准两大类。制定的控制标准必须与组织的理念和目标相一致,对员工的工作行为具有指引和导向作用,并便于对各项工作及其成果进行检查和评价。

### ■ 衡量绩效

**衡量的主体**。衡量实际业绩的主体不一样,控制工作的类型也就形成差别,也会对控制效果和控制方式产生影响。

**衡量的项目**。需要衡量的是实际工作中与已制定的标准相对应的要素。

**衡量的方法**。管理者可通过亲自观察、利用报表和报告、抽样调查等几种方法来获得实际工作绩效方面的资料和信息。

**衡量的频度**。对不同的衡量项目,衡量的频度可能不一样。有效控制要求确定适宜的衡量频度。

### ■ 分析与纠偏

**分析偏差**。偏差就是工作的实际绩效与标准值之间的差异,实际绩效超过了设定标准的为正偏差,实际绩效低于设定标准的则为负偏差。现实中,工作活动出现偏差有时在所难免,而且并非所有偏差都会影响组织的最终业绩。

**实施纠偏**。从管理的角度而言,在发现组织活动出现偏差后,只有采取了必要的纠偏行动,控制才是有效的。因此,在深入分析并找出偏差产生的原因后,组织就应该有针对性地采取措施,对偏差进行处理和矫正。组织的纠偏措施可以从如下方面进行:**修订标准**,只有当事实表明计划和标准确实不合理,或环境的变化使得原有计划和标准的基础不复存在时,对计划和标准的修改才是合适的;**改善工作**,如果经过分析发现,计划和标准没有问题,偏差的出现是因为工作本身造成的,管理者就应该采取措施来纠正行动,以改善工作绩效。

## 二、拓展阅读材料

### （一）管理导向的内部控制框架——本性回归与整合的内部控制

近30年来,内部控制开始整合其范围,修复其功能,弥补其缺陷,回归其本性。20世纪80年代,美国新一轮的财务失败事件导致大量的金融机构破产。调查发现,几乎所有的案件都与审计师的失职有关联。1992年COSO委员会发布了《内部控制——整合框架》报告(简称COSO报告),认为:"内部控制是一个由企业董事会、管理层和其他员工实施的,为经营的效率效果、财务报告的可靠性、相关法律法规的遵循性等目标的实现提供合理保证的过程。"这一定义一方面接纳多数人的观点,为各方提供了一种通用语言和沟通的基础,使内部控制的交流更有效果;另一方面,认同了内部控制的管理属性,认为"内部控制由紧密融入企业管理过程的控制环境、风险评估、控制活动、信息与沟通、监控等五大要素所组成,并且相互形成一个有机联系的整体",从此,内控不再仅仅被看作是一项项制度和一条条机械的规定,而是动态的管理过程和有序的控制系统。

1996年COSO又发布了《衍生产品使用中的内部控制问题》的报告,建议用来管理衍生产品相关风险的模型可以用于管理几乎任何类型的风险。2001年COSO委托普华公司开发一个企业管理层评价和改进企业风险管理的框架。2004年,在COSO报告和SOX法案的基础上,COSO推出了《企业风险管理——整体框架》(简称ERM框架)。ERM框架基本完成了内部控制管理特性角色的变革,促使内部控制"管理导向"完全取代"审计技术导向"。从概念上看,它突出了管理属性,认为"企业风险管理是企业的董事会、管理层和其他人员共同参与的一个过程","内部控制是风险管理的一部分,包含内部控制的风险管理框架为管理层提供了更强有力的概念"。从内容上看,该框架逐渐减少了制定主体(COSO)的立场偏见和利益取向,较好地体现为企业管理层服务的宗旨。

2013年,COSO基于商业环境趋向科技化及全球化、利益相关者致力于寻求更透明和更负责的内控体系来支持企业经营决策和公司治理,颁布了COSO报告的新版本。新版本保留了内部控制定义、五要素的基本精神,更加认定内部控制是组织"由不间断的任务和活动所组成的一个过程",强调"受到组织的董事会、管理阶层和其他人员的影响"。

从COSO报告特别是COSO报告新版本和ERM框架的分析中,我们判断:第一,内部控制逐渐回归到企业管理需要的内生性本质上来;第二,内部控制被看作是企业管理的一个过程,抑或是一种工具。

通过对内部控制演变过程的分析,我们推导企业内部控制具有以下共性:

(1)企业内部控制本质上是一项企业管理活动,它源于企业管理需求。在理论演变上,经历了从最初自发形成的内部牵制论,到静态的"方法、措施、制度和程序论",再到动态的"过程论""企业风险管理论"的变化过程;在实践发展上,经历了从以牵制约束、纠错防弊的自发产生,到以可靠性和符合性为主要目的,由外部监管者特别是注册会计师审计推动,再到以经营效率效果、防范风险为主要目的,由政府部门强力推行的一种逻辑演绎。它体现了企业管理者与外部监管者之间的博弈,恰好佐证了内部控制作为管理活动的内在本质特征的客观性与不可逆性。

(2)企业内部控制是企业生产经营活动正常进行和企业目标顺利实现的基本保障系统,它在不同时期发挥着不同的功能与作用,但最基本的职能依然是牵制与约束、防护与引导、监督与影响、衡量与评价,体现了企业管理控制的本质特性。

(3)企业内部控制客观上与注册会计师审计有着千丝万缕的联系。注册会计师审计有力地推动了内部控制的变迁,又适应了内部控制的发展要求。这种联系,成为人们特别是利益相关者正确认识内部控制本质属性与概念框架的一种纠结。

资料来源:改编自樊行健、肖光红:《关于企业内部控制本质与概念的理论反思》,《会计研究》2014 年第 2 期。

## (二)"创新—控制"范式:企业持续发展的基本保证

在"创新—控制"范式下,企业从创立直至整个发展历程,都要重视创新同时重视控制。在企业管理中贯彻"创新—控制"范式,是实现企业持续发展、长盛不衰的基本保证。企业家创立新企业的决策,就是企业最初的创新活动,这一活动是在环境高度不确定性的情况下进行的创新。这一创新活动如果失败,企业就可能消亡;这一创新活动如果成功并基本成熟,就形成相对稳定的业务模式,从而使创新活动转化为控制活动。在企业进行成熟的业务控制活动的同时,又要根据环境变化进行第二轮的创新活动,当第二轮的创新活动基本成熟时,又转化为对这一成熟业务的控制活动……由此生生不息,一方面不断形成新的业务增长点,另一方面不断强化成熟业务,整个企业就形成平行的两大决策系统:创新与控制。创新与控制在时间上继起、在空间上并存,从总体上看,创新与控制这两大系统需要实现平衡或有机统一。具体而言,在两大决策系统中,创新与控制又有一定的交叉,即在每一轮创新中需要进行某些环节和因素的控制;同样在每一轮控制中,也需要局部的变革、完善等创新。整个企业就是在这种创新与控制的统一之中实现持续发展的(见图 12-1)。

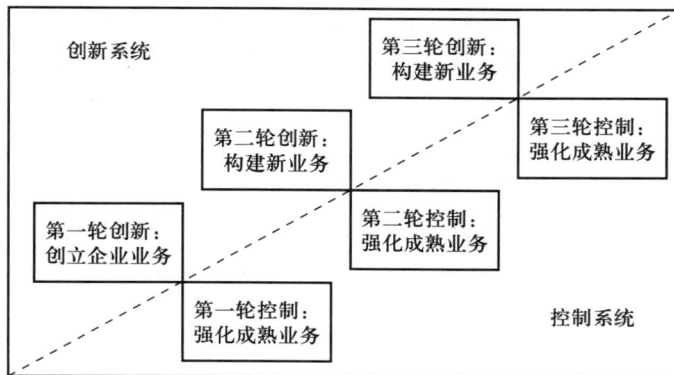

图 12-1 企业"创新—控制"范式下的持续发展

从上面的分析可以看到,企业的发展战略不应当是只关注创新的战略,也不应当是只关注控制的战略,而应当是创新与控制动态统一的战略。企业成功和失败的现实都表明,企业的持续发展是在创新与控制统一的过程实现的。过度创新会使企业陷入"创新陷阱"。过度创新表明,企业决策中将有限的资源过度用于创新,只注重创新而忽视控制。在企业稀缺资源约束的情况下,将有限的资源大量用于创新,必然影响成熟业务的发展,造成控制不足的状况。一旦创新的业务不能及时形成成熟业务,就可能导致企业资源配置失衡,使企业面临危机甚至失败。过度控制会使企业陷入"控制陷阱"。过度控制表明,企业决策中将有限的资源过度用于控制,只注重控制而忽视创新。在企业资源约束的情况下,将有限的资源大量用于控制,必然影响新业务的发展,造成创新短缺的状况。一旦环境发生变化,企业原有业务下滑,同时又缺乏支持企业发展的新业务,企业就可能失去市场机会,甚至因此而危及企业的生命。

资料来源:改编自聂元昆、王国樑、彭星闾:"企业'创新—控制'范式与持续发展",《管理世界》2007 年第 6 期。

### (三)企业内部控制的范围、性质与层级结构

#### 1. 内部控制的范围与性质

正确地界定内部控制的范围,就必须准确地界定"内部"和"控制"的含义。在传统习惯上,我们对"控制"的理解更多强调了"制",即"约束、限定、管束",掌握住对象不使其任意活动或超出范围。然而,"控"的含义更重要,即"引",使其按照控制者的意愿活动。所以,我们不能将内部控制仅仅理解和定位为约束,它更是激励。

界定"内部"其实是界定内部控制的范围,而企业内部控制的范围取决于企业的范围或边界。企业和市场之间的边界是以交易成本的相对高低来确定的,随着社会经济环境、信息技术、社会政治法律制度、人们素质等环境因素的变动,交易成本也处于不断变动之中。因此,从这个角度上来看,企业内部控制不应当仅限于企业的物理边界之内,也不应当限于企业的法律边界之内,其范围应取决于企业目标对其的定位和要求,可以在企业的物理边界和法律边界内,也可以超越物理边界和法律边界。

所以,在企业内部,为了实现企业系统的目标,企业参与主体(或组成要素)之间相互作用、相互制约、相互影响的机制才应当是企业内部控制的本来面目,它是(企业)组织内的控制,是通过谋求企业相关参与者之间持续的平衡或均衡来实现企业的有效经营和长期发展。针对企业这个经济系统来说,内部控制是为了实现企业的目标,由存在于企业内部的具有约束、指导、激励功能的规则、制度、程序、氛围等诸多因素有机地组合在一起而形成的经济控制系统。根据系统的整体性原理和控制层次差异,内部控制可以分为三个层次(或子系统):与所有权相联系的企业治理控制;与经营权相联系的企业管理控制;与岗位职责等相联系的作业控制。控制的表现形式可以是一种程序,也可以是一种机制,也可能是一种氛围。

从契约经济学的角度来看,企业是一个有不同偏好和不同资本、技能和信息禀赋的交易主体通过正式契约或非正式契约结合在一起的契约集合。但企业是一个不完备的契约,企业契约的这些不确定性以及参与主体的行为特征从本质上决定了各参与主体会选择自己效

用最大化的行为,而不会故意选择效用较低的行为,这便在企业内部产生了冲突的可能性。所以,在企业内部必定存在一个有效的控制机制,"各参与者利用组织内的控制实现持续的平衡或均衡",以弥补契约的不完备性,从而保证企业的正常运作和发展,才会有企业今天蓬勃发展的局面。弥补企业契约组合的不完备性,实现企业内部的均衡和有效运作,应当是系统和整体效率视角企业内部控制的真正本质。

### 2. 内部控制的层级结构

经济学对企业的两个基本假定隐含了从"生产"和"规制"两个方面理解企业的本质:$Q=Q(L,K)$表明从"生产"属性上看企业组织是一个生产性知识集合;$PMAX=P(Q)-C(Q)$表明从"规制"属性上看企业是以股东利润最大化为目的的契约组织。新制度经济学把企业看作是一种契约性组织,更强调从"规制"属性的角度考虑和分析企业问题,主要涉及企业上层的治理层面的控制。构筑一个系统、有效的内部控制体系,也必须体现企业的这两个本质。因此,从企业系统整体效率的角度,内部控制体现企业的两个经济学本质,并拥有以下层级结构,如图12-2所示:

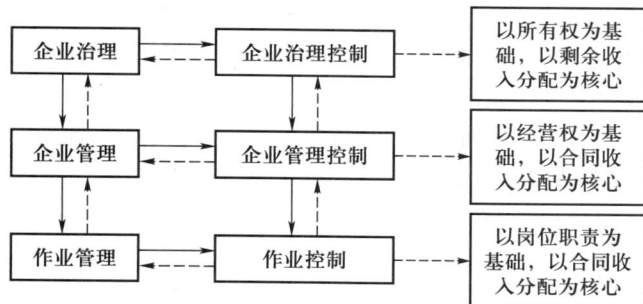

图 12-2　内部控制的层级结构

这种从层级结构上对内部控制的划分也是与COSO《企业风险管理——整合框架》中的两个目标相一致的。在COSO的企业风险管理框架中,一共提到了四类目标:战略、经营、报告和合规。但这四类目标并不是依据一个划分标准,而是"各不相同但却相互交叉",从层级结构上来看,只有战略目标的内部控制(即企业治理层面的控制)和经营目标的内部控制(即企业管理控制)才是内部控制的两个组成部分,其他的分类主要是为了反映不同的需求。报告目标的内部控制是当前一些国家的监管者重点关注的内部控制,比如美国的SEC,主要是为了确保对外财务报告的可靠性,它也作为一个特定的概念得以提出,并具有强制性,如财务报告内部控制、会计控制等。而合规目标的内部控制目前还没有由监管部门提出具体的概念。所以,报告目标的内部控制和合规目标的内部控制,尤其是报告目标的内部控制尽管也很重要,但它们应当是企业战略目标和经营目标实现的前提条件,也不属于层级结构上的层次。此外,"战略计划的任务是为整体组织设置长期发展的目标,作业控制的任务是确保组织内各项随机任务的实现,管理控制则是联结二者的过程"。如果想把经营目标的内部控制(即企业管理控制)从层级结构上进行更细的划分,可以再将其划分为企业管理控制中具体作业部分的控制作为第三个层级,即作业控制,但从总体的角度来看,它应当属于企业管理层控制的范围之内,隶属于经营目标的内部控制。

资料来源:改编自张宜霞:《企业内部控制的范围、性质与概念体系——基于系统和整体效率视角的研究》,《会计研究》2007 年第 7 期。

# 三、习题

## (一) 判断题

1. 管理者越是集中精力对例外情况进行控制,控制的效果就会越好。　　　(　　)
2. 一般来讲,企业由四种经济主体所组成,即股东、债权人、管理者和普通员工。

　　　　　　　　　　　　　　　　　　　　　　　　　　　　　　　　(　　)

3. 现场控制只有监督职能。　　　　　　　　　　　　　　　　　　　(　　)
4. 激励控制主要强调的是通过激励调动员工的积极性和创造性。　　(　　)
5. 相对稳定性,即所建立标准既要在一个时期内保持不变,并且不需要弹性。(　　)
6. 对控制对象或要素的衡量频度过高,不仅会增加控制的费用,而且会引起有关人员的不满,影响他们的工作态度,从而对组织目标的实现产生负面影响。　　(　　)
7. 如果没有偏差,还要分析控制标准是否有足够的先进性。　　　　(　　)
8. 作为一个有效的管理者,对偏差进行认真的分析,并花一些时间以永久性地纠正这些偏差是非常有益的。　　　　　　　　　　　　　　　　　　　　　(　　)

## (二) 填空题

1. 控制的客体包括三大类:_____,_____和_____。
2. 控制的进程不同,可分为_____,_____和_____三种类型。
3. 一般而言,控制过程可以分为三个步骤:_____,_____和_____。
4. 组织使用的确定标准的方法有三种:_____,_____和_____。
5. 组织的纠偏措施可以从如下方面进行:_____和_____。
6. 预算分析主要包括_____,_____,_____和_____。
7. 营销控制主要包括_____,_____,_____和_____。
8. 预算控制突出过程控制,可在预算执行过程中及时_____和_____,保证目标任务的完成。

## (三) 选择题

1. 由于管理控制中往往存在时间滞后的问题,所以管理者要注意哪个控制原则:_____。

A. 直接控制原则　　　B. 控制趋势原则　　　C. 例外原则　　　D. 有效标准原则

2. 具体控制对象不包括_____。

A. 信息　　　　　B. 财产　　　　　C. 交易　　　　　D. 客户

3. 以下属于财务控制的是_____。

A. 经济附加值　　B. 市场附加值　　C. 比率分析　　　D. 年度计划

4. 以下不是按照控制内容分类而来的是_____。

A. 制度控制　　　B. 激励控制　　　C. 预算控制　　　D. 财务控制

5. 以下不属于控制标准的基本要求的是_____。

A. 复杂性　　　　B. 可行性　　　　C. 一致性　　　　D. 前瞻性

6. 以下不是组织用以确定标准的方法的是_____。

A. 六西格玛法　　B. 统计计算法　　C. 经验估计法　　D. 工程方法

7. "建立的标准既要符合现时的需要,又要与未来的发展相结合",这句话描述的是控制标准的_____要求。

A. 前瞻性　　　　B. 简明性　　　　C. 适用性　　　　D. 一致性

8. 一般而言,造成偏差的原因多种多样,较为复杂,包括_____。

A. 计划指标或工作标准制定得不科学,脱离实际,本身存在偏差

B. 组织外部环境中发生了没有预料到的变化,导致实际业绩偏离预期,出现偏差

C. 组织内部因素的变化

D. ABC 都是

## (四) 名词解释

1. 控制
2. 前馈控制
3. 反馈控制
4. 营销控制
5. 标准
6. 生产率标准
7. 偏差
8. 应急纠偏措施

## (五) 论述题

1. 组织活动一旦出现偏差,在找出偏差产生的原因后,可以从哪些方面进行纠正?
2. 控制标准应满足怎样的要求?
3. 试比较前馈控制和反馈控制的优缺点。

## （六）案例分析

案例一

　　1948 年 9 月至 1949 年 1 月，是全国解放战争的战略决战阶段。在这一阶段，毛泽东根据对战争形势的科学分析，及时地抓住了这个战略决战时机，先后组织了辽沈、淮海、平津三场规模空前、紧密衔接、直接决定中国命运的战役。中国人民解放军在短短五个月内歼敌 154 万多人，取得了三大战役的彻底胜利。三大战役的双方布署情况见表 12-1。

　　正确判断战争全局的客观形势，是解放军决定发动三大战略决战的出发点和基本依据。当时，解放军的总兵力仍少于国民党，武器装备也存在一定差距。在西北、中原、华东、华北和东北五个战场中，确定战略决战的首战方向成为影响全国战局发展的关键问题。毛泽东分析认为，东北的形势对我军最为有利。首先，东北解放区已连成一片，拥有全东北 97% 以上的土地和 86% 以上的人口，人民解放军的军事力量对比只有在东北这一战场取得了全面优势；其次，国民党军队在东北境内人数虽多，但已被分割处于长春、沈阳、锦州三个孤立据点内，彼此间的交通线已被隔断；最后，东北解放区邻近苏联、蒙古、朝鲜，没有后顾之忧。由此，他做出封闭蒋军在东北加以各个歼灭的战略目标。

　　方针已确定，然而具体的作战方向仍未定。期间，林彪、罗荣桓等人曾联名致电毛泽东，提出先打长春，因其得民众支持，周围地带受解放军控制，国民党军队长期困守，该城可以较快被攻下。此时，国民党的军事会议决定实施撤退东北、确保华中的计划。从全局考虑，毛泽东认为解放军在东北的目标应是先攻占锦州，封闭东北的国民党军队撤向关内的大门。因锦州的战略地位十分重要，它是国民党向沈阳和长春运粮弹物资的基地，是大军从陆路出入华北和东北的必经之地，攻克锦州大大减轻了后来平津及华北战场上的压力。

　　随后，如何集中兵力、发展歼灭战的规模成为新阶段的重要问题。毛泽东相互协调配合的战略思想在接下来两场战役中体现得淋漓尽致。在制定下一步作战计划时，毛泽东重视并采纳一线指挥作战将领华东野战军司令员粟裕提议：攻打长江以北的徐州地区，战淮海。

　　淮海之战进行得如火如荼，正当敌军被分割包围完毕、解放军具备全面歼敌的有利条件之时，毛泽东出于"不使蒋介石迅速决策海运平津诸敌南下"的考虑，决定暂停淮海战役的最后歼灭，转向对天津、塘沽等地的包围，从而切断敌人海上南逃的路线。同时，东北野战军在康庄地区截断了平津敌军的西逃之路。在平津战场切割包围后，再继续淮海战场的总攻，最终实现了北平的和平解放，取得两个战场的胜利，共歼敌 107 万余人，加速了人民解放战争的进程。

表 12-1　三大战役双方部署情况

|  | 敌军兵力部署 | 敌军意图 | 敌兵军团 | 人民解放军预期目标/战略方针 |
|---|---|---|---|---|
| 辽沈战役 | 锦州—沈阳—长春三点一线 | 撤退东北 | 郑东国兵团 | 封闭蒋军在东北加以各个歼灭；锦州作为重点攻击目标 |

续表

| | 敌军兵力部署 | 敌军意图 | 敌兵军团 | 人民解放军预期目标/战略方针 |
|---|---|---|---|---|
| 淮海战役 | 以徐州为中心点的"一点两线(陇海线,津浦线)"的十字架格局 | 阻止人民解放军南下 | 黄百韬兵团<br>黄维集团<br>杜聿明集团 | 歼敌于淮河长江以北;歼灭黄百韬兵团和"截断宿蚌路"作为本次战役的首战目标 |
| 平津战役 | 以北平、天津为中心,东起唐山西至张家口的铁路线一字长蛇阵 | 溃败从海上南逃或向西逃窜 | 傅作义集团 | 先切断敌人东西两头退路,然后逐个歼灭敌人;"先打两头"的作战方针;把张家口、新保安及塘沽等地区作为首攻的重点目标 |

资料来源:改编自《毛泽东选集(合订本)》,人民出版社 1964 年版;金冲及:《决战:毛泽东、蒋介石是如何应对三大战役的》,北京大学出版社 2012 年版。

结合材料,运用所学的管理控制知识,分析案例中毛泽东是如何对三大战役进行战略控制的。

案例二

齐鲁石化公司是一个现代石油化工生产的企业,由于这种行业具有特殊性和危险性,公司一开始就实行从严从实管理,制定岗位操作要求,实行公司、厂两级的检查和奖惩制度。

公司所属烯烃厂裂解一班工人提出"自我管理,让领导放心"的口号,并提出"免检"申请。公司抓住这一契机,在全公司推广创"免检"活动,并细化为一套可操作的行为准则,这就是:工作职责标准化;专业管理制度化;现场管理定量化;岗位培训星级化;工作安排定期化;工作过程程序化;经济责任和管理责任契约化;考核奖惩定量化;台账资料规格化;管理手段现代化。

公司开展"信得过"活动,使企业基层以及整个企业的管理水平有了显著提高。主要表现在:第一,职工的主人翁意识普遍增强,实现了职工从"我被管理"到"我来管理",群众性从严管理蔚然成风;第二,基层建设方面明确了由专业管理制度、管理人员职责范围和工作标准、班级岗位十项规章制度三方面构成,使基层管理水平有了明显提高;第三,星级管理使职工主动学技术、技能,努力成为多面手;对管理装置工艺流程全面了解,提高了处理本岗本系统突发事件的应变能力,事故发生率大幅度降低;第四,企业经济效益显著提高。

资料来源:改编自网络材料。

结合案例,回答下列问题:
请从齐鲁石化"信得过"管理的例子分析企业应如何坚持以人为中心的管理。

## 四、习题答案及提示

### （一）判断题

1. √  2. ×  3. ×  4. √  5. ×  6. √  7. √  8. √

### （二）填空题

1. 财产,交易,信息
2. 前馈控制,现场控制,反馈控制
3. 确定标准,衡量绩效,分析与纠偏
4. 统计计算法,经验估计法,工程方法
5. 修订标准,改善工作
6. 投资预算,现金预算,收益预算,资产负债预算
7. 年度计划控制,盈利控制,效率控制,战略控制
8. 发现问题,纠正偏差

### （三）选择题

1. B  2. D  3. C  4. D  5. A  6. A  7. A  8. D

### （四）名词解释

1. 控制是指对组织内部的管理活动及其效果进行衡量和矫正,以确保组织的目标以及为此而拟订的计划得以实现。

2. 前馈控制是指组织在工作活动正式开始前对工作中可能产生的偏差进行预测和估计并采取防范措施,将可能的偏差消除于产生之前。

3. 反馈控制是指在工作结束或行为发生之后进行的控制。

4. 营销控制是指企业用于跟踪营销活动过程的每一个环节,确保能够按照计划目标运行而实施的一套完整的工作程序。

5. 标准就是评定成效的尺度,是用来衡量组织中的各项工作或行为符合组织要求的程度的标尺。

6. 生产率标准是指在规定时间内所完成的工作量。

7. 偏差是指工作的实际绩效与标准值之间的差异,实际绩效超过了设定标准的为正偏

差,实际绩效低于设定标准的则为负偏差。

8.应急纠偏措施是指能够立即将出现问题的工作矫正到正确轨道上的措施。

## (五)论述题

1.在找到偏差产生原因后,组织就应该有针对性地采取措施,对偏差进行处理和矫正。纠偏措施包括:

(1)修订标准:有时候,偏差较大可能是因为标准不甚合理。也可能是因为组织内外环境因素发生了较大变化,致使原有的计划和标准与现实状况间产生了较大差异。此时,就需要对原有的计划和标准加以适当调整,以使组织计划和预期标准符合实际。对计划和标准的调整要有利于组织总目标的实现。只有当事实表明计划和标准确实不合理,或环境的变化使得原有计划和标准的基础不复存在时,对计划和标准的修改才是合适的。

(2)改善工作:如果经过分析发现,计划和标准没有问题,偏差的出现是因为工作本身造成的,管理者就应该决定采取应急纠偏措施还是彻底纠偏措施,以改善工作绩效。纠偏行动可能涉及管理的各个方面,如管理策略、组织结构、领导方式、员工培训、人员调整等。

2.科学的控制标准应该满足如下基本要求:

(1)简明性。对标准的量值、单位和可允许的偏差范围要有明确说明,对标准的表述要通俗易懂,便于理解和把握。

(2)适用性。建立的标准要有利于组织目标的实现,要对每一项工作的衡量都明确规定具体的时间幅度和具体的衡量内容与要求。

(3)一致性。管理控制工作覆盖组织活动的各个方面,制定出来的各项控制标准应该彼此协调,不可相互冲突。同时,控制标准应在规定范围内保持公平性。

(4)可行性。控制标准的建立必须考虑到工作人员的实际情况,即标准不能过高也不能过低,要使绝大多数员工经过努力后可以达到。

(5)可操作性。即标准要便于对实际工作绩效的衡量、比较、考核和评价;要使控制便于对各部门的工作进行衡量,当出现偏差时,能找到相应的责任单位。

(6)相对稳定性。即所建立的标准既要在一个时期内保持不变,又要具有一定的弹性,能对环境的变化有一定的适应性,特殊情况能够例外处理。

(7)前瞻性。即建立的标准既要符合现时的需要,又要与未来的发展相结合。

3.前馈控制是指组织在工作活动正式开始前对工作中可能产生的偏差进行预测和估计并采取防范措施,将可能的偏差消除于产生之前。前馈控制的优点在于可以防患于未然,且不针对具体人员,不易造成面对面的冲突,易于被接受并付诸实施;但前馈控制需要及时和准确的信息,并要求管理人员充分了解前馈控制因素与计划工作的影响关系,同时易受到过程中相关因素的干扰。

反馈控制又称为事后控制,是指在工作结束或行为发生之后进行的控制。反馈控制的优点是可以避免下周期发生类似的问题,消除偏差对后续活动的影响,人们可以总结经验教训,并由此提供员工奖惩的依据;缺点主要在于,在纠正措施实施之前,偏差、损失已经产生,有时滞问题。

## （六）案例分析

1. 毛泽东对三大战役进行战略控制主要体现在以下几方面:

（1）统筹全局,正确客观判断战争局势的发展。毛泽东坚持实事求是的思想,熟识敌我双方各方面情况,根据当时当地的情况进行作战部署和指挥,使得主观指导与客观实际相符。具体问题具体分析是马克思主义活的灵魂,也是毛泽东军事思想的精髓。毛泽东针对三大战役各战场的不同情况制定了不同的战略方针,进行有利条件下的决战,避免不利条件下的决战。

（2）布局下子,制定合理的战略目标和与之相匹配的作战计划。毛泽东选定战役突击方向,以攻打重点目标统率战役全局,改变敌我力量对比,为最后战略决战创造条件。全局战略方案付诸实施后,如何保证战略的顺利落实就成为决定战略成败的关键。因此,毛泽东注重控制整个作战过程,把战争中双方兵力变化等不确定性因素的影响限定在一个可以接受的范围内,使组织朝着预定的战略目标前进。

（3）灵活地应对战场上可预见和难以预见的重要变化,及时调整军事部署,使得计划不偏离总的战略目标。这三场战役的指挥工作可谓是随机应变,从而保证战略目标的顺利实施。毛泽东善于把握问题的关键,将注意力集中于计划执行中的一些主要影响因素上。事实上,控制住了关键点,也就控制住了全局。如毛泽东调整将易攻的长春作为首战目标的计划,以具有战略地位的锦州取而代之,就是因其发现了原方案本身存在的缺陷,在实施过程中加以修正、补充和完善,从而避免作战过程偏离预期目标。

（4）从全局出发,统筹协调各方力量,确保战略目标的实现。毛泽东不局限于单场战争的胜利,而是着眼总目标,调整淮海战役和平津战役的作战计划和军力分布,切断敌军的西逃和南逃路线,最终实现北平的和平改编。

2. 齐鲁公司石化公司"信得过"管理活动,是由该公司烯烃厂一班工人提出的"自我管理,让领导放心"的口号,并提出"免检"申请而引发来的。公司抓住这一契机,在全公司推广创"免检"活动,并细化为一套行为准则。这些准则概括为十条,涉及职责管理、专业管理、过程管理、现场管理等许多方面。

企业要坚持以人为中心的管理,应当做到以下几方面:

（1）规范企业内部规章制度,包括管理制度、员工个人管理职责等,规范的制度是人本管理的基础保障。

（2）将组织的管理控制从传统的层级控制转化为以员工为主导的学习型控制,对员工授权赋能,相信他们能够从组织整体利益出发。相信员工是"信得过"的,鼓励员工参与,从"我被管理"转为"我来管理"。

（3）关注员工发展,提供培训和学习机会。通过星级管理等手段锻炼员工技能,在满足员工发展需要的同时能够提高员工能力,促进企业绩效的提升。

（4）构建良好的组织氛围,提倡创新、学习的组织文化,鼓励员工的开放参与,同时创建良好的职场精神,提高团体控制的有效性。

# 第十三章 控制的方法与技术

## 一、知识点回顾

### 1. 层级控制、市场控制与团体控制

#### ■ 层级控制

**层级控制**，又称官僚控制，是指利用正式的章程、规则、政策、标准、科层权力、书面文件和其他科层机制来规范组织内部门和员工的行为并评估绩效。尤其是在程序化和正规化的组织中表现比较明显。常见的**层级控制方法有预算控制、审计控制和财务控制**。

**预算控制**就是根据预算规定的收入与支出标准来检查和监督各个部门的生产经营活动，以保证各种活动或各个部门在充分达成既定目标、实现利润的过程中对经营资源进行有效利用，从而使成本费用支出受到严格有效的约束。

**审计控制**是指对反映组织资金运动过程及其结果的会计记录及财务报表进行审核、鉴定，以判断其真实性和公允性，从而起到控制的作用。审计是一项较独立的经济监控活动。根据审查主体不同，审计可分为外部审计和内部审计。

**财务控制**是指对企业的资金投入及收益过程和结果进行衡量与校正，以确保企业目标以及财务计划得以实现。具体方法是使用财务比率进行比较。常用的比率可分为三类：偿债能力比率、盈利能力比率和营运能力比率。

#### ■ 市场控制

**市场控制**是指组织借助于经济的力量，通过价格机制来规范组织内部门（单位）和员工的行为。市场控制通过构建组织内部的市场关系，激发员工动力，有效地发挥部门（单位）和员工自组织的作用，实现组织总体目标。

**市场控制的动因**是企业内部组织管理成本过高。要使组织规模大的企业具有活力，精干高效，最好的办法就是引入市场机制，提高内部各部门（单位）的独立性，用市场机制自行衡量和控制它们的经济行为。企业内部的市场控制有三个层次，分别是公司层、部门层和个人层。

#### ■ 团体控制

**团体控制**是指个体融入团体之中，使个人的价值观与组织的价值观和目标相统一，通过团体的共同行为范式实现组织成员的自我约束和自我控制。团体控制主要依靠组织文化手段来控制员工的行为，需要组织具有共同的价值观和相互信任的员工。

组织文化是团体控制的基础。实践表明，文化强弱与组织绩效是一种比较复杂的关系。强文化对员工行为有着较强的影响，但是强文化会形成官僚主义。相反，在弱文化的组织中，员工拥有不同的价值观，目标不明确，行为不统一。在严重的弱文化之下，组织的控制失

灵,内部秩序混乱,同样危及组织生存。有效的团体控制不仅需要构建创新的组织文化,还需要创建响应顾客需求的文化、创建良好的职场精神。

### 2. 质量控制方法

#### ■ 工作质量与过程控制

质量分为**产品质量和工作质量**。产品质量代表着企业经营的结果,工作质量意味着企业对经营成果产出过程的控制。产品质量取决于工作质量,产品质量是企业各部门各环节工作质量的综合反映,工作质量是保证产品质量的前提。因此,实施质量管理,既要提高产品质量,又要提高工作质量,通过保证提高工作质量来保证产品质量。

质量管理是指确定质量方针、目标和职责,并通过质量体系中的质量策划、质量控制、质量保证和质量改进来实现管理职能的全部活动。质量管理的发展大致经历了四个阶段:质量检验管理阶段;统计质量控制阶段;全面质量管理阶段;质量管理国际化阶段。

过程控制不仅是对产品提供全过程的管理,而且包括**各方面业务过程的协调**。过程控制优化的基本方法是根据价值原则不断对**业务流程体系**进行系统化改造。通过系统化改造,形成客户化、规范化、文件化和动态化的业务流程体系。

#### ■ 全面质量管理方法

**全面质量管理**就是一个组织以质量为中心,以全员参与为基础,通过让顾客满意和本组织所有者、员工、供方、合作伙伴等相关者受益而达到长期成功的一种管理途径。

全面质量管理的基本要求是"三全一多",即全过程的质量管理、全员的质量管理、全组织的质量管理和多方法的质量管理。全面质量管理的实施原则主要有:以顾客为关注焦点,领导作用,全员参与,过程方法,管理的系统方法,持续改进,基于事实的决策方法,与供方互利的关系。

全面质量管理的基本方法是 PDCA **循环**,包括计划(plan)、执行(do)、检查(check)、处理(action)四个阶段。

#### ■ 六西格玛管理方法

**六西格玛管理($6\sigma$)** 是一种建立在统计标准基础上、被设计用来减少瑕疵率以帮助降低成本、节省时间和提高顾客满意度的质量控制方法。

六西格玛管理的基本内涵是提高顾客满意度和降低组织的资源成本,强调从整个组织经营的角度关注并改善质量,追求零缺陷,最终达到提升组织竞争力的目的。

六西格玛管理的主要相应原则有:高度关注顾客需求,依据数据和事实管理,重视流程的改善,开展主动改进型管理,无边界合作,以及追求完美但容忍失败。组织实施六西格玛活动的关键是,创建一个致力于流程改进的专家团队,并明确团队内的各种角色及其责任,形成六西格玛组织体系。

### 3. 管理控制的信息技术

#### ■ 信息技术及其在控制中的作用

**信息技术**是对信息进行采集、传输、存储、加工、表达和应用的各种技术的总称。

经过多年的发展,信息技术在企业价值链各个环节的管理和控制都获得了广泛的应用。主要表现在:供应链管理信息化(SCM),生产过程信息化,营销与服务信息化,管理过程信息化。

政府信息化的主要内容有:政府间的电子政务,政府对企业的电子政务,政府对公民的电子政务。

信息技术在管理控制中的作用是,提升了管理信息的处理速度与质量,丰富了管理控制的方法手段,改善了管理控制的效果。

■ **现代控制的信息技术方法**

**实践中用于管理控制的信息技术方法**多种多样,三种常见的类型有:

电子数据处理系统(EDPS),亦称交易处理系统(TPS),充分利用了计算机对数据的快速运算和大量存储的能力,可以减轻人员的重复性劳动。

管理信息系统(MIS)是一个旨在支持管理人员履行其职能,以及时、有效的方式来收集、分析和传递组织内外部信息的系统,它是典型的人机结合的辅助管理系统。

决策支持系统(DSS)是以管理科学和行为科学等为基础,以计算机技术、仿真技术和信息技术为手段,针对半结构化的决策问题,支持决策活动的、具有智能作用的人机系统。

■ **基于信息技术的柔性作业系统**

**柔性作业系统**就是为应对市场需求的多样性和环境变化的不确定性,在信息技术发展的基础上,由若干数控设备、物料运贮装置和计算机控制系统组成的,能根据制造任务和生产品种变化而迅速进行调整的自动化制造系统。

所有柔性作业系统都包含计算机控制系统、物料运送和管理系统、加工系统三个基本组成部分。此外还会根据具体的运作要求,配置不同的辅助工作站。柔性作业系统目前已臻于成熟并不断完善。从发展趋势看,未来的柔性作业系统将趋于:配置小型化;系统结构模块化;管理控制软件产品化;控制系统设计集成化。


# 二、拓展阅读材料


## (一)COSO 框架


### 1.《内部控制——整合框架》

COSO 是 Treadway 委员会的发起组织委员会(Committee of Sponsoring Organizations of the Treadway Commission,COSO),COSO 成立的初衷就是制定一个服务于公司、注册会计师、立法者和监管部门需要的内部控制框架,并于 1992 年发布了《内部控制——整合框架》(Internal Control—Integrated Framework),这个框架在当时得到了 SEC、PCAOB、AICPA 等权威组织的认可和实务界的广泛应用。

当时 IT 在企业应用的深度和广度与当今不可同日而语,在那个时候企业的经营、管理方式及模式还没有从根本上发生改变,IT 对内部控制的影响还不算全面和深入。企业主要是基于原有企业组织结构和经营方式引入和应用 IT。因此,有关 IT 对内部控制影响的规范在该框架中分别在"控制活动"及"信息与沟通"中涉及,仅占很小的篇幅。

COSO 框架在"控制活动"要素部分规范了对信息系统的控制。由于内部控制活动的实施对信息系统的广泛依赖,故需要控制企业所有的信息系统,包括手工信息系统和电算化信息系统。对于严格采用手工的信息系统,应采用不同的控制技术方法,这里规范的信息系统控制主要是指对计算机化信息系统的控制(下同)。对信息系统的控制可以分为信息系统一般控制(general control)和应用控制(application control) 两大类,它们之间存在着相互依赖和相互支持关系:应用控制功能的发挥依赖于一般控制的支持,一般控制因为应用控制的存在而对企业具有实际意义,只有两者共同发挥作用才能使 IT 在加强企业管理和实现控制方面发挥其独特的优势。信息系统一般控制也称为总体控制,包括数据中心操作控制、系统软件控制、接触安全控制和应用信息系统开发和维护的控制。应用控制通过嵌入各业务流程之中的借助于信息系统来实现的控制,因而有助于保证交易处理及授权的完整性、准确性和有效性。其防止误差进入内控系统的能力是计算机对内部控制最重要的贡献之一,以及如果误差出现就能追踪和及时矫正的能力,而能否发挥这些优点取决于应用系统的开发和设置时有无将相应的功能嵌入系统之中。

关于 IT 对"信息与沟通"要素的影响,COSO 认识到必须将信息系统的规划、设计和实施同企业的整体战略整合在一起;因此,COSO 框架中提到应建立战略一体化信息系统,从而战略性地使用信息系统要求突破单纯的财务信息系统而扩展到经营活动一体化的信息系统,这样才有利于对业务流程的控制和实时跟踪。而要构建与战略、经营活动一体化的信息系统必须有 IT 的支持,但对如何构建这样的系统,该框架没有作进一步探讨,只是提出应确保信息系统所提供的信息质量及沟通渠道的恰当和畅通。信息质量是指信息内容是否适当、准确,且是否需要时就能获得所需信息等,而信息质量在很大程度上又取决于控制职能的发挥程度。

由此可见,1992 年发布的 COSO 框架关于 IT 对内部控制的影响的规范集中体现在对信息系统本身的控制,虽然意识到信息系统可能对企业战略产生影响,但该框架主要是基于既有企业组织结构讨论信息系统可能对企业内部控制的影响,本身并没有将 IT 放在战略高度讨论其对企业内部控制的影响,因此,这一报告还主要限于使信息系统正常发挥功能的控制,而没有更多地深入。

### 2.《企业风险管理——整合框架》

由于 2000 年前后美国发生了安然事件等一系列财务丑闻,投资者、公司员工和其他利益相关者因此而遭受了巨大的损失,人们开始把目光放到风险管理领域。COSO 于 2004 年发布了《企业风险管理——整合框架》,它拓展了内部控制、关注于企业风险管理这一更加宽泛的领域,并将内部控制框架纳入其中,它认为公司不仅可以借助这个企业风险管理框架来满足它们内部控制的需要,还可以借此转向一个更加全面的风险管理过程。

从总体上来看,该框架关于 IT 对内部控制影响的规范几乎与 1992 年 COSO 报告一样,也主要在"控制活动"和"信息与沟通"要素中涉及。在"控制活动"中也将对信息系统的控制分为一般控制和应用控制,但通过技术专栏的方式对一般控制和应用控制作了更为全面和深入的规范;同时随着 IT 的发展及其在企业应用的深入,IT 的内涵有所拓展,许多企业都在开发和应用企业资源计划(ERP),本企业信息系统与客户、供应商和商业伙伴信息系统之间的界限也越来越模糊,它们之间的联系越来越紧密,数据处理和数据管理变成了多个主体共同的职责。为此,"信息与沟通"要求企业信息系统的构造必须足够灵活和敏捷,以便与外界相关方有效地整合或及时随企业内外部环境的变化保持协调一致,而又不相互妨碍对方。可见,在此环境下,信息系统的构建已不再仅局限于在本公司范围内的合理性。

尽管 COSO 这个新的风险管理框架和 1992 年报告相比对信息系统有了更多的关注,但是不难看出这个框架的建立仍基于传统的内部控制理论,比如仍依赖于岗位设置和监控等活动。

资料来源:改编自章铁生:《信息技术条件下的内部控制规范:国际实践与启示》,《会计研究》2007 年第 7 期。

## (二)企业内部控制有效性影响因素

内部控制理论经历了内部牵制、内部控制制度、内部控制结构和内部控制整体框架等发展阶段。目前,内部控制形成了基于规则导向的遵循观、基于内部控制系统的监督观、基于原则市场导向的风险观三种主流观点并存的局面。虽然国外对内部控制的研究已经形成规范的体系,较为成熟,但对于内部控制有效性研究不是很完备,比如对内部控制有效性的概念目前尚无统一定论。因此,本文从我国企业的实际情况出发,以促进企业内部控制体系的完善为动因,将内部控制有效性定义为:以持续监督为基础、完成内部控制制度计划和达到计划结果的程度。即,一是指企业的内部控制制度本身是有效的;二是指内部控制制度在企业的生产经营过程中,能够得到彻底的贯彻执行并发挥作用,实现其目标。

### 1. 组织结构

Doyle 等(2007)认为,拥有比较健全的法人治理结构的公司披露实质性漏洞的可能性越小。张颖、郑洪涛(2010)的研究表明:在合规目标方面,内审机构的有效性和管理的集权化显著降低企业发生违法违规行为的概率。同样,李育红(2011)通过实证研究发现,控股股东持股比例与内部控制有效性、战略目标正相关,与其余目标关系不显著。

### 2. 管理层重视

内部控制体系构建需要对企业的业务流程和管理流程进行梳理、优化和重新设计,而该过程无疑会涉及公司内部权力和责任的重新分配,没有管理层的支持很难将其落到实处。例如,董事会的承诺与投入能极大地推动企业内部控制体系的构建与实施;经理的素质关乎企业的发展,进而影响到内部控制的效率和效果。

### 3. 资金

资金是企业进行内部控制体系构建、实施和评估的保障,主要用于支付内部控制体系设计、内部控制有关内容培训、内部控制审计、相关人员的工资薪酬和有关保障支出等。企业要想使内部控制真正有效就必须保证每年有一定数量的预算,并将其切实投入内部控制系统构建、实施和维护中去。

### 4. 管理成熟度

根据生命周期理论,企业的成长发展可分为:初创期、成长期、成熟期和衰退期。在每个阶段,企业面临的外部竞争环境和内部条件都是不同的,因而经营目标也不同,在经营管理重点上也有所不同,进而影响企业内部控制结构的选择(Maijoor,2000)。Doyle 等(2007)研究发现,年轻的企业披露财务报告内部控制中的实质性漏洞概率更高。郑石桥等(2009)也发现,处于成熟期的企业更加重视控制环境和控制活动的建设。

### 5. 人员素质

在日常工作中,员工素质与内部控制是相辅相成的。如果企业员工在心理、技能和行为未能达到实施内部控制的基本要求,对内部控制的程序或措施经常不能充分解读,那么再好的内部控制也很难充分发挥作用。相反,若企业员工素质越高,其内部控制制度效果的提高速度就会越快(许绍双,2003)。范敏(2007)认为,内部控制是一个需要决策层、管理层和经营层各级工作人员共同努力才能实现的过程。

### 6. 信息技术

信息化改变了企业数据存取、保存、传递的方式,提高了业务运转与管理的效率及信息的价值化。而信息传导、反馈的快捷准确是内部控制有效运转的重要保证。通过信息化手段整合企业资源,会极大提高内部控制效率和优化内部控制流程。

资料来源:改编自张继德、纪佃波、孙永波:《企业内部控制有效性影响因素的实证研究》,《管理世界》2013 年第 8 期。

## 三、习题

### (一) 判断题

1. 预算控制将企业的战略计划落到实处,因而指明了组织活动的方向。　　　　（　　）
2. 工作质量取决于产品质量,工作质量是企业产品质量的综合反映,产品质量是保证工作质量的前提。　　　　（　　）
3. 信息技术的应用就是信息化。　　　　（　　）
4. 管理信息系统是典型的人机结合的辅助管理系统。　　　　（　　）
5. 六西格玛业务改进最常用的方法包括测量。　　　　（　　）
6. 决策支持系统的特点是:系统的主体是计算机。　　　　（　　）
7. 柔性作业系统由若干数控设备、物料运贮装置和计算机控制系统组成的。　　　　（　　）
8. 全面质量管理的实施原则包括过程方法。　　　　（　　）

## （二）填空题

1. 存货周转率是销售成本与平均存货的比率,它是衡量和评价_____的指标。

2. _____是团体控制的基础。

3. _____是以管理科学和行为科学等为基础,以计算机技术,针对半结构化的决策问题,具有智能作用的人机系统。

4. _____是与劳动力、土地、资本、企业家一样重要的生产要素。

5. 六西格玛业务改进最常用的方法是_____。

6. _____的基本内涵是改善质量,追求零缺陷,最终达到提升组织竞争力的目的。

7. PDCA 循环,又叫_____。

8. 柔性作业系统的特点包括:以顾客需求为导向、以信息技术为基础和_____。

## （三）选择题

1. 出现在多数中大型企业组织里最基本的控制方式是_____。

A. 预算控制　　　　　　B. 层级控制　　　　　　C. 市场控制　　　　　　D. 团体集体控制

2. 反映企业流动资产中可以立即用于偿付流动负债的能力的是_____。

A. 速动比率　　　　　　B. 应收账款周转率　　　　C. 流动比率　　　　　　D. 资产负债比率

3. 市场控制的动因是_____。

A. 企业内各部门缺乏发展的动力

B. 企业对经营管理拥有很小的自主控制权

C. 企业内部组织管理成本过高

D. 企业缺乏活力

4. 全面质量管理的基本要求是"三全一多",不包括以下选项中的_____。

A. 全过程的质量管理　　　　　　　　　　B. 全组织的质量管理

C. 多方法的质量管理　　　　　　　　　　D. 全方面的质量管理

5. 六西格玛组织人员构成不包括下列选项中的_____。

A. 绿带　　　　　　B. 财务代表　　　　　　C. 业务负责人　　　　　D. 倡导者

6. 柔性作业系统特点不包括下列选项中的_____。

A. 以顾客需求为导向　　　　　　　　　　B. 以敏捷反应为标志

C. 以信息技术为基础　　　　　　　　　　D. 以改善作业为目标

7. 随着信息技术的迅速发展和广泛应用,企业管理者应该_____。

A. 重视信息安全,全面抵制电子化办公　　B. 利用信息技术辅助管理控制

C. 在休息时间要求员工在家远程加班　　　D. 使用信息技术窥探员工隐私

8. 质量管理的发展阶段不包括_____。

A. 质量检查统计阶段　　　　　　　　　　B. 统计质量控制阶段

C. 全面质量管理阶段　　　　　　　　　　D. 质量管理国际化阶段

## （四）名词解释

1. 团体控制
2. 产品质量与工作质量
3. 全面质量管理
4. PDCA 循环
5. 黑带大师
6. DMAIC
7. 管理信息系统
8. 柔性作业系统

## （五）论述题

1. 外部审计和内部审计的定义、作用以及局限性是什么？
2. 全面质量管理是如何致力于质量的全面、持续改善，并贯穿质量控制活动全过程的？
3. GE 总裁曾说过："最好的六西格玛项目不是始于企业内部而是始于外部，关注回答这样的问题：怎样使我们的客户更具竞争力？什么是客户成功的关键……让我们坚信不移的是，无论我们做什么事情，只要它能使客户更成功，那它就不可避免地为我们带来收益。"请结合上述观点解释六西格玛管理为什么会受到追捧，成为追求持续进步的一种管理哲学。

## （六）案例分析

案例一

一家从事发电、输变电行业的欧洲跨国公司——ABB 公司，组织内部包括 4 500 个小型利润中心——每个利润中心均自负盈亏，并拥有实质性的自治权。ABB 公司的 CEO 帕西·巴纳维克解释了其中的原因："我们是分权化经营的狂热信徒。在我们架构地方经营时，我们总是尽可能创建独立的法人实体。那种可以让你编制真正的资产负债表，真正承担现金流和责任独立的公司。若有了真正的资产负债表，则管理者可以通过所有者权益的变化逐年继承经营结果。独立的公司还可以创造更有效的管理者招聘和激励机制。若公司足够小，则人们就可以充分了解公司经营，并致力于公司发展，从而可以追求更有意义的个人职业发展生涯。"

许多日本公司都采用利润中心这种市场控制形式。比如京瓷公司，它是一家技术公司，它把公司分立为 800 个小公司，希望他们同时从事内外部交易。又如东丸公司，一家酱油生产商，它把生产工艺中的每一个阶段都转化为一个独立的利润中心，指示这些独立的经营单元彼此买卖。还有身为家用电器生产巨头的松下电器公司，不仅按利润中心经营各分部，而且把管理者的注意力集中于两个数字上——利润边际和"净收益"。家用电器行业的特征有两项：产品生命周期短、产品生命周期最初阶段的利润边际高于最后阶段。对"利润边际"的关注激励管理者不断引进新产品,而对"净收益"的关注又激励管理者从现有产品中榨取最大利润。

资料来源:改编自罗伯特·安东尼、维杰伊·戈文达拉扬:《管理控制系统》,刘霄仑、朱晓辉译.人民邮电出版社 2010 年版,第 91 页。

结合材料,运用所学的控制方法知识,来分析案例中企业控制的相似之处。

案例二

奇迹半导体公司的领导者们一致认为,公司只要想继续生存就必须重新焕发活力。奇迹半导体公司的业务是为小型器械或耐用品(如汽车、洗碗机等)生产专业的微型芯片。尽管能够盈利,但公司最近几年的发展速度一直在减缓。随着顾客对产品的要求越来越高,奇迹半导体公司曾经的优势——工程和技术实力——日渐衰弱。同时,奇迹半导体公司在开发出真正卓越的定制产品需要营造与顾客"积极交流,互谅互让"的伙伴关系这方面表现较差。

实际上,通过某方法进行变革的想法始于主管工程的副总裁。他在一次产品展销会上听到了这个概念,并首先和市场营销主管讨论了自己的想法。然后,他们在一次高层管理人员会议上一起提出了这个想法。在会议上,他们的想法得到了其他高层管理人员的认同:基于工程的公司文化应该由技术创新与关注顾客并重的公司文化所取代。

"一个新奇迹"被选为改进活动的主题。执行小组开始与经理层和团队成员非正式地交流他们的想法,并在连接了美国、拉丁美洲和亚洲各公司的远程会议上宣布了这项行动。在该行动中,优先事项被确定为以下两个方面:

(1)执行小组与两级管理人员开始举行一系列的会议,借以创建全面性的业务"地图",以期显示各部门之间的联系状况以及与顾客和潜在顾客的关键界面。

(2)建立一个跨部门团队来评估与潜在顾客开发计划有关的问题,实现在这个季度末确定 3~4 个具体改进项目的目标。

"我知道我们需要加强技术力量,"奇迹半导体公司总裁说,"但是,如果我不先做好以上这些事情,我们将只会浪费时间。"

资料来源:改编自彼得·S.潘迪、罗伯特·P.纽曼、罗兰·R.卡瓦纳:《六西格玛管理法》,马钦海、陈桂云译,机械工业出版社 2011 年版,第 72 页。

结合材料和相关知识分析,奇迹半导体公司采用了什么方法进行变革。

# 四、习题答案及提示

## (一)判断题

1.√  2.×  3.√  4.√  5.√  6.×  7.√  8.√

## （二）填空题

1. 企业销售能力和管理存货效率
2. 组织文化
3. 决策支持系统（DSS）
4. 信息
5. DMAIC
6. 六西格玛（$6\sigma$）
7. 戴明循环
8. 以敏捷反应为标志

## （三）选择题

1. B　2. A　3. C　4. D　5. B　6. D　7. B　8. A

## （四）名词解释

1. 团体控制是指个体融入团体之中，使个人的价值观与组织的价值观和目标相统一，通过团体的共同行为范式实现组织成员的自我约束和自我控制。
2. 产品质量代表着企业经营的结果，工作质量意味着企业对经营成果产出过程的控制。
3. 全面质量管理是指一个组织以质量为中心，以全员参与为基础，通过让顾客满意和本组织所有者、员工、供方、合作伙伴或社会等相关者受益而达到长期成功的一种管理途径。
4. 全面质量管理的基本方法是 PDCA 循环，又叫戴明循环，简称戴明环，包括计划、执行、检查、处理四个阶段。
5. 黑带大师是六西格玛管理的高参兼专家，是运用六西格玛管理工具的高手。
6. 六西格玛业务改进最常用的方法是 DMAIC，包括界定、测量、分析、改进、控制五个方面。
7. 管理信息系统旨在支持管理人员履行其职能，以及时、有效的方式来收集、分析和传递组织内外部信息的系统。
8. 柔性作业系统是指为应对市场需求的多样性和环境变化的不确定性，在信息技术发展的基础上，由若干数控设备、物料运贮装置和计算机控制系统组成的，能根据制造任务和生产品种变化而迅速进行调整的自动化制造系统。

## （五）论述题

1. 相关概念及分析如下：
（1）外部审计是由组织外部的机构选派审计人员对组织财务报表及其反映的财务状况

进行独立的检查和评估。外审有利于揭发组织中存在的违法、浪费或不经济行为,因此具有制约虚假、鼓励诚实的作用。由于审计是由组织外部机构实施的,审计人员与组织当局不存在依附关系,所以外部审计还可以保证审计的独立性和公允性。

（2）内部审计是由组织内部的机构或由财务部门的专职人员独立进行的,是组织内部控制的一种手段,以检查和评价各项控制的有效性。内部审计能够监督各种管理信息真实、正确、合理、合法,推动各项内部控制制度的健全适用和有效实施,从而维护组织财产的安全,促成管理目标的实现。

（3）局限性:外部审计对于组织控制过程的作用主要是间接的,由于外部的审计人员不了解组织的内部结构、生产流程的经营特点等,在具体业务的审计过程中可能遇到一些困难。内部审计则可能需要耗费很多,对审计人员的要求也比较高。

2. 全面质量管理致力于质量的全面、持续改善,表现在以下几方面:

（1）全面质量管理就是一个组织以质量为中心,以全员参与为基础,通过让顾客满意和本组织所有者、员工、供方、合作伙伴或社会等相关者受益而达到长期成功的一种管理途径。

（2）全面质量管理强调组织中各层次的员工积极参与质量管理,致力于质量的全面、持续改善,质量控制活动包括全过程。

（3）全面质量管理的基本要求"三全一多",即全过程的质量管理、全员的质量管理、全组织的质量管理和多方法的质量管理。

（4）全面质量管理的基本方法是 PDCA 循环,又叫戴明循环,包括计划、执行、检查、处理四个阶段。

3. 六西格玛管理在其概念、内涵和原则等方面的先进性使其受到追捧:

（1）六西格玛管理是一种建立在统计标准基础上、被设计用来减少瑕疵率以帮助降低成本、节省时间和提高顾客满意度的质量控制方法。其中 $\sigma$ 表示标准差,用以度量某一变量的取值相对于目标值的离散程度,当控制在 $6\sigma$ 水平时,接近于零瑕疵。

（2）基本内涵是提高顾客满意度和降低组织的资源成本,强调从整个组织经营的角度关注并改善质量,追求零缺陷,最终达到提升组织竞争力的目的。

（3）六西格玛管理的原则是高度关注顾客需求、依据数据和事实管理、重视流程的改善、开展主动改进型管理、无边界合作、追求完美但容忍失败。

（4）强调以顾客为中心,持续关注顾客需求,并以此为基础进行绩效评估。

## （六）案例分析

1. 这些企业都采用了市场控制的方法,建立了利润中心进行控制。

（1）市场控制是指组织借助于经济的力量,通过价格机制来规范组织内部门（单位）和员工的行为。市场控制与内部市场密切相关,就是通过构建组织内部的市场关系,如利润中心,激发员工动力,有效地发挥部门（单位）和员工自组织的作用,实现组织总体目标。

（2）市场控制的动因是企业内部组织管理成本过高。要使组织规模庞大的企业具有活力,精干高效,最好的办法就是引入市场机制,提高内部各部门（单位）的独立性,用市场机制自行衡量和控制它们的经济行为。

（3）提及市场控制的原则,简要说明利润中心的作用和职能,言之有理即可。

2. 该公司采用了六西格玛管理方法进行变革。

（1）六西格玛管理的基本内涵是提高顾客满意度和降低组织的资源成本,强调从整个组织经营的角度关注并改善质量,追求零缺陷,最终达到提升组织竞争力的目的。

（2）六西格玛管理的宗旨是消除无增值活动,缩短生产周期,提高客户的满意度。其指导思想是重视从组织整体的角度,站在顾客的立场上考虑问题,采用科学的方法,在组织经营的所有领域追求无缺陷的质量,最大限度地减少组织的经营成本,提高竞争力。

（3）强调以顾客为中心,持续关注顾客需求等。

（4）可以补充列举六西格玛管理的原则,其他言之有理即可。

# 第十四章 风险控制与危机管理

## 一、知识点回顾

### 1. 风险识别与分析

#### ■ 风险及其分类

**风险**是指发生对组织不利事件的不确定性,包括事件发生的可能性及后果的大小,是"不确定性对目标的影响"。

按社会经济环境是否发生变化,风险可分为静态风险与动态风险;按是否有获利机会,风险可分为纯粹风险和投机风险;按风险所涉及的范围,风险可分为基本风险与特定风险。

#### ■ 风险管理的目标

**风险管理**是指组织通过对风险的识别、衡量和处理,力求以最小的经济代价为组织目标的实现提供安全保障的管理活动。因此,风险管理是一个过程,是降低和控制风险的一系列活动,它涉及管理目标的确定、风险的识别和评估、风险管理方法的选择、风险管理的实施及风险管理效果的评价与改进等内容。风险管理是一项目标导向性的组织工作。

具体而言,风险管理目标可以区分为损失前目标、损失后目标两个方面。风险管理的损失前目标包括:经济目标、合法性目标和社会责任目标。风险管理的损失后目标有:生存目标、持续经营目标和收益稳定目标。

#### ■ 风险识别的过程

组织运营过程中所面临的风险是错综复杂的,正确地识别风险是风险管理过程中最基础的环节。若不能准确地识别风险,就无法客观、准确地评估风险,也就无法预防或控制风险。

**风险识别**是指管理者运用相关的知识和方法,全面、系统和连续地发现和描述组织所面临的各种风险、风险原因以及潜在的后果。组织内外的环境总是在不断变化之中,风险的质和量也在变,还可能出现前所未有的风险。风险识别是风险管理过程中的一个环节,其本身也有一系列工作需要顺次开展,如确定风险识别的内容和范围、选择合适的风险识别工具、进行全方位的风险识别等。

#### ■ 风险识别的方法

**常用的风险识别方法**有如下五种:

现场调查法,一般由风险经理到现场实际观察各部门的运作,检查组织的各种设施及进行的各项操作,深入了解组织活动和行为方式,以便于从中发现潜在风险。

审核表调查法,是现场调查法的一种替代,是由相关责任人或风险经理填写一种事先设计好的调查表,进而根据表格内容来识别分析。

组织结构图示法,适用于各类企业的风险识别,是一种以案头工作方式为基础的风险识别方法。

流程图法,是将组织活动按照内在的逻辑联系绘成流程图,针对流程中的各个环节,进行风险因素、风险事故及可能的损失后果等方面的识别和分析。

财务报表分析法,是运用财务报表数据对组织的财务状况和经营成果及未来前景进行评价,从而分析和识别组织所面临的潜在风险的方法。

风险识别的方法还有很多,如事故树分析法、情景分析法、危险与可操作性研究等。

## 2. 风险评估与控制

### ■ 风险评估的标准

风险评估(risk assessment),是指组织在对既有风险损失资料分析的基础上,运用概率论和数理统计等方法对特定风险事故发生的损失概率和损失程度做出评价,以为风险管理决策提供依据。**评估过程必须坚持相应的标准**:系统性原则,科学性原则,动态性原则,可操作性原则。

### ■ 风险评估的方法

**风险评估的方法**很多,应用的情境和条件要求各不相同,主要分为定性分析技术、定量分析技术及其结合。一般而言,定量分析的结果精准度高,易于理解和判断,更利于决策使用。但在不要求量化分析,或者量化评估所需要的数据资料无法获取或获取的成本不具经济性时,就应采用定性分析技术。有以下四种常见的风险评估方法:

损失概率和损失程度的估测,损失概率测算主要考虑三个因素:风险单位数、损失形态、损失事件(或原因);风险的损失程度是指风险事故一旦发生,可能造成的最大损失值。

情景分析,是指通过假设、预测、模拟等手段生成可能发生的未来情景,并分析各种情景下可能对组织目标实现产生影响情况的一种分析方法。

敏感性分析是指通过分析和测算系统的主要因素发生变化时引起系统评价指标变化的幅度,以及各种因素变化对实现预期目标的影响程度,从而确认系统对各种风险的承受能力的一种方法。

风险地图,是指用图形来表示一个或多个风险的可能性及影响,从而为风险管理决策提供参考。描述风险时,要突出哪些风险是重要的,哪些是不重要的,从而使图示形象直观,便于使用。

### ■ 控制风险的策略

依据风险处置方式的不同,**组织控制风险的方法**可以分为如下几种:

风险避免(risk avoidance),也称风险规避,是指在风险发生的可能性较大且影响程度较高的情况下,组织采取的中止、放弃或调整等风险处理方式以避免风险损失的一种方法。通常,组织可以分不同情况而采取完全拒绝承担风险、试探承担部分风险、中途放弃承担风险这三种类型的风险避免的方式。

风险分担(risk sharing),是指组织将自身可能遭受的风险或损失,有意识地通过正当、合法的手段,部分或全部转移给其他经济单位的风险处理方式,根据风险分担方式,风险分担可以分为财务型风险分担和非财务型风险分担两类。

损失减低管理(loss reduction),是指组织有意识地接受经营管理中存在的风险,并以谨慎的态度,通过对风险的分散以及风险损失的控制,从而化大风险为小风险,变大损失为小损失的风险处理方式。损失减低管理包括风险分散和复制风险单位。

　　风险保留(risk retention),是指面临风险的组织自己承担风险事故造成的损失,并做好相应的资金安排。它的实质是,当风险事故发生并造成损失后,组织通过内部资金的融通来弥补所遭受的损失。

### 3. 危机管理

#### ■ 危机及其特征

　　危机是指突发的、严重影响组织的生存与发展的一种状态。**危机与风险**并不相同:其一,风险是损失的不确定性,损失概率有高有低,损失程度有大有小;危机是可能带来严重破坏后果的突发事件。其二,风险是危机的诱因,危机是风险积聚后的显性表现。当风险积聚到一定的程度而爆发后,其呈现的形态才是危机。其三,并非所有风险都会引致危机,只有风险释放的危害性积累到一定的规模,带来的破坏后果较为严重时,才出现危机。

　　一般而言,危机具有如下四个特征:突发性;危害性;紧迫性;信息资源不充分。

#### ■ 危机预警

　　如果能够及时识别出危机形成条件、危机可能的发生概率和损害程度、危机的影响范围等方面,管理者就可以采取防御或预控措施,以减少危机发生的概率,或者将危机发生后的危害降低到最小。这就是**危机预警**工作。

　　危机预警就是组织在进行持续的资料收集基础上,根据收集的相关资料和数据预测危机的可能发生情况并进行危机等级判定,以在危机发生前发出相应的警报,使组织相关部门及人员提前了解信息,并采取相应的预防与应对措施,以避免危机发生或降低危机损害,保证组织的有序运作和组织目标的顺利实现。它一般由四个子系统构成,即信息收集子系统、信息加工子系统、信息决策子系统和警报子系统。

#### ■ 危机反应与恢复管理

　　危机爆发后,组织必须及时反应,立刻启动应急预案,在尽可能短的时间内遏制危机蔓延,防止损失扩大或事态升级。而危机事件得到有效控制或平息后,组织就应致力于恢复与重建工作,制定出有针对性的危机恢复计划,以尽快恢复到正常的工作与生活状态。

　　危机发生后,组织能否进行**有效管理**,使其转危为安,甚至捕捉其中的机会,促进组织发展,成为考验组织的危机管理能力的重要内容。通常情况下,有效的危机反应包括四部分:建立危机处理小组;启动应急预案或制定新的方案;隔离危机;获取更多信息。

　　当危机事件得到有效控制或平息后,组织需要迅速挽回危机所造成的损失,通过一系列的措施来完善组织管理进行危机恢复,危机恢复一般包括:建立危机恢复小组;获取危机处理信息;制定并实施危机恢复计划;危机评估与发展。

## 二、拓展阅读材料

## (一)预控系统

　　企业危机管理的注意力应放在危机发生前的预警和预控上,而非危机发生后的处理、总结和恢复方面。因此,建立一套规范、全面的企业危机管理预控系统是必要的。

## 1. 成立企业危机管理委员会

企业危机管理是企业各职能部门和每一位员工共同的课题,因此,企业危机管理委员会的成员应尽可能选择熟知企业和本企业内外部环境、有较高职位的管理人员和专业人员参加。他们应具有富于创新、善于沟通、严谨细致、处乱不惊、具有亲和力等素质,以便于统揽全局并能针对突发的危机迅速作出决策。危机管理委员会的领导人不一定非由公司总裁担任,但必须是在企业内部有影响力的领导者,能够有效控制企业,从而有效推动企业危机管理委员会工作的运行。

企业危机管理委员会应包括核心委员会、危机控制组、沟通交流组三个部门。核心委员会应包括企业的主要领导,在宏观上对危机进行管理。其主要职责是:掌握危机的发展动态;提供战略性建议;审批应急预案;进行高层次信息交流;通过媒体与公众展开交流。委员会主席必须主持由所有成员参加的定期信息更新会议,这种会议在形势迅速变化时可随时召开。危机控制组在危机发生现场负责紧急情况下的应对措施,所以一般由事先经过训练的专业队伍组成。危机控制组与核心委员会之间应有明确的责任界定,双方互不干涉。在危机发生的现场,危机控制组必须不断把事态的最新情况向核心委员会通报。这是一项极为重要的工作,必须由专人负责。危机控制组必须掌握危机现场及毗邻社区的情况、危机波及的区域及危机可能恶化的区域,了解危机发生的原因、事态发展中的关键因素及相关信息,并准备各类应急处理设备。沟通交流组一般由企业内部负责信访、宣传的人士组成,主要职责是了解危机发生、发展、控制、解决等方面的相关信息,保障企业与媒体之间、企业与公众之间通畅、准确、及时的信息交流和沟通。

危机管理委员会的总职责是:全面、清晰地对各种危机情况进行预测;为处理危机制定有关的策略和步骤;监督有关方针和步骤的正确实施;在危机发生时,对全面工作进行指导和咨询。挑选危机管理委员会成员时,应注重以下几种类型的人才:一是“点子型”,即一些富有创造性的人员,他们不断提出新建议、新点子,领导者从中滤取可行性建议;二是信息沟通型,这类人员协助危机管理委员会进行内外的信息传播与沟通工作;三是“辩护型”,这类人员对人们提出的每一个建议和解决问题的方法都提出异议;四是记录型,他们工作有条不紊,所做的记录和日记都能够完好保存;五是人道主义型,他们解决问题的方法总是倾向于人性化的一面,在危机紧急情况下,可以充当企业代言人直接面对公众。

企业危机管理委员会要制定科学而周密的危机处理应变计划,要从企业危机征兆中透视企业存在的危机,并引起企业高度重视;要及时在国家法律法规和公司政策允许的范围内制定相应的处理应变计划,计划应具体、明确、有针对性,同时也不可过于拘泥。危机处理应变计划要形成书面方案,并使之制度化和规范化。为保证企业危机处理计划的全面性和客观性,企业可聘请专业公关公司来主持或协同编撰。

## 2. 培养一支训练有素的危机处理专业队伍

危机处理专业队伍是处理危机的骨干力量,应该由各类专业人员组成。人员涉及销售、生产、技术、宣传、工商、税务、司法等诸多领域,并在此基础上,对队伍构成人员进行培训,对队伍组织加以改造,以便在危机发生时可以冲锋陷阵、服务企业。为了能够在紧急状态下及时联络配合,并得到各方力量的支持,应准备危机应急联络图,标明承担危机处理任务的各协作方的位置和联络方式。专业队伍应配备良好的物质装备:首先是配备良好的通信工具。在危机中,时间是极其重要的,迅捷、畅通的通信保障显得尤为重要,甚至可以说是整个危机紧急预控和处理工作的神经系统,必须根据实际工作需要和当地实际,选择不同的通信设施和手段。其次是充足的物质装备和补给。在制定危机处理计划时,应充分考虑为缓解紧急状态需要的物质配备种类、数量、存放地点以及如何对这些物质进行日常保管、维护,做到真正的未雨绸缪。

### 3. 进行危机处理的模拟训练

企业危机处理应变计划制定出来以后,可能在很长的时间内根本不被采用。但前车之鉴后事之师,制定企业危机处理应变计划,一方面是便于事先训练与准备,一旦危机爆发就能迅速采取行动,及早控制危机,而不至于生搬硬套、溃不成军;另一方面可以减轻决策压力,便于从容决策,有利于决策质量的提高。因此,企业应根据危机处理应变计划进行定期的模拟训练。模拟训练应包括心理训练、危机处理知识培训和基本危机处理演练等内容。定期的模拟训练不仅可以提高企业危机管理委员会的快速反应能力、强化危机管理意识,还可以检测已拟订的危机处理应变计划是否切实可行。

对于危机管理委员会和危机处理专业队伍,必须根据工作需要进行提前培训。一是进行心理训练。可以通过危机模拟实习班,磨炼工作人员的心理承受能力,提高他们的心理素质,以期达到"临危不乱、安如泰山"的效果。二是进行危机处理知识培训。这项培训,应使每一个参训人员熟记危机处理的整体方案,清楚了解他本人所应担负的具体责任,掌握必备的危机处理知识和技能。三是进行危机处理基本演练。危机处理时间紧迫,对危机处理人员的要求,不仅是知道操作的内容,而且要在极短的时间内准确无误地完成规定操作。通过基本演练,确保操作熟练准确,万无一失。

资料来源:改编自贺正楚:《论企业危机管理系统的构建》,《系统工程》2003 年第 3 期。

## (二) 对 COSO 基本理念的质疑

内部控制概念被正式提出和定义是在 1936 年美国会计师协会( AIA,美国注册会计师协会前身之一)发布的《独立公共会计师对财务报表的审查》报告之中。在此后的几十年里,有关内部控制的定义不断推陈出新,如 AIA 分别于 1949 年、1958 年和 1963 年发布的内部控制定义,美国国会于 1977 年发布的《反海外贿赂法》中对内部会计控制的定义,以及AICPA 于 1988 年发布的审计准则公告第 55 号(SAS55)对内部控制的定义。但在这些定义中,内部控制的责任人都没有突破会计人员的小圈子,内部控制的关注点也一直在内部会计控制、内部管理控制之间飘移不定。1992 年 COSO 发布的内部控制定义相对于之前的内部控制定义而言是一个突破,这种突破表现在四个方面:①明确了内部控制的责任人是董事、管理层及其他员工,从这三个层级上将企业的相关人员都涵盖在内;②明确了内部控制的目标是保证经营有效性、财务报告可靠性以及合规性;③明确了内部控制是一个过程,而不再将其局限于政策、措施和手段等层面;④明确了内部控制流程包括控制环境、风险评估、控制活动、信息和沟通以及监控。

正是由于以上内部控制理念的突破和创新,COSO 内部控制整体框架一经发布就引起了企业界及会计执业界的广泛关注,并得到了许多国家和组织的高度认可。2002 年美国国会通过的 SOA 将 COSO 内部控制整体框架作为评价企业内部控制的参考标准。我国有关部门在制定企业风险管理与内部控制规范时,也将其作为主要参考依据。

但是,笔者认为,COSO 内部控制框架也存在一定的缺陷:从控制目标维度看,COSO 内部控制的经营有效性目标在与控制流程特别是其中的风险评估与控制活动相衔接时,存在着逻辑跳跃或者说逻辑断层。从控制流程维度看,COSO 内部控制框架流程的落脚点是对风险的控制而非对企业目标的落实,这意味着内部控制框架流程与内部控制框架目标之间存在着逻辑错位。逻辑断层和逻辑错位的存在,是 COSO 内部控制整体框架概念被质疑缺乏可操作性的主要原因。

COSO 内部控制流程方面的逻辑断层在 2004 年的 COSO 企业风险管理整体框架中得到了部分补充。在这个具有划时代意义的新框架中,目标维度由内部控制的三目标扩充为企业风险管理的四目标,即增加了一个战略目标,同时将财务报告的可靠性目标扩充为报告(涵盖财务报告和非财务报告、内部报告和外部报告)的可靠性目标;在要素方面,也由内部控制的五要素扩充为企业风险管理的八要素。特别是新增加的"事项识别"是结合企业风险管理框架流程与企业风险管理框架目标的关键要素。企业风险管理整体框架的目标包括了战略目标设定过程在内,从这个意义上说,COSO 风险管理整体框架目标涵盖了内部控制整体框架的目标。但是,企业风险管理框架仍然继承了内部控制整体框架的流程与目标之间的逻辑错位。

内部控制整体框架流程与目标之间存在的逻辑错位,导致了一系列问题和困惑,如内部控制与企业管理之间的关系,企业风险管理框架包含内部控制框架及其背后的逻辑关系,内部控制与企业治理、管理控制、会计控制、传统风险管理的关系,谁应该对内部控制负责、应该负何种责任、如何对其进行考核和奖惩,等等。

资料来源:改编自刘霄仑:《风险控制理论的再思考:基于对 COSO 内部控制理念的分析》,《会计研究》2010 年第 3 期。

# 三、习题

## (一) 判断题

1. 国际标准化组织在 1998 年发布的 ISO 31000:1998 风险管理系列标准中,将风险界定为"不确定性对目标的影响",并指出影响是正面或负面的对预期的可能偏离。 (    )
2. 风险的损失程度是指风险事故一旦发生,可能造成的最大损失值。 (    )
3. 风险识别是一个单一的过程,仅凭一次调查分析就能解决问题。 (    )
4. 任何一种方法都不可能揭示出经济单位面临的全部风险,更不可能揭示导致风险事故的所有因素。 (    )
5. 危机都是毫无征兆的。 (    )

6.危机应对的准备工作是为危机的突然发生做好事先的准备工作,包括危机管理小组的设立、危机预案的制定、危机管理意识的培训这三个过程,以及为了减少危机损失而事先采取的一系列措施。 （ ）

7.有效的危机反应包括危机恢复。 （ ）

8.危机预警就是组织在进行持续的资料收集基础上,根据收集的相关资料和数据判断危机可能发生的概率并进行危机等级的评估,在危机发生前发出相应的警报,使组织相关部门及人员了解相关信息,并采取应对措施,以阻止危机的发生以及降低危机的损害,保证组织的有序运作和组织目标的顺利实现。 （ ）

## （二）填空题

1.按社会经济环境是否发生变化,风险可分为_____与_____。

2.一般而言,引发风险事故的风险因素有_____,_____,_____和_____。

3._____是危机管理的行动指南,提供组织可能面临的各种突发危机的应对策略。

4.基本风险也称为_____。

5._____造成的损失和带来的影响可能是多方面的。

6._____是最常用的一种风险分担方式。

7._____是造成损失的原因,如火灾或盗窃会造成财产损失。

8.有效的危机反应通常包括_____,_____,_____和_____。

## （三）选择题

1._____是指在经济环境没有变化时发生损失的可能性,通常是由自然客观因素或者人们的错误或失当行为而造成的。

A. 动态风险　　　　　B. 静态风险　　　　　C. 纯粹风险　　　　　D. 投机风险

2.只有损失可能而无获利机会的风险是_____。

A. 基本风险　　　　　B. 静态风险　　　　　C. 纯粹风险　　　　　D. 特定风险

3._____是造成损失的原因。

A. 风险事故　　　　　B. 风险因素　　　　　C. 风险识别　　　　　D. 风险管理

4.在风险识别的方法中,_____是一种以案头工作方式为基础的风险识别方法。

A. 审核表调查法　　　B. 组织结构图示法　　C. 现场调查法　　　　D. 流程图法

5.在风险评估中,要考虑到环境变化对风险的影响,这反映的是_____。

A. 系统性原则　　　　B. 动态性原则　　　　C. 可操作性原则　　　D. 科学性原则

6.组织在进行某项经营活动时,由于内外环境的变化等原因,使得风险增加或者组织承担风险的能力降低,此时就可以采取_____活动的方式来避免风险。

A. 完全拒绝承担风险　　　　　　　　　B. 中途放弃承担风险

C. 试探承担部分风险　　　　　　　　　D. ABC 都对

7.在非财务型风险分担中,_____是通过签订委托合同,委托企业将其财产交由受托企业委托代管,同时支付一定的费用。

A. 外包　　　　　　　B. 租赁　　　　　　　C. 委托管理　　　　　D. 出售

8. 在危机的特征中，_____是描述危机的发生通常较为突然，容易给管理者带来惊恐和混乱，导致决策失误等问题。

A. 信息资源不充分　　B. 紧迫性　　　　　　C. 突发性　　　　　　D. 危害性

## （四）名词解释

1. 风险管理
2. 纯粹风险
3. 基本风险
4. 风险避免
5. 委托管理
6. 危机
7. 危机反应
8. 危机恢复

## （五）论述题

1. 如何看待"尽管界定的视角不同，但大部分学者都将风险限定在给组织带来损失的不确定性方面"？请结合现代风险管理的主要的两类观点、风险的定义以及分类进行说明。

2. 什么是风险识别？进行风险识别的方法有几种？选择风险识别方式需要注意什么？（列出三种风险识别方法进行简要说明即可）

3. 危机管理是什么？它包括哪些内容？

## （六）案例分析

案例一

我国电力工业是国民基础产业，电力工业的安全关乎国计民生，因为其安全问题不仅涉及行业本身，而且还涉及各用电行业的安全和社会稳定。目前电力体制改革已经基本实现厂网分开，接下来将实施主辅分离，这标志着电力工业将进入一个新的发展时期，电网安全将面临新情况、新问题。实践是检验真理的唯一标准，电力企业在总结事故经验和教训的基础上形成了系统的安全管理制度和方法。其中，电力安全生产的基本方针是"安全第一，预防为主"。在该方针指导下形成了以行政正职为核心的安全生产责任制和三级安全网，并建立了"两票管理""安措与反措计划"等一系列各类应急预案安全保证措施。同时还通过定期安全活动、隐患排查、安全稽查、春秋季安全检查、事故调查等方式，以保证安全制度能有效实施。

自20世纪90年代以来，国内电力行业先后推行了现代安全生产管理的方法和手段，包括安全性评价、危险点预控、状态检修等，大幅度降低了事故的发生率，保证了电网的稳定运行,但在如何全面提高企业安全风险防范水平上还是有进一步提升的空间。在实际措施的落实中,"安全第一,预防为主"的基本方针却一直处于认识层面未能落到实处;以本单位或者同行业的事故经验总结为依据,查处隐患和制定事故预防措施。上述情况可以说明电力安全生产管理一直是"防御式"的被动安全管理。

资料来源:改编自黄扬洁:《风险管理在电力安全生产管理中的应用》,《电力安全技术》2009 年第 2 期。

请结合案例和所学的风险管理知识,说明我国电力工业风险的管理现状和改进建议。

## 案例二

材料 1:詹姆斯·伯克在担任强生首席执行官期间最为人津津乐道、备受称誉的是,以一流的管理艺术解决了所有药厂最害怕面对的梦魇。1982 年泰诺止痛药被置入毒素事件,强生必须尽快明白这次事故的严重性并进行处理。当时詹姆斯组织了一个危机团队,团队成员包括公共关系专家、律师与科学家。团队的第一项任务是快速进行还原工程仿真:在泰诺工厂内,是否有十分了解制药过程的人有时间在流程中下毒?几天之内,组织就确认了下毒事件并非内部人员所为,而是外部勒索者所致。由于泰诺被强烈抨击,詹姆斯决定回收所有的泰诺产品。在市面上还未有危机管理的图书前,詹姆斯与团队频繁沟通、行动迅速并与执法单位合作找出罪犯的藏身之处。由于快速科学的应对,强生在这起事故处理中大放异彩,不仅保住了市场占有率,同时还赢回大众的信任。而现在,泰诺产品在止痛药市场中的市场占有率相较于危机发生之前还高。

材料 2:也许你曾见过弗吉尼亚理工大学校园枪击案的新闻报道,但大部分的媒体会忽略其在危机应对中的一个优点。当其他大学在校园惨案发生后还将关注的重点聚焦于悲剧本身的时候,弗吉尼亚理工大学已然成立了一个独立小组,案件发生次日小组立即开始了行动,在校园内的卡塞尔体育馆(Cassell Coliseum)举办纪念罹难者的追悼会。这场追悼会汇聚了众人的哀思,美国总统布什、州长蒂姆·凯恩、各地牧师、学生代表以及唱诗班都参与其中,这一做法所产生的抚慰效果大大出人意料。此独立小组工作较多,他们不仅要准备追悼会的讲稿和关注现场的安全措施,还需要安排心理咨询师帮助受害者及其家属应对事件后难以磨灭的精神创伤;同时,他们也协助家属从世界各地奔赴弗吉尼亚理工大学处理灾后事项,协调电视新闻网进行报道等,以期让受害者得到最大的尊重。

资料来源:改编自劳伦斯·巴顿:《危机管理:一套无可取代的简易危机管理方案》,许静予译,东方出版社 2009 年版,第 174 页。

请结合两个材料阐述危机管理的定义及其重要性。

## 四、习题答案及提示

### （一）判断题

1.× 2.√ 3.× 4.√ 5.× 6.√ 7.× 8.√

### （二）填空题

1. 静态风险,动态风险
2. 物质风险因素,道德风险因素,心理风险因素,法律风险因素
3. 危机预案
4. 重大风险
5. 风险
6. 保险
7. 风险事故
8. 建立危机处理小组,启动应急预案或制定新的方案,隔离危机,获取更多信息

### （三）选择题

1.B 2.C 3.A 4.B 5.B 6.B 7.C 8.D

### （四）名词解释

1. 风险管理是指组织通过对风险的识别、衡量和处理,力求以最小的经济代价为组织目标的实现提供安全保障的管理活动。
2. 纯粹风险是指那些只有损失可能而无获利机会的风险。
3. 基本风险也称为重大风险,是指特定的社会个体所不能控制或预防的风险。
4. 风险避免也称风险规避,是指在风险发生的可能性较高且影响程度较大的情况下,组织采取的中止、放弃或调整等风险处理方式以避免风险损失的一种方法。
5. 委托管理即通过签订委托合同,委托企业将其财产交由受托企业委托代管,同时支付一定的费用。
6. 危机是指突发的、严重影响组织的生存与发展的一种状态。
7. 危机发生后,组织能否进行有效管理,使其转危为安,甚至捕捉其中的机会,促进组织发展,成为考验组织的危机管理能力的重要内容。危机反应包括建立危机处理小组、启动应急预案或制定新的方案、隔离危机和获取更多信息。
8. 危机恢复是指当危机事件得到有效控制或平息后,组织需要迅速挽回危机所造成的

损失,通过一系列的措施来完善组织管理,尽快恢复到正常的工作状态与工作秩序。

## (五) 论述题

1. 在人们的生活与社会经济活动中,经常需要应对各种类型的风险。它始终伴随和影响着人类的生活,并引起人们的广泛关注和研究。但对于什么是风险,学术界的观点并不一致。

(1) 国际标准化组织将风险界定为"不确定性对目标的影响",该定义体现了风险的两面性:正面的影响意味着机会和收益,而负面则是威胁和损失。而 COSO 认为"风险是一个事项将会发生并给目标实现带来负面影响的可能性",该定义则强调了风险的负面影响及不确定性。

(2) 目前,尽管界定的视角不同,但大部分学者都将风险限定在给组织带来损失的不确定性方面。现在主要有两类观点:风险客观说和风险主观说。风险客观说认为,风险是客观存在的损失的不确定性,是可以预测的。在对风险事故观察统计的基础上,可以利用统计学等工具对风险的不确定性进行描述和度量。而风险主观说在承认风险是损失的不确定性的同时,认为这种不确定性是个人对客观风险的评估,同个人的知识、经验、精神和心理状态等因素有关,不同的人面对相同的风险会做出不同的判断。

(3) 风险是指发生对组织不利事件的不确定性,包括事件发生的可能性及后果的大小。

2. 组织运营过程中所面临的风险是错综复杂的,正确地识别风险是风险管理过程中最基础的环节。它是风险管理的关键环节,其主要任务是定性地判断特定的风险是否存在。

(1) 风险识别是指管理者运用相关的知识和方法,全面、系统和连续地发现和描述组织所面临的各种风险、风险原因以及潜在的后果。

(2) 风险识别的方法有很多,应用领域和侧重点各不相同。一般而言,常用的风险识别方法有现场调查法、审核表调查法、组织结构图示法、流程图法、财务报表分析法等,任选三种简要说明即可。

(3) 任何一种方法都不可能揭示出经济单位面临的全部风险,更不可能揭示导致风险事故的所有因素。经费的限制和不断增加工作会导致成本上升、收益下降,风险管理人员必须根据实际条件选择效果最优的方法或方法组合。风险识别是一个连续不断的过程,仅凭一两次调查分析不能彻底解决,复杂的和潜在的风险要经过多次识别才能获得较准确的答案。

3. 危机是指突发的、严重影响组织的生存与发展的一种状态。在组织运营过程中,内部的管理不力或外部环境的突然变化,都可能使组织陷入困境,导致危机发生,直接威胁到组织的生存与发展。因此,进行有效的危机管理,对于组织的可持续发展至关重要。

(1) 列举危机的特征:突发性、危害性、紧迫性、信息资源不充分。

(2) 说明危机预警的重要性和危机应对的作用。

(3) 危机反应的四个部分:建立危机处理小组、启动应急预案或制定新的方案、隔离危机、获取更多信息。危机恢复的内涵,比如通过一系列的措施来尽快恢复到正常的工作状态与工作秩序。组织要总结经验教训,学会抓住危机带来的机遇,以使组织获得更好的发展。

## （六）案例分析

1. 首先,说明风险管理的定义。风险管理,是指组织通过对风险的识别、衡量和处理,力求以最小的经济代价为组织目标的实现提供安全保障的管理活动。因此,风险管理是一个过程,是降低和控制风险的一系列活动,它涉及管理目标的确定、风险的识别和评估、风险管理方法的选择、风险管理的实施及风险管理效果的评价与改进等内容,是组织中各个层级人员的职责,而非仅仅针对管理人员。

其次,说明风险管理的必要性。(1)结合电力行业制度和方法与风险管理目标说明风险管理是一项目标导向性的组织工作。(2)结合风险识别的工作和方法,比如现场调查法和流程图法为电力行业提出建议。(3)也可以从控制风险方法的角度入手举例说明。

2. 危机是指突发的、严重影响组织的生存与发展的一种状态。

(1)说明危机的特征:突发性、危害性、紧迫性、信息资源不充分,以及其在案例中的体现。

(2)危机反应的内涵,即危机发生后,组织能否进行有效管理,使其转危为安,甚至捕捉其中的机会,促进组织发展,成为考验组织的危机管理能力的重要内容。以此重点说明强生的案例。

(3)当危机事件得到有效控制或平息后,组织需要迅速挽回危机所造成的损失,通过一系列的措施使组织恢复到正常的工作状态与工作秩序。此处可补充说明危机恢复的过程,有理即可。

第六篇　创新

# 第十五章 创 新 原 理

## 一、知识点回顾

### 1. 组织管理的创新职能

#### ■ 管理创新的内涵

创新从广义上来讲是指产生新的思想和行为的活动。熊彼特从经济学视角较早提出了管理创新的思想,他提出,管理创新就是建立一种新的生产组合过程,即把一种从未有过的关于生产要素和生产条件的"新组合"引入生产体系(新的生产函数)。

从管理学的一般角度来看,管理创新活动是相对于维持活动的另一类管理活动,它是在探究人类创新活动规律的基础上,对管理活动改变的过程,是一种产生新的管理思想和新的管理行为的过程。作为管理工作的一种状态,管理创新就是改变管理理念和创新职能管理手段,其目的不仅在于提升组织创新能力,而且在于改变组织管理效率,创造社会财富,实现组织新的目标。

**管理创新概念具有丰富的内涵**。首先,管理活动由维持活动与创新活动构成。其次,不管组织管理系统设计、启动和监视,还是组织管理调整与变化,它们都是一定管理思想和行动的结果。最后,管理创新中的"管理",既是名词,也是动词。

#### ■ 管理工作的维持与创新关系

作为管理的基本内容,**维持与创新**对系统的存在都是非常重要的。

维持是保证系统活动顺利进行的基本手段,也是组织中最常见的工作。管理的维持职能便是严格地按预定的规划来监视和修正系统的运行,尽力避免各子系统之间的摩擦,或减少摩擦而产生的结构内耗,以保持系统的有序性。没有维持,社会经济系统的目标就难以实现,各成员的工作就有可能偏离计划的要求,从而整个系统就会呈现一种混乱的状况。

但是,仅有维持是不够的。任何社会系统都是一个由众多要素构成的,与外部不断发生物质、信息、能量交换的动态、开放的非平衡系统。一旦系统不能跟上社会的变化,其产品或服务不再被社会需要,或内部的资源转换功能退化,系统向社会的索取超过对社会的贡献,则系统会逐步地为社会所抛弃,趋向消亡。系统若不根据内外变化的要求,适时进行局部或全局的调整,则可能为变化的环境所淘汰,或为改变了的内部要素所不容。这种为适应系统内外变化而进行的局部和全局的调整,便是管理的创新职能,这也是创新的主要内涵和作用。

有效管理是实现维持与创新最优组合的管理。维持与创新逻辑上的相互连接、互为延续的关系并不意味着两者在空间和时间上的分离。事实上,组织管理活动是维持和创新的相互融合。维持管理与创新管理在目标和方向上的不同表现为在基本职能上的差异。维持管理致力于维持秩序和守业,而创新管理则是力图突破现状,率领所领导的企业抛弃一切不适宜的传统的做法。

■ **管理创新工作的内在规定性**

**管理创新职能**与决策、组织、领导、控制职能之间并非并列独立的,而是相对于维持工作而言的独立存在。创新管理工作并不等于个别的创新活动,而是大量的创新活动表现出的共性的逻辑与原则,它是一个管理过程。实践表明创新管理工作离不开管理的基本职能,创新工作包括内外因素分析、创新计划和决策、组织和实施创新活动等几个环节,循环往复,永无止境。

## 2. 管理创新的类型与基本内容

■ **不同方式的管理创新**

从创新程度分类,管理创新可以分成渐进式创新与破坏性创新。渐进式创新是对现有的管理理念和管理方法进行局部性改进,而产生的一种新的管理活动。与之不同,破坏性创新则是对于现有管理理论、手段和方法的根本性突破。

按照创新的变革方式分类,管理创新可分为局部创新、整体创新、要素创新和结构创新。局部创新是指在系统性质和目标不变的前提下,系统活动的某些内容、某些要素的性质或其相互组合的方式,系统的社会贡献的形式或方式等发生变动。

从创新的组织化程度上看,管理创新可分为自发创新与有组织的创新。系统内部与外部直接联系的各子系统接收到环境变化的信号以后,必然会在其工作内容、工作方式、工作目标等方面进行积极或消极的调整,以应对变化或适应变化的要求。与自发创新相对应的,是有组织的创新。

■ **不同职能领域的管理创新**

战略创新,是旨在发现和变革组织目标,探寻新的行动路径的管理决策活动。战略创新是新来者面对巨大资源短缺也能成功的唯一途径。企业战略创新的永恒目标就是进行战略革命。

组织创新,是指实现组织战略创新,必须对旧的组织管理进行创新,形成一整套新的组织管理方式。一般说来,组织创新包括了变革组织结构、创新组织人才配备和构建创新型组织三个方面。

领导创新,是领导工作的创新和对创新工作有效领导内容的总和,目前其研究主要围绕培养和挖掘领导者的创新素质,创新领导方式,构建激励创新的氛围等。

■ **不同要素水平的管理创新**

管理思维需要创新。任何管理行为都受制于管理思维。管理者的管理思维固然有着鲜明的个人色彩,但也是特定历史和社会的产物,与那个时期的管理认知水平相一致,发展管理者创新思维对于促进管理思维创新是大有益处的。

管理环境需要创新。环境是组织生存的土壤,同时制约着组织发展。环境创新不是仅要求组织为适应外界变化而调整内部结构或活动,而是指组织通过积极的创新活动去改造环境,去引导环境朝着有利于组织发展的方向变化。对企业而言,环境创新的主要内容是市场创新和人才环境。市场创新主要是指通过企业的活动去引导消费,创造需求。新产品的开发往往被认为是企业创造市场需求的主要途径。而人才环境是组织生存的基本环境。人才不仅是组织发展的基本要素,也是组织创新最基本的动力。

管理技术与方法需要创新。管理技术与方法是指用来实现管理目的而运用的手段、方式、途径和程序等的总称。管理技术与方法创新是反映组织管理实力的一个重要标志,为了在激烈的市场竞争中处于主动地位,组织应当顺应和引导管理技术发展的方向,不断地创新管理方法与管理技术。

### 3. 创新过程及其管理

#### ■ 创新动力来源

创新源于企业内部和外部的一系列不同的机会,德鲁克归纳了**七种不同的创新来源**。

(1)意外的成功或失败。不论是意外的成功,还是意外的失败,都有可能是向企业昭示着某种机会,企业必须仔细地分析和论证。

(2)企业内外的不协调。当企业对外部经营环境或内部经营条件的假设与现实相冲突,或当企业经营的实际状况与理想状况不相一致时,便出现了不协调的状况。

(3)过程改进的需要。过程改进的需要与企业内部的工作(内部的生产经营过程)有关。

(4)产业和市场的改变。面对同一市场和行业结构的变化,企业可能做出不同的创新和选择,而多种选择都可能有其存在意义和价值创造空间。

(5)人口结构的变化。人口结构的变化直接决定着劳动力市场的供给,从而影响企业的生产成本。

(6)人们观念的改变。对事物的认知和观念决定着消费者的消费态度,消费态度决定着消费者的消费行为,消费行为决定一种具体产品在市场上的受欢迎程度。

(7)新知识的产生。一种新知识的出现,将为企业创新提供异常丰富的机会。

#### ■ 创新管理决策

任何企业在进行**创新过程管理**,都需要进行一系列的创新管理决策。它们涉及创新基础、创新对象、创新水平、创新方式以及创新实现的时机等多个方面。以下介绍前四个方面。

创新基础的选择:创新基础的选择需要用以解决在何种层次上组织创新的问题,或者说创新主体是谁、相应的资金定位问题等。

创新对象的选择:从技术创新角度来看,创新对象选择主要涉及材料、产品、工艺、手段等不同方面。

创新水平的选择:创新水平解决的主要是在组织企业创新活动时,是采取一个领先于竞争对手的先发优势战略,还是实行后发优势战略。

创新方式的选择:每个企业都可以有两种不同的创新选择,只利用自己的力量进行开发;或与外部的生产、科研机构联合共同开发。

#### ■ 实施创新领导

约翰·科特提出**创新领导**包括以下八个环节:树立紧迫感,是创新工作的一项关键责任;建立强有力领导联盟,是创新工作必须有的组织保障;构建愿景规划,能够引导创新的方向;沟通创新愿景,利用各种媒介工具进行传播;广泛的授权运动,是实现组织创新愿景的基础;夺取短期胜利,就是要制定逐步改进绩效的规划;巩固已有成果;选用新项目、新观点和创新推动者再次激活整个创新过程;将创新成果制度化就是将创新的活动融入组织文化之中。

■ **创新活动的评估与审计**

**创新活动的评估与审计**是以创新的测量为基准,按照评估基本原则的要求,通过运用多种评估审计的方法,确定评估的关键环节和关键问题,找出目前状况和期望状况之间的差距,进而对创新过程和创新业绩提出改进的方案,为企业持续创新活动提供保障。

# 二、拓展阅读材料

## (一) 新常态下的企业创新发展的现状和趋势

我国经济发展进入了"新常态",其主要特点之一是发展动力从传统要素驱动转向创新驱动。在创新驱动转型的重要时期,全面了解中国企业创新的现状、环境,创新所面临的问题以及未来的发展态势,对实现中国经济转型升级而言是十分重要的。

### 1. 企业创新进步较为明显

创新是推动企业持续健康发展的重要因素,也是提高社会生产力和综合国力的战略支撑。调查结果显示,我国多数企业已经有了较强的创新意识和较清晰的创新战略,企业创新发展的基本指标总体较好,企业海外研发机构和国际专利的拥有量也说明样本企业的创新国际化程度达到了一定水平。

从不同地区看,东部地区企业最高,中部地区企业次之,而西部地区企业最低;从不同规模看,大型企业高于中型企业,中型企业高于小型企业,这反映了创新的资源依赖特点,即具有一定规模的企业在创新基本指标方面表现更好;从不同经济类型看,外资企业在创新的基本指标方面比内资企业的表现好,而民营企业在创新基本指标方面也优于国有及国有控股公司;从不同发展阶段看,创新与企业成长阶段密切相关:创新的成长反映了企业的成长,而企业的衰退也表现为其创新能力的衰退。

### 2. 企业创新投入持续增长

创新投入是取得创新成果的保障,而新产品销售收入反映创新成果。从不同地区看,东部地区企业无论从创新投入还是创新产出方面均有一定优势;从不同规模看,小型企业在创新投入占比和创新产出占比这两个方面占据优势;从不同经济类型看,国有及国有控股公司研发人员占比较高,但配套的创新资金投入占比较低,可能存在创新效率低的状况;从企业发展阶段来看,无论是创新投入占比还是创新产出占比,都表现为创业期和成长期的企业高于成熟期和衰退期的企业。

### 3. 企业自主研发能力提升较快

关于企业新产品的开发方式,可以看出,我国企业开发新产品的方式主要是自主研发和依托国内力量进行研发,而国外引进与合作仅仅是辅助的方式。具体来看,一方面选择企业内部开发为主要新产品开发方式的企业占比大幅上升,这表明企业自主研发能力在过去15年间得到了快速提升;另一方面企业对其他几种与国内机构合作研发方式的重视程度也有所提升,这表明支持企业创新的国内高校院所、技术交易市场和企业间合作研发机制也取得了明显的成效。

从不同地区看,东部地区企业较多利用内部开发、与国外企业合作、国外引进等方式,而中部和西部地区企业较多利用与国内高校院所合作开发、与国内企业合作开发、国内引进等形式,这表明东部地区企业在国际合作研发方面较为领先;从不同规模看,大型企业更多利用与国内高校院所合作、与国外企业合作、国外引进等方式,而中小企业更多利用国内引进、与国内其他企业合作等方式,这表明大型企业在新产品开发方式上更加多元化。

### 4. 企业高学历员工比重持续上升

人才是企业提高创新能力的重要因素。调查结果显示,近年来企业员工的学历水平有了较大幅度提升。西部地区企业一直略高于东部和中部地区企业,大型企业高于中小企业,国有及国有控股公司明显高于外资企业和民营企业。但是,不同行业对大学生的需求以及吸引力各不相同,部分行业研发投入和大学生员工占比存在一定的契合度,如信息传输软件和信息技术服务业、租赁和商务服务业等行业中,研发投入和大学生员工占比两项指标在所有行业中均位于前列,呈现高度的一致性,两者具有支持创新可持续发展的基础动力。

资料来源:改编自中国企业家调查系统:《新常态下的企业创新:现状、问题与对策》,《管理世界》2015年第6期。

## (二)企业管理创新的特性驱动因素

### 1. 中外企业管理创新的共性驱动因素

据研究证实,组织资源能力、市场竞争、行业发展特征、组织社会资本以及市场需求都属于中外企业管理创新的共性驱动因素,表15-1就是国内外学者对企业管理创新的共性驱动因素作用机理的解释。综上所述,不管是中国企业还是西方企业,管理创新的共性驱动因素都是以组织资源能力作为基础,市场竞争作为动力,行业发展起到推动作用,组织社会资本是企业创新管理的资本,市场需求是企业管理创新的重要导向。

**表15-1　中外企业管理创新的共性驱动因素**

| 因素 | 西方代表性解释 | 我国代表性解释 |
| --- | --- | --- |
| 组织资源能力 | 组织资源能力奠定了企业管理创新的基础,企业只有具备完备的管理实践知识和人力资源才能更好地开展创新管理举措 | 企业中不同的组织资源配置会影响企业对自身创新方式的选择以及管理创新的效果 |
| 市场竞争 | 企业的各项创新举措都是由市场竞争来决定的,市场竞争越激烈,企业的创新决策越具有有效性 | 企业要想在激烈的市场竞争中占据一席之地就必须进行改革创新,市场竞争是企业快速发展的原动力 |

续表

| 因素 | 西方代表性解释 | 我国代表性解释 |
|---|---|---|
| 行业发展特征 | 行业发展特征是企业管理创新的重要参考依据,也是企业谋取高额利润的先驱 | 行业发展特征是企业进行模仿式管理的前提,有助于企业产品服务的创新和发展速度 |
| 组织社会资本 | 组织社会资本的积累有助于企业更好地实施管理创新,企业通过对管理实践信息源的接触能够扩大自己的市场范围 | 组织社会资本间接地影响企业的管理创新,组织社会资本积累的过程也是企业自身学习的一个过程,可以大大提高企业的创新效率 |
| 市场需求 | 市场需求是企业创新的特性驱动因素 | 市场需求也就是顾客的需求,因此,市场需求不仅对企业管理创新具有促进作用,而且能大幅度促进消费 |

### 2. 中国企业管理创新的特色驱动因素

（1）企业家。与西方企业不同的是,我国企业缺乏全员创新的氛围才使得企业家成为我国企业管理创新的重要驱动因素,进而造成了“家长式管理”的企业特性。西方企业鼓励自上而下的全员创新使得企业员工才是驱动管理创新的重要资源。

（2）企业发展特征。企业只有按照自然的变化规律并且遵循生命周期现象,才能在日益激烈的经济全球化竞争中占据优势,并且拥有自己的立足之地。与我国企业发展不同的是,西方企业已基本摆脱企业发展过程中局限性带来的困扰,因此较为成熟和完善。

（3）战略。决定企业在市场经济地位的基础是企业的营销战略,只有正确地制定企业市场营销战略,才能使企业在激烈的竞争中立足。

（4）政策。我国企业的管理创新还要具备国际视野,企业管理创新要合理地对企业管理进行规划,企业的国际化管理从实质上来讲是一种国家间的“竞争与合作”关系。这种企业管理国际化的构建可以将企业置于巨大的挑战和新的机遇当中,这些问题都充分说明了国际化的视野、开放的理念以及紧随时代潮流的先进企业管理机制才是企业获得成功的关键。

（5）管理问题。企业的管理阶层是一个十分重要的机构,领导战略决策的正误对于企业有很重要的意义,关系到企业发展的方向、发展的目标和企业的根本利益。

资料来源:改编自左小德、张进财、陈振炜:《中国企业管理创新的驱动力——兼与西方企业的比较》,《管理世界》2015 年第 1 期。

# 三、习题

## （一）判断题

1. 创新从狭义上来讲是指产生新的思想和行为的活动。　　　　　　　（　　）
2. 创新活动是通过设计、启动和监视等维持活动来落实的。　　　　　（　　）

3. 不管组织管理系统设计、启动和监视,还是组织管理调整与变化,它们都是一定管理思想和行动的结果。　　　　　　　　　　　　　　　　　　　　　　　　　（　　）

4. 维持与创新逻辑上的相互连接、互为延续的关系意味着两者在空间和时间上的分离。
　　　　　　　　　　　　　　　　　　　　　　　　　　　　　　　　　　　（　　）

5. 企业战略创新的永恒目标就是进行战略革命,打破旧的行业规则,确立新的行业规则。
　　　　　　　　　　　　　　　　　　　　　　　　　　　　　　　　　　　（　　）

6. 环境创新是仅要求组织为适应外界变化而调整内部结构的活动。　　　　　（　　）

7. 美国学者德鲁克把诱发企业创新的这些不同因素归纳成八种不同的创新来源。
　　　　　　　　　　　　　　　　　　　　　　　　　　　　　　　　　　　（　　）

8. 对事物的认知和观念决定着消费者的消费态度,消费态度决定着消费者的消费行为,消费行为决定一种具体产品在市场上的受欢迎程度。　　　　　　　　　　（　　）

## （二）填空题

1. 管理创新中的"管理",既是名词,也是_____。
2. _____与_____在逻辑上表现为相互连接、互为延续的链条。
3. 创新源于企业_____和_____的一系列不同的机会。
4. 对于不同的创新方式,我们可以从_____,_____和_____来理解。
5. 任何改变现存物质财富,创造潜力的方式都可以称为_____。
6. _____是领导工作的创新和对创新工作有效领导内容的总和。
7. 从主要内容来看,创新评估可以分为_____,_____,_____,_____。
8. _____对企业经营的影响是多方位的。

## （三）选择题

1. 实现_____,必须对旧的组织管理进行创新,形成一整套新的组织管理方式。
A. 组织战略创新　　　　　B. 组织领导创新　　　　C. 组织形式创新　　D. 组织制度创新
2. 从技术创新角度来看,_____主要涉及材料、产品、工艺、手段等不同方面。
A. 创新基础的选择　　　　　　　　　　B. 创新水平的选择
C. 创新对象的选择　　　　　　　　　　D. 创新方式的选择
3. 创新管理决策涉及多个方面,以下不属于创新决策逻辑的是_____。
A. 创新基础的选择　　　　　　　　　　B. 创新方式的选择
C. 创新对象的选择　　　　　　　　　　D. 创新战略的选择
4. 以下不属于管理创新的角度的是_____。
A. 从形式角度考察不同管理创新的特点
B. 从过程角度考察不同管理职能的创新内涵
C. 从要素角度讨论管理基础的创新
D. 从内容角度讨论管理创新的意义
5. 在行动上先人一步,目的是在市场竞争中高人一筹、先人一步行动,率先行动的战略是_____。

    A. 先发优势战略       B. 后发优势战略       C. 先手优势策略   D. 后手优势策略

    6. 管理学家科特提出_____包括八个环节:树立紧迫感;构建愿景规划;沟通创新愿景;广泛授权运动夺取短期胜利;巩固已有成果;深化创新;将创新成果制度化。

    A. 创新策略       B. 创新管理       C. 创新领导       D. 创新战略

    7. 以技术创新过程评价为基础,陈劲提出了一个模型,模型认为技术创新过程是由技术创新核心过程、周边系统和技术能力积累三个模块共同作用的结果。该模型是_____。

    A. 技术创新测量模型               B. 技术创新审计模型

    C. 技术创新评估模型               D. 技术创新分析模型

    8. 近年来,创新评估逐渐呈现的特性是_____。

    A. 单一性       B. 多维性       C. 可操作性       D. 广泛性

## （四）名词解释

    1. 战略创新

    2. 管理技术与方法创新

    3. 领导创新

    4. 市场创新

    5. 企业内外的不协调

    6. 创新水平

    7. 沟通创新愿景

    8. 创新活动的评估与审计

## （五）论述题

    1. 简述创新的定义及管理创新的内涵。

    2. 简述管理与创新的关系。

    3. 简述管理工作中的维持与创新关系。

## （六）案例分析

案例一

    作为全球数一数二的生物制药公司,上海施贵宝公司在 2012 年凭借其在癌症、心血管、糖尿病、肝脏疾病、艾滋病等领域享有盛誉的多条产品线,取得了 212 亿美元的销售业绩总量,跻身全球十大制药企业。这十几年来,该公司始终坚持企业管理创新,一直进行着卓有成效的经营管理,取得了令人惊叹的辉煌业绩。

    1. 管理思想创新

    管理创新,首先要在管理思想上创新。企业管理创新一般作用于某个机制,企业内部环境与企业创新的氛围较容易产生这种机制。具有创新机制的企业,能够推进和发展管理创新,反之不具有此类创新机制的企业则不能有效推动管理创新。由此可见,该公司真正在认识上、观念上、措施上到位,以管理创新推进变革,并把变革作为企业的机会加以把握、把创新作为应对竞争环境的变化是必不可少的,也是企业本身发展所必需的。

该公司在管理思想上,主要在四个转变上下功夫:第一个方面,由原先的传统导向的企业和管理目标多元化转变为管理目标单一化。每一个工作年度,企业都有非常明确的目标,公司的领导、公司的各项管理工作都围绕这一目标而展开,追求管理的卓越和创新,从而带来最大化的效益。第二个方面,由原先的企业被动型管理转变为企业自主化管理,让企业成为管理真正的主体。公司在公司内部建立了一套较为完整的涉及 CMP 和质量、财务、安全等的内部审计制度,形成了自我检查、自我整改、自我完善、自我发展的机制;此机制不仅调动和激发了管理人员的主动性和积极性、发挥管理人员的智能和潜能,还能促使管理人员创造性地开展创新活动。第三个方面,由原先的企业内部管理的计划经济模式转变为市场经济模式。上海施贵宝公司将市场占有率作为衡量企业经营好坏的重要标准。第四个方面,企业由原先封闭式的管理转变为国际通行的现代管理,并密切关注和学习国外现代管理的知识,不断进行管理创新。

2. 以人为本是现代企业管理的重要创新

人是在一个个具体的环境中渐渐成长起来的。由于劳动分工的出现,每个人都有自己的工作岗位,在特定的工作岗位上进行创造性的工作,以达到企业目标。与此同时,把自己塑造成一个全面发展的人,这应是企业管理中人本管理的最高目标,也是以人为本管理的真正要旨。

施贵宝公司人本管理的主要措施如下所示:① 公开择优招聘,促进人才的合理流动。招聘工作严格贯彻"公开招聘、平等竞争、严格考核、择优录用"的原则。② 实行绩效评估,发挥激励导向的作用。③ 引入竞争机制,改革分配制度。每年公司都要在同行业内或咨询机构调查实时的劳动力市场价格,以此确定本公司员工合理的工资薪酬。④ 重视培训,强调学习。公司更加注重员工学习,通过多种方式加强和丰富员工在岗培训。⑤ 为员工制造发掘员工自身潜力的机会,或公司自觉创造"人和"融洽的工作气氛。⑥ 培训和学习,使公司员工不仅提高技能、增长才干,且通过绩效评估公开肯定和赞赏员工的工作成果,此外还通过组织不同方式的团队活动以加深员工之间的感情。

3. 管理方法创新

企业管理方法的创新,主要是实现管理的科学化和现代化。施贵宝公司把一部分现代科学技术的最新成果应用到管理实践当中,比如生产资源计划、预算管理、办公自动化、全面质量管理、统计分析、计算机网络计划技术、库存管理、决策技术、市场预测技术等。这使市场预测、原料采购、生产作业、产品成本、库存状况、财务控制和质量控制等数据全都囊括到一体化管理之中,从而以最少投入、科学库存量和最高生产效率来编制生产计划,最后更好地满足市场需求,并在企业内部做到信息共享、决策科学和有效监督同时进行。除了上述内容之外,该公司还全面开展以提高效率为主题的活动,制定成本差异、人员紧缩、效率最大化的具体计划。而且施贵宝公司在年度决算中把提高效率、减少成本作为成绩考核的一项指标。

4. 经营思路创新

施贵宝公司深刻了解产品创新和市场创新的重要性,他们在新产品开发上有五年滚动计划,每年都要上市两到三种新产品;新产品上市又有详尽的新品营销和扩大市场占有率的策略,具有强烈的超前意识和市场占有意识。为了更好地占有市场,施贵宝公司成立了仓储分发部,把仓库、分发、车队三者都归并在一个部门,加强它们之间的合作并进行强化管理,保证 GMP;并在全国设立了 14 个分发库,售后服务质量显著提高,比如 98% 以上的产品在订单接收后 48 小时内便能成功送达给客户。且施贵宝公司在海外也设有专门的分发公司,不过在国内一般是通过商业部门销售,并没有设立全国的分发部门。面对国内的应收账款数额较大和严重三角债的情况,施贵宝公司对所有客户实行了资信管理,即通过建立客户资信控制与管理系统,对客户的创建情况、销售历史、还款率等资信数据都匹配有完整记录,并根据其资信状况的变化而及时调整销售政策。此外,施贵宝公司还设立了专职的资信与收款小组,加强了款项回收工作,使应收账款处于良好的水平。

资料来源:改编自张岩松、李文强:《管理学案例教程》,北京交通大学出版社 2014 年版,第 333-335 页。

结合案例和创新原理知识,思考以下问题:

1. 上海施贵宝公司的管理创新涉及哪些方面?
2. 上海施贵宝公司为什么能在管理上有创新?

## 案例二

创新活动赋予资源新的价值,使它能创造新的财富。而事实上,创新活动本身就创造了资源。人类在发现自然界中某物质的用途并赋予它经济价值之前,"资源"这种概念其实是完全不存在的。在那个时候,每一种植物皆为杂草、每一种矿物皆为石头而已。百年前,从地下渗出的石油以及铝土矿(即铝的原材料)都还不是资源,在当时它们只是令人讨厌的东西,因为它们的存在让土壤贫瘠。

社会和经济领域的情况亦是如此。如在经济领域中,没有比"购买力"(purchasing power)更重要的资源了,而购买力则是企业家的创举。

19 世纪早期,美国农民实际上并没有什么购买能力,因而也无力承担农业机械的费用。当时,虽然市场上已有各式各样的收割机,但是无论农民多么需要,也无钱购买。于是,收割机发明者之一的赛勒斯·麦考密克(Cyrus McCormick)发明了分期付款。

资料来源:改编自彼得·德鲁克:《创新与企业家精神》,蔡文燕译,机械工业出版社 2007 年版,第 27-28 页。

请阐述案例中出现的创新的来源,并说明其他来源方式及创新类型。

## 四、习题答案及提示

### (一) 判断题

1. ×  2. √  3. √  4. ×  5. √  6. ×  7. ×  8. √

### (二) 填空题

1. 动词
2. 创新管理,维持管理
3. 内部,外部
4. 创新程度,变革方式,组织化程度
5. 创新
6. 领导创新
7. 技术评估型,过程评估型,系统评估型,绩效评估型
8. 人口因素

### (三) 选择题

1. A  2. C  3. D  4. D  5. A  6. C  7. B  8. B

### (四) 名词解释

1. 战略创新是旨在发现和变革组织目标,探寻新的行动路径的管理决策活动。

2. 管理技术与方法创新的过程是要将现代信息技术与现代管理理念相融合,转变组织生产方式、经营方式,改变业务流程和组织方式。

3. 领导创新是领导工作的创新和对创新工作有效领导内容的总和。

4. 市场创新是指通过企业的活动去引导消费,创造需求。

5. 企业内外的不协调是指当企业对外部经营环境或内部经营条件的假设与现实相冲突,或当企业经营的实际状况与理想状况不相一致时,便出现了不协调的状况。

6. 创新水平解决的是在组织企业创新活动时,是采取一个领先于竞争对手的先发优势战略,还是实行后发优势战略。

7. 沟通创新愿景是指利用各种可用的媒介工具,与其他人沟通新的愿景规划和战略,通过领导联盟的示范传授新的行为。

8. 创新活动的评估与审计是以创新的测量为基准,按照评估基本原则的要求,通过运用多种评估审计的方法,确定评估的关键环节和关键问题,找出目前状况和期望状况之间的

差距,进而对创新过程和创新业绩提出改进的方案,为企业持续创新活动提供保障。

## （五）论述题

1. 广义的创新是指产生新的思想和行为的活动。德鲁克认为,任何改变现存物质财富、创造潜力的方式都可以称为创新;创新是新思想的运行,是付诸行动的一切新的想法。

熊彼特从经济学视角较早提出了管理创新的思想,他提出,管理创新就是建立一种新的生产组合过程,即把一种从未有过的关于生产要素和生产条件的"新组合"引入生产体系(熊彼特称为新的生产函数);它包括五种基本形式。一般认为管理创新活动是相对于维持活动的另一类管理活动,它是在探究人类创新活动规律的基础上,对管理活动改变的过程,是一种产生新的管理思想和新的管理行为的过程。作为管理工作的一种状态,管理创新就是改变管理理念和创新职能管理手段,其目的不仅在于提升组织创新能力,而且在于改变组织管理效率,创造社会财富,实现组织新的目标。

2. 详细说明创新的作用及其和管理的关系。

（1）创新是管理的一个职能,它是指组织适应系统内外变化而进行的局部和全局的调整。

（2）创新是一个管理过程,创新管理工作并不等于个别的创新活动,而是大量的创新活动表现出的共性的逻辑与原则。

（3）创新只是管理活动的一个环节,离开了创新环节,管理工作就是不完整的,甚至是无效的。

3. 作为管理的基本内容,维持与创新对系统的存在都是非常重要的。

（1）维持是保证系统活动顺利进行的基本手段,也是组织中最常见的工作。管理的维持职能便是严格地按预定的规划来监视和修正系统的运行,尽力避免各子系统之间的摩擦,或减少摩擦而产生的结构内耗,以保持系统的有序性。

（2）但是,仅有维持是不够的。任何社会系统都是一个由众多要素构成的,与外部不断发生物质、信息、能量交换的动态、开放的非平衡系统。系统若不根据内外变化的要求,适时进行局部或全局的调整,则可能为变化的环境所淘汰,或为改变了的内部要素所不容。这种为适应系统内外变化而进行的局部和全局的调整,便是管理的创新职能。系统不断改变或调整取得和组合资源的方式、方向和结果,以新的方式做出新的贡献,这正是创新的主要内涵和作用。

（3）综上所述,作为管理的两个基本环节,维持与创新对系统的生存发展都是非常重要的,它们是相互联系、不可或缺的。

（4）创新是维持基础上的发展,而维持则是创新的逻辑延续;维持是实现创新的成果,而创新则为更高层次的维持提供了依托和框架。任何管理工作都应围绕着系统运转的维持和创新而展开。

## （六）案例分析

1. （1）上海施贵宝公司的管理创新分别涉及:

首先,管理思想上的创新,从传统企业和管理目标多元化向管理目标单一化转变,从企业被动型管理向企业自主化管理转变,让企业成为管理的主体,从企业内部管理的计划经济模式向市场经济模式转变。

其次,管理方法的创新,现代科学技术的一些最新成就采用到管理领域中来,有利于全面开展提高效率活动。

最后,经营思路的创新,牢牢抓住了产品创新和市场创新。

(2)首先,要在思想上重视创新的重要性,应意识到创新会给企业带来诸多益处。

其次,要依照以人为本的理念,重点发挥员工的主观能动性,以实现他们的潜力,重视员工。

最后,要在管理方法和经营思路上,根据企业现有发展状况,制定符合企业自身的经营计划和理念,注重产品创新和市场创新。

结合案例与实际进行分析,有理即可。

2.(1)美国学者德鲁克归纳了七种不同的创新的来源:意外的成功或失败、企业内外的不协调、过程改进的需要、产业和市场的改变、人口结构的变化、人们观念的改变和新知识的产生。案例中,石油、铝土矿之所以能够成为资源,主要是因为新知识的产生和人们观念的改变,由于生产、加工技术的发展和对"杂草""石头"认识的加深,人们才得以开发它们的新价值。而分期付款的产生则是源自企业内外的不协调。当收割机需求旺盛时,实际的销售业绩却很差,显然,企业经营的实际状况和理想状况之间并不一致,麦考密克正是观察到了这种不协调的存在才发明了分期付款。

(2)除了按创新的来源区分,还可以从其他角度来区分不同的创新类型:按照创新程度分类,可以分成渐进式创新与破坏性创新;按照创新的变革方式分类,可以分为局部创新、整体创新、要素创新和结构创新;从创新的组织化程度上看,还可以分为自发创新与有组织的创新。简要列举几种分类及其依据即可。

# 第十六章 组织创新

## 一、知识点回顾

### 1. 组织变革与创新

#### ■ 组织变革模式和路径

勒温提出**理性组织变革的三阶段模式**,即激发人们变革通常所需的三个阶段:解冻,是指在组织内部广泛宣传变革与创新的必要性,接受变革与创新的挑战;转变,是实施变革与创新的过程;冻结,是指通过加强和支持手段,使变革和创新锁定成为组织的新范式和新规范。

组织变革的四条路径为:演化,是一种转型式变革,它是通过不同的变革阶段和相互联系的变革行动逐步进行的,其中每一变革都是建立在上一次变革基础上的;适应,是一种非典型变革,它分阶段缓慢进行,往往不会造成根本性的转型革命;改造,将调整组织运作方式,比适应更加显著和快速;革命,是指组织在很多领域都开始变革。这种变革与环境的突然变化有很大关系。

#### ■ 组织变革的障碍

组织中对于变革与创新的抵触力来自复杂的系统因素,组织文化、既定的发展战略、组织结构、技术水平、领导风格和成员因素都可能使得变革与创新受到阻碍。人的因素是**变革与创新抵触力中最活跃的因素**,包括认知与心理因素、资源路径依赖因素以及社会与政治影响因素。

认知与心理因素方面,对组织变革的影响因素,以往的理论研究强调的是认知的理性限制,不管组织员工还是管理者其既有的认知图式和心理契约都会产生认知惰性和评价差异。资源路径依赖因素方面,近年来不少研究注意到影响组织变革的认知与行为,其实与背后的资源路径依赖性有关。如核心能力刚性,企业家行为选择的路径依赖性,企业文化的组织记忆特征。社会与政治影响因素方面,个人利益、道德困境、团队心理压力等都影响着组织变革。

#### ■ 组织变革过程管理

**组织变革从解冻转变到冻结**的过程是指,组织状态从当前状态、过渡状态到未来状态转化的过程,该过程的实现依赖于有效管理。在这个过程中组织不仅要削除变革的各种障碍和阻力,还要确定组织新的愿景,设计转化过程,得到政治支持,获取持久的变革动力。

组织变革启动的首要因素是组织利益相关者感受到了组织变革的需求。他们对现状表现出不满,激发了变革的意愿。

消除组织变革障碍,能够消除组织成员对组织变革的担忧,产生正面的可置信预期。消除变革抵触情绪的方法,包括教育和沟通、参与和投入、提供便利和支持等。

组织愿景为组织变革描绘了一个可见的未来,它为变革的设计、执行及评估提供了一个价值导向。创造共同愿景是对组织和岗位工作意义的构建和给赋过程。

组织需要引进和开发创新人才,也需要对创新人才进行职能管理。**组织变革中的人力资源配置**就是要使其成为组织变革的核心推动力。

以往的创新人才研究认为创新人才具有如下特质:成就动机、内在控制力、冒险精神、敏锐洞察力、创造性思维、坚忍意志、丰富知识、自信、乐观等。现在组织创新已经超越了组织边界,进入了创客时代。创客是指不以营利为目标,热衷于创意、设计、制造活动,努力把创意转变为现实的个人或群体。

### 2. 组织结构创新

#### ■ 制度结构创新

在工业社会初期,协调工作是由资本所有者承担的。而随着工业经济发展,分工劳动越细致,劳动者的知识越专门化,与协调有关的知识就越重要。随着工业经济的发展和生产过程的复杂化,资本所有者难以拥有这样的知识,只能委托拥有相关知识的经营管理人员进行协调。管理人员通过协调劳动不仅决定了其运用效率,而且决定了知识利用效果。所以可以这么说,"**管理者**是对知识的应用和知识的绩效负责的人"。在知识社会中,知识正变为最重要的资源,企业的制度结构正从"资本的逻辑"转向"知识逻辑"。

#### ■ 层级结构创新

层级结构是对个体成员在组织活动中的关系和行为的规范。青木昌彦就把组织内部不同任务单元信息加工活动的分配称为**组织层级结构**。实现组织层级结构化包括建立命令等级链、确定内部汇报和负责关系、划分岗位职责、确定组织成员的基本行为等。

工业经济的发展首先表现为生产规模的不断扩大。在政府组织中被运用的层级结构便是在这样的大规模生产背景下被逐渐移植到工业经济中来的。作为工业企业的主要组织形式,层级结构的主要特征:直线指挥,分层授权;分工细致,权责明确;标准统一,关系正式。

层级结构的特征曾经促进了工业企业的成功,而在后工业时代的今天,产业背景已经发生根本性变化。弹性的、分权化的企业要求不断进行知识创新,网络化的层级组织的特征主要有:集权和分权的统一;稳定与变化的统一;一元性与多元性的统一。

#### ■ 文化结构创新

文化结构通过组织文化来规范参与者间的非正式关系。作为组织成员"广泛接受的价值观念以及由这种价值观念所决定的行为准则和行为方式",组织文化通过行为导向、行为激励以及行为协调三个方面,影响着其行为选择,使他们趋向相互协调一致。

知识经济改变工业社会企业文化的基础,从而使**企业文化**出现以下四个方面的调整:企业文化将成为企业管理重要的甚至是主要的手段;企业文化将是人们自觉创造的结果;作为人们自觉行为结果的企业文化主要不是记忆型的,而是学习型的;企业文化强调主导价值观与行为准则的同时,允许异质价值观和行为准则的存在。

### 3. 创新与学习型组织

#### ■ 作为知识体系的组织

根据韦伯斯特词典中的定义,知识是通过实践、研究、联系或调查获得的关于事物的事实和状态的认识,是对科学、艺术或技术的理解,是人类获得的关于真理和原理的认识的总和。波兰尼将知识划分为显性知识和隐性知识两种。组织知识理论认为,企业间差异是因为它们拥有不同的知识资源,它们对市场知识的差异就能使它们看到不同顾客的需求,运营知识的差异就能使它们发现不同组织的生产路径。

纳尔逊和温特将那些独特的组织知识称为**组织惯例**,惯例具有三个特性:它是组织记忆的知识;它是组织成员一致的知识;它是组织延续的知识。

#### ■ 知识创新的模式与过程

**知识创新创造过程**可以分成社会化、外在化、组合化和内部化四种模式。该过程是一个连续的、自我升级的螺旋式运动过程,知识创造需要触发事件引发的条件。

社会化是一个分享经验、创造隐性知识的过程,它的学习过程无须语言,而是通过观察、模仿和练习完成的。外在化,是从隐性知识到显性知识的转化。组合化,是从显性知识到显性知识。组合是将概念系统化为整体知识的过程,其转化涉及组合不同的显性知识体。内在化,是从显性知识到隐性知识。显性知识只有转化成隐性知识,才会有个人行动。

知识创新过程包括五个阶段:共享隐性知识阶段、创造新概念阶段、证明概念阶段、构建原型阶段、知识层次交叉阶段。

#### ■ 组织学习与组织修炼

组织学习是外部环境变化激发了组织内部决策规则的变化,组织通过各种决策规则,提高了对不同环境的适应能力。它是组织成员共同知识建构过程。它还是一种实践活动,不仅是进行理论思考,更重要的在于形成实践行动。

从认知变革的角度来看,组织学习有三种类型:单循环学习、双循环学习和再学习。单循环学习是指组织内部所设计的一个诊断与监视错误并且矫正错误的机制。它是指在现有的组织框架内修正导致没有实现目标的错误。双循环学习是在进行单循环学习模式之外进一步去检视组织规范、目标及可能存在的错误假设,并予以矫正。再学习是上述两种学习经验的转化与再应用。组织经过单循环或双循环学习过程后,所产生的学习经验可否成为未来自我解决问题的基础,借由再学习的发生,提高组织解决问题的能力。再学习是指质疑学习的整个过程,又称"学习如何学习"。


# 二、拓展阅读材料


## （一）知识获取与组织创新

现在,知识已成为事关企业生存与发展的关键性驱动力量。在不同经济时代中,不同的生产要素起主导作用。在农业经济时代,起主导作用的经济生产要素是劳动力、土地和原材料等;而在工业经济时代,主导作用的生产要素变成了资本;随着全球经济发展逐渐步入知识经济时代,知识成为企业在竞争环境中取得成功的前提条件,也成为主要的企业生产资源的一部分。为在快速变化的环境中生存下来和有所成就,企业必须依赖于知识的获得、提炼、储存和共享。而且,作为一项资产,知识具有稀缺性、价值性、难以模仿性、为组织所特有等属性。也正是因为这些特性,知识逐渐成为企业的竞争驱动力以及获得绩效的核心。未来学家阿尔文·托夫勒指出,知识是企业最高竞争力的来源,也是未来权力转移的关键所在。所以,对知识的创造及运用能力,已成为一个企业获取持久竞争优势最重要的源泉。

面对日益激烈的国际竞争,创新已成为企业长期战略的焦点,且创新与知识紧密相连,因此,知识也是创新过程的关键资源。对于知识与创新的关系,不管是将创新称为对新获取的或现存知识的商业应用,还是把创新定义为以新的方式或为了新的目的而对知识或技术进行商业上的应用,均表明了知识对创新的决定性作用。创新是由不同的知识积累和碰撞而产生的新的可能性,它代表了通过知识获取绩效的过程,并且知识可以以多种方式促进创新,包括产品设计、质量改善、满足顾客需要和产品的及时推出等。企业进行创新的过程,表面上表现为一系列活动的集合,其实它的每一个活动都有知识的参与,创新就是对相关知识的获取、积累、扩散传播、激活整合及成功应用过程。

知识获取既是创新的发轫之始,也是增加企业知识资产的必由之路。企业实现持续创新并在竞争中获胜的关键驱动力量就在于企业能否高效地获取及运用知识,其中知识获取是知识运用的前提,也是成功创新的先决条件。换而言之,公司创新绩效的差异很大程度上是由于组织自身知识获取能力的不同而引起的。此外,存量知识和流量知识这两部分构成企业的知识总量。知识存量是由组织成员共享的非竞争性公共商品,代表了公司现存的知识资产。而流量知识是处于白云苍狗、不断变动中的,需要企业不断创造与吸收、提炼的知识。丰富的知识存量不但有助于公司对外部知识的获取,而且还能提高公司对这些新知识的利用和提炼的能力。但公司只有通过不停地对于知识流量进行投资(如培训、获取外部知识),才能持续有效地增加其知识存量。知识存量不仅打好了公司进行创新的基础,知识流量也创造了创新得以枝繁叶茂的背景。新概念与新知识的获取不仅提高了公司的理解能力,还增加了解决问题的技能并促进了组织学习。这些都将有益于公司开发有价值的、独特的能力,奠定了公司核心竞争优势的基础。因此,现存的知识资产及正在进行的新知识的开发都是组织进行创新过程中所不可或缺的。从本质上而言,对知识流量进行投资、不断汲取新知识的过程就是企业进行知识获取的过程,且知识获取是增加流量知识、丰富企业知识总量的唯一及必然选择。

资料来源:改编自刘锦英:《知识获取与组织创新》,中国经济出版社 2014 年版,第 6-7 页。

## (二)超越路径依赖

核心能力的刚性特点限制着企业调整方案的制定与选择,企业家的职能或经验背景可能使其自觉或不自觉地以过去的经历作为今天行为选择的参照系,作为组织记忆的文化则对上述因素产生着综合的作用,企业的战略调整可能因此而表现出明显的路径依赖特征。想要超越路径依赖,使企业成长与发展摆脱过去的阴影,必须促进企业进行知识创新,发展企业的核心能力;同时还要改造企业文化,促进企业学习。

第一,组织知识创新,更新和发展核心竞争能力。

核心能力是竞争优势的基础;某种独特知识运用的结果产生核心能力。克服企业战略调整中路径依赖的特征,要求企业不断更新和发展其核心能力。核心能力的发展则是以企业的知识创新为基础的。

核心竞争能力是企业在一组特定的生产要素利用过程中持续表现出的独特的能力。企业在一组生产要素的利用过程中之所以能表现出某种独特的能力,无非由于以下几个原因:拥有某种独特的生产要素;以独特的方式组合和利用生产要素;利用独特或相同的生产要素生产出某种独特的产品。由于要素市场竞争机制的存在,企业要持续垄断地拥有某种独特的生产要素即使不是不可能的,也是非常困难的,因此独特要素的拥有难以成为企业核心竞争能力,从而成为持续竞争优势的源泉。这种优势和能力只能来自要素利用的独特方式和/或要素利用的独特结果,若以独特的方式组合生产要素,既可能降低获得相同成果所需利用的要素数量或成本,亦可能使企业利用相同或独特的生产要素产出独具特色的产品或服务。

独特方式的运用和独特产品与服务的获得,是某种或某些专门知识运用的结果。和人类的其他社会经济活动一样,企业的活动过程是与工业生产经营相关的知识的发现和利用、积累与创新的过程。通过何种途径去获得一定的生产要素,如何利用这些生产要素,利用这些生产要素生产什么样的产品?这些问题的解决都与企业在特定时期掌握的特定知识有关。

以核心知识为基础形成的竞争优势的维持与发展,要求企业有效组织知识的创新。一定的竞争优势要求企业在自己的经营过程中通过学习形成一种独特的知识;竞争优势的维持实际上也是这种知识以及相关的运用能力的独家拥有。因此,企业的独特知识具有私人性的特征就在实际上形成了竞争优势的要求,但是这种优势的实现则要求这种独特知识具有社会性的特征:只有拥有独特的知识,企业生产的产品或提供的服务才不易被竞争对手模仿,从而才可能具有某种独特的竞争优势;利用这种独特的知识生产的产品只有被社会所接受,才可能实现这种产品所包含的竞争优势的价值。然而,产品的社会承认有可能导致产品所体现的独特知识的暴露和对外扩散。实际上,企业产品的社会实现过程也可能是企业内部学习效应及其结果——内部知识的外溢过程,企业产品的销售不仅为自己的用户提供了他们所需的使用价值,而且也可能为竞争对手提供了可以模仿的样品。因此,维持竞争优势要求企业解决好独特知识的社会性与私人性特征之间的矛盾,解决矛盾又要求企业组织核心知识的不断创新。

知识创新是企业学习的结果。企业学习是与企业生产经营有关的知识的生成、利用、创新和积累的过程。这个过程是与企业生产经营活动本身交织在一起的,甚至就是这种活动本身。所以,组织企业的知识创新,并不是要建立一套新的系统(安排一个知识主管或建立一个独立的知识管理部门),而是要以有利于知识创新的方式来组织企业学习,或更准确地说,是要组织企业的经营与管理活动。

我们知道,决定企业竞争优势的核心知识不仅是企业独有的,而且应是企业在整合个体要素知识的基础上形成的。因此,企业知识创新既要求增加个体要素知识,同时也要努力促进这些个体要素知识的融合。增进个体要素知识,既要求通过激发组织成员个人的学习能力,开阔他们的知识面,也要求通过有组织的集体活动,发展企业在不同领域的知识吸收和积累。对知识创新的组织必须既有利于组织成员个人知识的生产,又能促进组织对这些个体知识的运用和整合。而这种整合只有通过组织成员的广泛沟通中才能实现。正如美国知识管理学研究者艾莉所指出的,"知识的核心是一种社会过程,集思广益才能产生知识",知识管理者的任务是"帮助设计和维持知识的获取、知识创新、知识共享和知识应用的进程"(艾莉,1998,第147页)。

第二,改造企业文化,促进组织学习。

发展核心能力需要组织知识创新;知识创新是组织学习的结果;组织学习是在一定的文化氛围中进行的。因此,为了促进企业核心能力的发展,克服战略调整中路径依赖特征,必须塑造学习型的企业文化。

学习型的企业文化,可以从两个不同角度去理解。首先,企业文化所倡导的价值观念和行为准则必须有利于企业组织及其成员的学习;其次,企业文化本身必须是不断学习的产物,文化所体现的不再仅仅是企业组织过去的成功经验,而与战略调整所需适应的当时的企业内外环境中的价值观念或思维方式相一致。

倡导学习的企业文化,必须是允许失败的文化。人类是在失败中不断总结、不断提高、不断前进的。错误和教训可能使人变得更加聪明,因此允许失败的文化是一种鼓励尝试的文化。在这种文化中,人们强调的是过程,是努力的过程,而可能不是结果,或至少不仅仅是结果。与这种文化相应的报酬制度不仅鼓励成功的创新,而且奖酬结局虽是失败但过程中不懈努力的探索。实际上,只要组织中的每一个人都孜孜不倦地去探索创新,所希望的结果最终必然会出现。

塑造学习型的企业文化,要求对传统的层级组织进行改造。到目前为止,工业企业组织结构的基本形式是层级组织,直线指挥、分层授权,分工细致、权责明确以及标准统一,关系正式是这种结构的主要特征。层级结构的这些特征曾经促进了工业企业的成功。直线指挥保证了企业行动的迅速,分工细致促进了效率的提高,而正式的角色关系则保证了企业活动的有序性。但这些特点同时也阻滞了组织的学习。直线指挥导致了执行者行动的自主权被限制,分工细致导致了员工知识面的狭窄,正式的角色关系则导致了组织成员间的沟通受限。为了方便和促进企业组织及其成员的学习,必须利用网络结构来改造现行的层级组织,让层级组织中的基层单位成为具有相当自主行动空间的网络中的节点。这些节点在层级组织规定的任务范围内,自主选择行动的方法、活动组织的方式以及对组织内外直接相关的活动环境的变化进行调整,同一层级以及不同层级的节点之间保持广泛的联系。在这种经过网络化改造的层级组织中,层级支持着组织活动的有序性,而网络则促进着在网络节点上各组织成员的个人学习,同时也有利于这些节点共享他们已经形成的知识。

要使企业文化不再是组织记忆的反映,而是不断学习的产物,就要求改变企业经营者的选择企业战略调整的路径依赖特征及其超越方式,及时从外部引进适当的高级管理人员。具有组织记忆特征的企业文化是在具有强劲管理风格的企业家的倡导和推动下形成的。美国学者科林斯等曾经指出,考察具有强有力文化的企业,常常可以发现两个共同的特征:其一,企业家的任期通常比较长;其二,高层管理岗位的空缺通常是由内部人员填补的(科林斯等,1996,第225页)。企业家的任期较长,可使企业家将自己倡导的价值观念和行为准则通过潜移默化的影响为企业员工所自觉接受;内部晋升高层管理者则有利于企业文化的传承。显然,要摆脱企业文化的组织记忆特征,必须改变组织高层管理者的选择制度,及时从企业外部引进具有对传统企业文化带来冲击和变革可能性的高层管理人员。

最后还需指出的是,学习型的企业文化必然是多元的,应该在强调主导价值观与行为准则的同时,允许异质价值观和行为准则的存在。实际上,一定时期的主导价值观主要体现了组织的记忆。如果没有对不断出现的异质价值观的容忍,就不可能有企业文化的学习,主要反映组织记忆的传统的一元价值观就会固守下去,最终会制约企业的战略调整。因此,容忍、允许、甚至鼓励多元异质价值观的存在与发展,是企业文化繁荣、创新和企业战略发展的必要前提。

资料来源:改编自陈传明:《企业战略调整的路径依赖特征及其超越》,《管理世界》2002年第6期。

# 三、习题

## (一) 判断题

1. 组织变革可以划分四条基本路径:演化、适应、创造和革命。　　　　　　　　(　　)
2. 明茨伯格认为一个有效的层级结构化要达到六种机制的建立:相互调适、直接监督、工作程序标准化、成果标准化或产出标准化、技术(技能)以及知识标准化和规范标准化。
　　　　　　　　　　　　　　　　　　　　　　　　　　　　　　　　　　　(　　)
3. 组织制度结构创新是对个体成员在组织活动中的关系和行为的规范。　　　　(　　)
4. 文化结构通过组织文化来规范参与者间的正式关系。　　　　　　　　　　　(　　)
5. 波兰尼将知识划分为显性知识和隐性知识两种。　　　　　　　　　　　　　(　　)
6. 从认知变革的角度,阿吉利斯提出组织学习可分三种:单循环学习、双循环学习和再学习。　　　　　　　　　　　　　　　　　　　　　　　　　　　　　　　　　(　　)
7. 组织结构不仅是劳动分工与协调的需要,也是指运用组织方法调整相关行动者的行为,对其行为进行引导和整合。　　　　　　　　　　　　　　　　　　　　　　(　　)
8. 层级结构是对企业在组织活动中的关系和行为的规范。　　　　　　　　　　(　　)

## (二) 填空题

1. 组织创新是_____的关键性内容。
2. 适应是一种非典型变革。它分阶段缓慢进行,它往往不会造成根本性的_____革命。
3. 人的因素是_____与_____中最活跃的因素。
4. 作为一种权力分配和利益分配机制,_____规定了不同参与者应当承担的义务和应享有的权利。
5. 组织变革一旦启动就需要持续的动力,只有获取持久变革的动力才能将变革_____,使得组织完成从过渡状态到未来状态的转变。

6. _____是指不以营利为目标,热衷于创意、设计、制造活动,努力把各种创意转变为现实的个人或群体。

7. _____与创新工作往往是环境变化驱动的,但仍然会遇到组织内外的各种障碍。

8. 组织变革方式可以从_____和_____两个维度来衡量。

## (三)选择题

1. 以下不属于卢因最早提出了理性组织变革的三个阶段模式的是_____。
A. 解冻　　　　　B. 实施变革与创新　　　C. 冻结　　　　　D. 凝结
2. 不属于社会与政治影响因素的是_____。
A. 个人利益　　　　B. 道德的困境　　　C. 集体利益　　　D. 团队心理压力
3. 组织变革启动的首要因素是_____。
A. 了解变革的潜力组织需要变革　　　　B. 感受变革的需求
C. 发现变革的潜力　　　　　　　　　　D. 消除组织变革障碍
4. 获取持久变革的动力不包括_____。
A. 创新活动的人才配置　　　　　　　　B. 创新人才的特质和角色
C. 创客时代的动力　　　　　　　　　　D. 创客时代的需求
5. 以下不属于组织变革影响因素中的认知与心理因素的是_____。
A. 缺乏了解　　　　B. 缺乏信任　　　C. 评价差异　　　D. 认知惰性
6. 消除变革抵触情绪的方法中的教育和沟通的优点是_____。
A. 人们一旦被说服,就往往会帮助实施变革
B. 这是处理调整问题的最好方法
C. 有时这是一条避免强烈抵触的简便途径
D. 这是一种相对迅速、节约时间的解决方式
7. 以下不属于组织中存在的创新者的是_____。
A. 个人成就者　　　B. 超级营销者　　　C. 真正管理者　　D. 发明创造者
8. 作为工业企业的主要组织形式,层级结构曾表现出主要特征有_____。
A. 直线指挥,分层授权　　　　　　　　B. 分工细致,权责明确
C. 标准统一,关系正式　　　　　　　　D. 以上都是

## (四)名词解释

1. 演化
2. 认知惰性
3. 道德困境
4. 消除组织变革障碍
5. 创客空间
6. 组织制度结构
7. 隐性知识

8. 双循环学习

## （五）论述题

1. 组织变革中的变革与创新的抵触力因素有哪三大类？请列举其具体内容。
2. 论述组织变革过程管理的内容有哪些？
3. 工业社会的企业层级结构呈现出怎样的特征？后工业时代对于企业的层级结构又提出了什么样的新要求？

## （六）案例分析

案例一

格力电器继 2012 年营业收入总额首次突破千亿元，成为中国首家千亿家电上市公司之后，登上巅峰的格力将次年的年度目标定得更有野心：营业收入冲击 1200 亿元，净利冲击 100 亿元大关。格力电器时任董事长兼总裁的董明珠与小米科技时任董事长兼首席执行官的雷军在 2013 年中国经济年度人物评选活动现场，豪气设下了 10 亿元赌局：赌小米 5 年之内销售额能否超过格力。有人不免心生疑窦，赌金 10 亿，董明珠的自信究竟自何而来？

1. 寻找创新基因

"我们坚持走专业化的道路挑战自己，而不是挑战市场，我们用最好的产品感动市场，不断地进行创新技术，这是市场的力量，是一种正能量。"最佳诠释就是董明珠在《中国企业家》年会上所做的主题演讲。

在众多家电企业还在努力实现营收目标时，董明珠已经开始为"后千亿时代"布局，"市场的力量来自于企业的创新，只有凭借产品和技术，才能真正撑起中国制造"。当下，我国空调行业正在上演着因创新驱动引发的技术革新、产业转型升级"大战"。曾几何时，核心技术一直是中国空调企业的"难言之伤"。在其 23 年的发展历程中，格力始终坚持"技术创新，自主研发"的发展战略，从一个年产值不到两千万元的小企业，迅速成长为全球最大的空调企业，并将自主创新的竞争优势从本土向全球市场进行扩张。现如今，格力的核心技术水平已全面赶超美日，空调产品市场占有率稳居全球第一。

2. 勇攀技术高峰

在诸多重要技术领域，格力实现了重大突破与创新，从荣获国家科技进步奖的 1 赫兹变频技术，到树立全球空调业新标杆的双级变频压缩机，格力在降噪、节能、变频等核心技术领域不断填补行业空白，引领中国空调产业一次又一次站在全球技术的顶端。

2013 年 12 月 21 日，格力电器自主研发的"不用电费的中央空调"——格力光伏直驱变频离心机系统被专家组一致鉴定为"全球首创、国际领先"。专家称，格力的此项成果有望开启中央空调的"零能耗"时代，对建筑节能和能源保护具有非常重大的意义。

在创新驱动战略的主导下，格力电器一直是被模仿，但从未被超越的所在。这些年来，格力电器一直保持着逆势增长的势头：家用空调、变频空调、中央空调市场占有率均位居行业第一，实现了令同行业者难以望其项背的年度"大满贯"。技术创新正是格力电器不断刷新业绩的关键所在。2013年前三季,格力实现营业总收入888亿元,同比增长15.03%;净利润77亿元,同比增长42.13%。以此推算,格力2013年实现100亿净利目标已无悬念,1200亿元营收也只能顺理成章等"瓜熟蒂落"。

在这短短十年时间内,中国空调产业发生了"翻天覆地"的变化,以技术创新为出发点的格力电器重新定义了全球空调产业的行业纪录和商业规则,引领中国空调产业从"规模生产"跨入"技术致霸"的新时代。

资料来源:改编自梅子惠、王桂红、梅鹏临:《现代企业管理案例分析教程》,武汉理工大学出版社2014年版,第142—143页。

结合案例,运用所学的知识,回答下列问题:

1. 格力电器的技术创新体现出怎样的特点?
2. 结合案例谈一谈对我国走自主创新道路的看法。

## 案例二

成立于2001年的江苏常发集团,是一家主营内燃机、农业装备、制冷器材、房地产的综合型产业集团。常发从创业15万元到现如今资产近20亿元,与其管理创新密不可分;在管理思想和理念创新的带动下,管理的全面创新为常发注入了不竭的原动力。管理思想的创新。多年来,常发潜心研究并借鉴学习西方企业做大做强的经营理念和管理特点,并结合中国传统思维方法和传统文化,取长补短、努力寻找更适合于自己的管理观念。常发为了更好地拓宽各级管理人员的思路和视野,增强其管理企业所必不可少的素质和能力,频繁举行各种类型、规模、范围的培训教育活动。每一位管理者,上至集团高层,下至基层班组,都被时刻提醒关注"转变思想,与时俱进"。随着形势的变化,"常发人"总能适时地推出适合自己的发展战略。广大干部员工都积极支持和响应战略,不管是事业部管理机制的改善,还是资本经营之路的启动。这一切无不得益于常发拥有一个具有创新思维和改革魄力的领导班子,以及开展创新工作所不可或缺的坚实民意作为基础。思想理论上的创新铸就了常发的辉煌,也铺垫了其未来的光明之路。

管理制度的创新。有了创新的管理思想为基础,经过多年的探索和实践,常发制定和逐步完善了一系列的用工、分配、奖惩机制,极大地激发了企业的创新活力。不仅设立了创新建议奖、还定期评审和落实奖励,常发每年发放的创新奖没有一个低于百万。此外,常发长期致力于自身管理架构的优化和整合,在一系列的现代化企业的运营和管理过程中,确保其能在任何发展阶段都能够拥有一个坚强有力、精干高效的组织体系。

资料来源:改编自朱克江:《企业自主创新案例》,经济管理出版社2009年版,第69—71页。

根据案例并结合本章所学内容,谈一下创新思想对组织创新的重要性和作用。

## 案例三

竞成公司在业界内蜚声中外,自其初创到声名大噪的今日始终身居高位,一直在国内化工行业前5席次。竞成的业务以化工项目设计、咨询造价、总承包及相关的能源为首;竞成凭借着多年行业经验与业务积淀的资源和资本,始终保持着平稳、良性的发展。

但好事多磨,2011 年起,在金融危机的余波影响下,全球经济开始迈入增速放缓阶段、传统行业产能过剩问题不可避免地摆上台面,以及国家逐渐加大对环境保护的力度、陆续出台多项政策控制产业的发展速度,国内外的化工市场都开始出现收缩的趋势;同期由于人民币升值,相关的国际项目利润被也进一步地摊薄,竞成的获利能力日渐被压缩。面临如此苛刻而紧迫的局势,企业原负责人于 2013 年末突发重疾离世。集团降大任于一名高管——原在集团担任要职的 56 岁管理学博士马某,让他临危授命接任竞成的负责人。甫一接手这烫手山芋,马某便用自己多年积攒的经验及知识并基于其对国内外经济走势的判断,从新的出发,规划与调整竞成未来的发展战略方向。

没多久,就在竞成的 2013 年度工作会上,"新官上任三把火"的马某最先以博士的身份给竞成全体员工上了一节的课,分别从思想转型、作风转型、人力转型、技术转型、市场转型等方面,以企业转型为中心述说了其个人对当下市场形势的理解和判断,在会上马某明确表示目前化工行业正在经历从成熟期进入衰退期的阶段。马某就此课直接表达出其坚定的改革竞成的信念,并详述其具体缘由,重点包括以下两点:

其一,原竞成的利润主要基于行业总承包模式下,交易初期阶段买卖双方的信息严重不对称及竞成身为乙方的造价核算优势。而后随着双方的联系不断加深,业主方,即甲方在获得充足的建设成本信息后也将反客为主、进而议价能力有所提升,长此以往竞成的利润必将持续被压缩。其二,目前竞成虽面临市场项目紧缩的困境,但是竞成的"粮草"充沛、资金充足,此时应选择新模式下的朝阳行业作为转型的切入点(如 PPP 市政业务、产业园区导入地产、高端咨询等),并未雨绸缪、主动迎击,提前进行和完成战略转型的谋划,而非简单地坐以待毙。

结束此课,马某又以负责人的身份在会上发表了言论,再次分析总结了行业环境及公司的内外部环境,并提出了竞成进行转型变革具体的诸项措施。会后次日,即发文调整公司现有的组织及人事架构,为推动竞成的转型打下了基础。面对如此雷厉风行的新领导,竞成员工对此众说纷纭,有人反对转型,亦有人肯定改革,而更多的人在观望。

在实施转型战略后的两年时间里,基于集团不吝的支持,马某力排众议,先后从公司战略、企业文化、薪酬考核、行业准入、组织架构、内部控制、业务模式创新等多方面入手,旌旗舒卷,持续进行改革。通过战略的重新制定,明确了竞成未来的发展方向及预期目标。通过企业文化的宣传和推行,让员工树立与竞成共同发展的的企业价值观。通过薪酬考核的改革,树立起按劳分配、多劳多得的以业绩为主的薪酬导向。通过人脉资源的拓展,竞成顺利获得目标市场的准入资格。通过激励政策的实施,竞成的员工层次及结构得到优化,领导队伍也逐渐趋于年轻化。通过人员结构的调整,竞成从事原相关产业的人数从 1500 人锐减至现在的 300 人,而从事非化工业务人数从 500 人激增至如今的 1700 人。竞成的产业结构从过去的化工、咨询造价、环境能源为主的分布,变为现在化工、市政建设、产业地产、高端咨询、环保的 1∶4∶2∶1∶2。但也正由于主营业务的转型,竞成放弃了原有的市场份额,导致今年业绩完成总量相较去年同期减少了 10%。但由于马某临危授重任,集团的强力支持给予了竞成两年的薪酬总额调剂弹性,所以 2014、2015 两年的员工收入未降反增,较去年增长了 10%。同时由于内部改革,竞成的企业管理水平进一步也提升,初步遏制了以往内部管理"软、宽、松"的沉疴痼疾,这两年竞成并未出现大规模的离职状况。

而让人始料未及的是,2016 年随着国家产业发展主管部门负责人的更替,在新一任领导的属意下,化工行业开始再次感受到冰雪消融、万物复苏的春天的温暖,市场上的项目数量较之前有所增添。而与此同时,由于目前竞成大部分主业的市政建设、产业地产项目多采用 PPP 模式,项目资金需求量较大,项目落地及回款偏慢,资金沉淀给竞成造成了一定程度的压力。此时,有人提出:"我们就应回归原先的主业,做熟不做生,现在回头也许还来得及。"

有人悲观地预测在竞成现有战略格局下,2016 年业绩完成总量可能将较去年继续持下降趋势;且集团的薪酬扶持政策也将到期,那么员工人均收入也将会有很大的影响。由于竞成自身转型政策及行业回暖后现有竞争企业的争夺,化工相关专业员工人员流失较以往有所增加。面对如此现状,集团高层中也出现争议,马某再次直面两条截然不同的路。重走回头路意味着竞成和马某这两年的努力付之东流,成为试错成本,也就是资源的无意义浪费;而且主营业务、人员结构也将再次调整,也会使马某自身面临骑虎难下的窘境。而如果坚持转型变革,对竞成而言可能意味着错失又一次的"补错"机会,若现存问题无法及时尽早得到解决,将可能使资金链进一步承压、甚至出现压垮骆驼的最后一根稻草。

距马某即将迈入退休的门槛还有 2 年,虽然他依然保持着当初上任时的雄心壮志与致力于改革的激情,但面对如泰山压顶的重负他也会感到困顿。马某究竟该选哪条路,而当前形势下的竞成究竟该何去何从?

资料来源:改编自本书作者收集的企业案例素材,案例中的企业名和人名等均做了艺术化处理。

请结合案例和相关理论知识,思考以下问题:如果你是马某,你会如何抉择(坚持转型、持续变革还是重操旧业、平稳交接)? 两种方向选择各有可能会遇到哪些亟待解决的问题?

# 四、习题答案及提示

## (一)判断题

1. ×  2. √  3. ×  4. ×  5. √  6. √  7. √  8. ×

## (二)填空题

1. 管理创新工作
2. 转型
3. 变革,创新抵触力
4. 组织制度
5. 制度化
6. 创客
7. 组织变革

8. 过程,结果

## (三) 选择题

1. D　2. C　3. B　4. D　5. B　6. A　7. D　8. D

## (四) 名词解释

1. 演化是一种转型式变革,它是通过不同的变革阶段和相互联系的变革行动逐步进行的,其中每一变革都是建立在上一次变革基础上的。

2. 认知惰性是指人们习惯于原来的工作方式,并不希望打破现状,这使得人们不自觉地产生对于变革与创新的抵制情绪。

3. 道德困境指组织变革常常伴随着对传统道德观念的突破,因此道德卫士的压力也阻碍组织变革。

4. 消除组织变革障碍是指激发组织变革的意愿,还需要消除组织成员对组织变革的担忧,产生正面的可置信预期。

5. 创客空间是指具有加工车间、工作室功能的开放实验室,是创客们共享资源和知识、产品发明和实现的场所。

6. 组织制度结构是规范组织各类参与者间权力与利益关系规范的总和。

7. 隐性知识指在一个特定环境"此时此地"中产生的,它在个人间的传播是模拟的过程。

8. 双循环学习是一种创新学习,学习结果不只产生表面的变革,更可以造成组织深层结构的改变。

## (五) 论述题

1. 组织变革对于变革与创新的抵触力来自复杂的因素,组织文化、组织结构、技术水平、成员因素都可能使变革与创新受到阻碍。其中,人的因素是变革与创新抵触力中最活跃的因素。三大类包括认知与心理因素、资源路径依赖因素以及社会与政治影响因素。

(1) 认知与心理因素:以往理论研究强调的是认知的理性限制,不管组织员工还是管理者其既有的认知图式和心理契约都会产生了解缺乏、认知惰性和评价差异。简要举例说明。

(2) 资源路径依赖因素:陈传明等人提出核心能力、企业家行为和组织文化都具有路径依赖性特征。包括核心能力刚性、企业家的行为选择的路径依赖性以及企业文化的组织记忆特征。简要举例说明。

(3) 社会与政治影响因素:组织变革都与众多社会因素相联系。包括个人利益、道德困境和团队心理压力。简要举例说明,言之有理即可。

2. 组织变革过程实现是依赖对过渡过程的有效管理。在这个过程中组织不仅要削除变革的各种障碍和阻力,还要确定组织新的愿景,设计转化过程,得到政治支持,获取持久的变革动力。

(1) 激发组织变革的意愿:组织变革启动的首要因素是组织利益相关者深刻感受到了

组织变革的需求。他们对组织现状表现出不满,激发了尝试新组织方式的意愿。此外,激发组织变革的意愿,还需要消除组织成员对组织变革的担忧,产生正面的可置信预期。

(2)创造组织共同愿景与意义给赋:在组织变革过程中,组织愿景为组织变革描绘未来,它为变革设计、执行及评估提供了一个价值导向;通过为组织成员明确共同目标,解释变革的合法性。创造共同愿景的过程是对组织的构建和给赋过程,意义给赋关注"特定的群体如何去影响其他人对于事件的理解"。在这个过程中,组织成员找到了有价值可见的变革成果。

(3)获取持久变革的动力:包括创新活动的人才配置、创新人才的特质和角色、创客时代的动力。简要举例说明,言之有理即可。

3. 工业社会的企业层级结构:工业社会的发展首先表现为生产规模的不断扩大。在政府组织中被运用的层级结构便是在这样的大规模生产背景下被逐渐移植到工业社会中来的。

知识经济与企业层级结构的改造:层级结构的特征曾经促进了工业企业的成功,而在后工业时代的今天,产业背景已经发生根本性变化。后工业时代要求,具有弹性的分权化企业需要不断进行知识创新,网络化的层级组织变得更为重要。

(1)集权和分权的统一:知识经济条件下的企业需要保持分散、差异和分权,以具有主动和迅速反应的创造能力,但同时需要严格的集中管理,以保持战略的统一和行动的迅速及相互依存的各工作单元间相互关系的协调。因此,网络化的层级组织应该是既集权又分权的。

(2)稳定与变化的统一:在知识经济条件下,面对消费者的不断变化的个性化需求,企业如不能及时进行适应性调整,可能会被市场淘汰,而变化过于频繁则可能引起组织混乱。网络化的层级结构在组织整体保持相对稳定的同时,又使各个工作单元能够迅速调整。

(3)一元性与多元性的统一:层级组织支持统一指挥的管理中枢,又允许各工作单元自主运行;通过统一的政策规范企业的战略经营,又允许各工作单元的活动标准与原则存在差异。

## (六)案例分析

1.(1)特点一,企业特别重视技术创新的重要性,不断地通过产品和技术创新,实现成长。特点二,坚持自主研发的发展战略,注重企业的核心技术,构建竞争优势。特点三,在重要的技术领域,不断加强投入,实现重大技术突破和创新,勇攀技术高峰。

(2)首先,要重视自主创新道路的重要性,对于企业转型升级具有重要作用。其次,自主创新道路重点是要结合我国自身的发展特点来进行,不可脱离实际,要格外重视与实际生产情况的结合。再次,要加强研发力度,以掌握核心技术,不断突破技术瓶颈,实现产业转型升级。

围绕以上要点,回答有理即可。

2. 案例中的创新思想是常发集团成功的关键。

(1)思想理论变革是企业技术创新与管理创新的第一要义。所有的机制、结构、制度和流程创新,从来都不会无缘无故地存在,而无一例外地都是思想理论的外在显现。

（2）常发集团创新思想的建立其实也是一种组织文化的建立。组织文化通过行为导向、行为激励以及行为协调三个方面，影响着组织行为选择。

结合所学内容最好能够谈到组织文化，其他有理即可。

3．两种选择均可。

（1）坚持转型、持续变革。业绩完成总量若继续下降，且集团的薪酬支持政策到期，那么人员流失肯定会有所增多。马某需力排众议，全力以赴获得大多数人的支持等。

（2）重操旧业、平稳交接。抓住"补错"的机会，减缓资金链压力，试错成本和已消耗的资源可以尝试变卖现有设备等措施。

# 结语：互联网时代的管理展望

## 一、知识点回顾

### 1. 互联网在商业领域的广泛应用

#### ■ 信息制造、传播与存储

随着互联网时代的到来,信息制造的内容、主体范围和载体因此变得丰富。互联网使世界相连,无论何时何地的信息都能够被及时地共享,所以信息制造的内容更加多样化。

得益于高速通信技术,当今的信息在信息产生的刹那之后,即可被任何的主体接收到,信息传播无视地理和文化的阻隔,拓展了其范围。此外,与传统的通信方式相比,互联网时代下的企业和个人可以近乎零成本地传递信息,进一步加快了信息的传播速度。

互联网的信息存储具有时间上的**广延性**和空间上的**广阔性**。历史中龟甲、竹简、书籍等信息存储方式,具有限于载体的物理局限性。而互联网将信息存储于网络云端,可永久地进行复制和保存。此外,互联网时代下的信息存储还具有数据化和编码化的特点。

### 2. 互联网广泛应用对企业活动产生的影响

#### ■ 对企业与商业合作伙伴的关系产生的影响

企业与商业合作伙伴的关系包括与上游供应商的关系、与下游客户企业的关系以及与战略合作企业的关系等,互联网使两者的关系更紧密。对于供应商来说,互联网使企业能更容易地收集信息并进行对比,减少了双方之间的信息不对称,从而降低了交易成本;对于客户而言,互联网使关于企业的信息更易于被传播,影响外界对企业的评价,因此企业声誉和品牌形象越来越重要;对于合作企业而言,互联网的沟通和信息的有效交流使得企业合作不再受时间和地点的制约,因而战略合作伙伴之间更容易达成共识,建立更紧密的关系。

#### ■ 对企业与竞争厂家的关系产生的影响

企业与竞争厂家的关系包括与现有竞争者的关系、与潜在竞争者、与替代品竞争者的关系等。互联网加剧了企业间的竞争,由于信息的高速流通使得技术和制度的优势更容易被模仿,因此企业必须发展出不可复制的核心优势;且互联网使市场更接近于完全竞争状态,竞争进一步加剧。且当下的客户可选择的商品种类更多,企业面临着更强的替代品威胁。

#### ■ 对企业内部活动组织产生的影响

海量的信息对企业提出了更高的要求,不仅需要组织有更强的收集、甄别和处理信息的能力,还要有效地利用互联网发声,自主制造、存储和传播自身的信息,在互联网中占据一席之地;此外,组织可以通过不断学习以适应持续变化的环境从而提高核心竞争力。互联网为组织学习提供了高效的学习途径、丰富的学习材料以及良好的学习对象和目标。

### 3. 互联网广泛应用可能引发的管理革命

■ **企业组织形式的适应性变革**

互联网时代下企业组织形式的变革表现为从"法理性设计"到无边界组织、无组织的转变。通用总裁韦尔奇首先提出了无边界组织的概念,他将组织边界分为以下四种:**外部边界,地理边界,水平边界,垂直边界**。

■ **员工管理方式的适应性变革**

除了组织结构变革外,传统的员工管理方式也面临着挑战,互联网时代下很难预知变幻莫测的市场环境,因此更加需要加强员工的**综合能力**和**主观能动性**。综合能力强的员工才能更好地适应组织需要,尤其是职责规定和任务要求不能详尽地反映工作特征的情况下,员工的自主意识和主观能动性就显得尤为重要。

■ **管理者决策方式的适应性变革**

传统决策从有限理性假设出发,但在信息爆炸的今天,进行快速的理性分析十分困难。一方面是因其数量极多而导致企业家难以消化和处理这些信息,另一方面则是因为快速的市场变化而要求企业家在重视理性分析的同时,综合知识、经验和直觉进行决策。

**直觉**,在以往被认为是主观、非理性的因素在当今管理决策中发挥着越来越重要的作用。未来管理研究的一个非常重要的使命应该是揭示直觉的科学与理性内在,分析其影响因素,探讨直觉及与此相关的决策的路径。

# 二、拓展阅读材料

## (一)互联网经济下企业价值网络创新路径

企业价值网络作为一种新型的企业组织形式,它本身是非常具有创新性的,在网络中每个成员企业通过重新认识和调节企业之间的关系来实现客户价值的创造和让渡,其理念本身就包含了丰富的制度创新和管理创新。本文拟从制度创新和管理创新角度,探讨互联网经济下价值网络的创新路径。

### 1. 互联网经济下企业价值网络制度创新路径

网络层面的制度创新是决定价值网络创新能力的关键。制度创新是核心企业与节点企业之间、节点企业相互之间构建合理网络关系的保证。网络层面的制度创新首先是网络治理创新,也就是构建更有效率的网络治理机制。节点企业相互之间能够根据需要及时调整亲疏关系或者关系类型,这种调整有利于整体效率的提高。进行网络层面的制度创新还要把握网络的决策机制创新,构建更为高效的网络决策机制。此外,网络的利益分配机制创新同样非常重要,价值网络能够根据环境变化修正原有利益格局的不合理之处,及时激励对于整个价值网络最有战略性的创新行为,给予贡献较大的节点企业应得利益。制度创新水平高的企业价值网络能够吸引到更有能力的节点企业,也能使节点企业的创新更活跃更成功,增强整个价值网络的客户价值让渡能力，进而构筑竞争优势。企业价值网络的制度创新包括以下四个方面：

（1）企业价值网络利益分配机制。其常见机制有共同投资、交叉持股、价格联动、长期合同、联合研发等。创新战略引领和平台组织都须通过这些具体的利益分配机制来实现。

（2）企业价值网络知识产权联盟。互联网时代信息传播极为迅捷，保护创新成果的难度大大增加，因此如何保护自己的创新成果成为每个创新主体遇到的挑战。

（3）价值网络成员企业内部创业制度。在互联网经济下，企业员工的创业动力更强。互联网经济的模块化趋势使得创业者能够更好地进行定位，从而更快地构筑核心竞争力。

（4）企业价值网络研发基金。随着竞争节奏和技术进步节奏的加快，研发投入越来越大，研发风险越来越高。价值网络可以设立研发基金应对研发投入和风险的挑战。价值网络研发基金是指价值网络承担主要创新工作的核心企业和节点企业共同出资设立的基金。

2. 互联网经济下企业价值网络管理创新路径

在互联网经济下，以高科技来提高管理效率并洞察商机是企业价值网络管理创新的特点，并以人性化来体现互联网时代的理念。互联网时代技术进步快、信息传播发达，新的管理创新层出不穷，企业层面的管理创新主要包括：① 营销管理创新。网络技术彻底改变了信息传播的方式，给市场营销理念带来了革命，病毒营销、大规模定制等一系列新的营销理念应运而生。随着微博、微信和移动互联网基于位置的种种应用的走红，很多企业积极采用新的营销平台和新的营销方法。② 人力资源管理创新。在互联网经济下，各种信息平台使每个人的信息接收情况和价值观都受到了影响，出现了更多的人才流动机会，企业为了稳定员工和激励员工，除了制定灵活、有效的薪酬机制外，还应树立具有自身特色的价值观和文化理念。

价值网络层面，管理创新的主要途径有：① 大数据管理。随着网络化、电子化、信息化技术的发展，人们对于电子设备的使用产生了海量的数据，网络技术使数据收集变得轻而易举。② 物联网管理。物联网正在快速改变互联网经济的运行模式，不断提高价值网络成员完成各种价值活动的效率。在互联网经济下，信息可以随时随地互联互通，数据可以随时随地进行云存储和云计算，但是，信息流和数据流最后都必须与实物流对接才能转换成实实在在的竞争优势，而物联网就是实现这一对接的载体。物联网带来的智能工业、智能物流、智能交通为价值网络创新提供了高效率的物理平台。③ 网络文化理念构筑。价值网络如果能够建立有吸引力的网络文化，将更容易吸引好的节点企业并发挥其价值。价值网络文化必须强调理念的魅力。互联网跨越了国家限制和时间限制，各种不同的价值观和意识形态相互交织碰撞，价值网络的文化必须强调平等性、包容性和创新性。核心企业可以通过与节点企业的种种互动来传播理念，更重要的是通过自身不断创新，在价值网络中尊重各方利益、包容各方差异来体现先进的网络治理理念。

资料来源：改编自程立茹，《互联网经济下企业价值网络创新研究》，《中国工业经济》2013 年第 9 期。

## （二）变化是主旋律

"长江后浪推前浪"，新事物的发展往往伴随着旧事物的淘汰。在这浪潮更迭中，那些盛极一时的庞然大物往往会受到巨大挑战。"一招鲜吃遍天"在互联网行业已然不再适用,如果一个企业没有看到变化的必然性,那么等待它的往往是被淘汰的结局。

还记得那家从造纸工厂发展而来的诺基亚公司吗?这个曾经 2G 时代的手机行业霸主,这个曾经通过塞班系统占据智能手机四成市场的芬兰公司,在 2013 年却将自己大部分的手机业务卖给了自己曾经的竞争者——微软公司,个中辛酸与无奈相信你我都能体会。2013 年我曾去过芬兰诺基亚总公司的技术中心,这个曾经有过 2000 多名员工的核心部门,当时裁员裁到只剩十分之一。在这种环境下,人们关心的不再是如何做好自己的工作,而是自己明天还能不能来上班、月底还能不能领到薪水养家。当时我还见到了曾经在诺基亚公司技术部呼风唤雨的一位教授,他作为公司 3G 业务的奠基人曾经为诺基亚公司立过汗马功劳,但也要无奈地接受被裁员的结局。限于年龄偏大,无奈之下他只能接受一般大学提供的为期 3 年的任教合同,现在他仍在为合同到期后能否续签而发愁。而这,就是市场的变化给普通人带来的影响。这也说明,不仅仅决策层需要看到行业变化的必然性,每一位创业者和择业者都应当能够提前看到行业变化,提前准备。

日子不太好过的还有传统的电视行业。电视行业与纸质媒体可谓是一对难兄难弟,它们遇到了类似的困境,造成这种困境的重要原因也都在于互联网迅速发展的冲击。各种视频资源在网络上都可以找到,而且与电视节目固定时间播放固定节目不同的是,网络资源可以随时观看,在灵活性上完全超过电视节目。在这样的浪潮冲击下,电视台纷纷开始寻求转型来摆脱窘境,推出移动应用布局网络收视人群、采用制播分离(将节目制作的任务交给专业团队,电视台仅仅作为播出平台)的模式提高节目的质量。曾经为大家打发空闲时间做出过巨大贡献的电视台,在互联网和数字化的冲击下又将何去何从?

在市场的变革大潮中倒下的还有许多其他公司,例如,成立于 1931 年的百代公司,在发展繁盛期时曾经签约披头士乐队(the Beatles),但在数字化音乐影响下却以被收购而告终。还有曾经牢牢占据手机市场头把交椅却因无法跟上对手步伐而神话不再的摩托罗拉公司,曾经背靠中国移动公司好乘凉但用户体验不佳而被市场直接淘汰的飞信,以及一度占领国内杀毒软件四成以上市场却被对手的免费策略击败的瑞星杀毒软件。

回顾这些曾经的行业霸主,现如今它们的发展情况令人惋惜。诚然,一个公司要想一直名列前茅需要很多优秀的品质,例如,正确的发展方向、团结一致的团队、坚定高效的执行力,但是所有的这些都必须建立在承认变化的基础上。变化作为互联网时代的主旋律,只有接受变化、拥抱变化,同时时刻铭记创新并付诸实践,才能永葆竞争力。

资料来源:改编自崔勇:《互联网+时代的创新与创业》,清华大学出版社 2016 年版,第6-8 页。

# 三、习题

## (一) 判断题

1. 作为研究管理活动一般规律的科学,管理理论总是随着管理实践的变化而发展的。

                                                   （   ）

2. 20 世纪 50 年代末互联网技术在美国首先被发明和运用以来,相关的硬件设备和软件技术均得到了快速的发展。 （   ）

3. 除了信息制造的增快,信息传播效率的提升也是信息爆炸的重要原因。 （   ）

4. 信息是现代企业经营活动组织的手段和依据,因而现代企业的生产经营活动在互联网时代也必然会表现出新的特点。 （   ）

5. 互联网的沟通和信息的有效交流使得企业合作不再受到时间和地点的制约。

                                                   （   ）

6. 信息流通的快速特征提高了进入新行业的技术壁垒。 （   ）

7. 通用电气的 CEO 韦尔奇首先提出了无边界组织的概念,他将组织边界分为整体边界、地理边界、水平边界和垂直边界。 （   ）

8. 未来管理研究的一个非常重要的使命应该是揭示直觉的科学与内涵,分析直觉形成的影响因素。 （   ）

## （二）填空题

1. 基于互联网所特有的_____和_____,互联网时代创造了报纸、广播和电视等传统媒体所没有的全新媒介。

2. 互联网的信息存储具有时间上的_____和空间上的_____。

3. 互联网使得信息存储具有_____和_____的特征,可以通过电子计算机和网络方便地进行查阅和调用。

4. 互联网深刻地改变了信息_____、信息_____和信息_____的方式,进而对社会经济和生活产生了深远的影响。

5. 海量的信息涌现对企业组织能力提出了更高的要求,不仅需要企业组织有更强的信息_____、信息_____和信息_____的能力,还要能够有效地利用互联网发声,自主制造、存储和传播自身的信息,在互联网中占有自己的位置。

6. 企业在_____、_____以及员工管理方式等方面可能主动也可能被动地发生适应性变革。

7. 员工管理方式的适应性变革意味着,互联网时代下快速变化的市场环境却很难提前预知,因此更加需要增强员工的_____和_____。

8. 快速的信息传播和市场变化不允许企业家在进行充分的理性分析后再迟缓地做出决策,而是在重视理性分析的同时,借助综合的_____、历史的_____和模糊的_____进行决策。

## （三）选择题

1. 关于互联网时代下的管理,以下说法错误的是_____。

A. 互联网的广泛应用和发展是目前时代的主要特征

B. 我国于 1994 年正式接入互联网,我国网络基础和网络用户迅速增长

C. 由于互联网的出现,人们的工作习惯和生活习惯逐渐发生了改变

D. 作为研究管理活动一般规律的管理理论一定不会随着管理实践的变化而发展的

2. 互联网对企业与商业合作伙伴的关系产生的影响,以下说法错误的是_____。

A. 包括与上游供应商的关系、与下游客户企业的关系以及与战略合作企业的关系

B. 互联网减少了企业与下游客户之间的信息不对称程度,从而降低了交易成本

C. 关于企业的负面消息更容易产生和传播,会严重影响外界企业对自身的认可

D. 互联网的沟通和信息的有效交流使得企业合作不再受到时间和地点的制约

3. 互联网对企业与竞争厂家的关系可能产生的影响,以下说法正确的是_____。

A. 与竞争厂家的关系只包括潜在竞争者的关系与替代品竞争者的关系

B. 由于互联网的信息制造和交换更加频繁,导致潜在竞争企业间的竞争加剧

C. 信息的高速流通使得企业优势更易被模仿,因此企业必须发展出不可复制的核心优势

D. 现有竞争者的威胁主要是指客户和消费者搜寻可选择的替代品时间和机会成本更小

4. 互联网对企业内部活动组织产生的影响,以下说法错误的是_____。

A. 增加了所有企业决策的难度

B. 导致决策的工作量显著增加

C. 互联网的应用对于企业而言既是挑战,也是机会

D. 互联网技术为组织学习提供了高效的学习途径

5. 关于互联网时代下的扁平化组织中,以下说法错误的是_____。

A. 管理人员更加精简高效                    B. 上下级关系更加紧密

C. 信息纵向流动速度加快                    D. 管理费用变得更庞杂

6. 关于互联网时代下的管理者决策方式的适应性变革,以下说法错误的是_____。

A. 传统的管理决策分析从理性经济人假设以及有限理性假设出发

B. 因为信息数量极其庞大导致企业家没有能力完全消化和处理这些信息

C. 在以往被认为是主观、非理性的因素在企业家的决策中愈发不受重视

D. 直觉实际上是决策者自己可能没有意识到的一个非常迅速的理性思维过程的结果

7. 关于韦尔奇提出的无边界组织的四个分类,以下说法正确的是_____。

A. 内部边界          B. 地理边界          C. 竞争边界          D. ABC

8. 关于韦尔奇提出了无边界组织的概念,以下说法错误的是_____。

A. 由于信息经济和无形资产的共同作用,企业边际收益递减而边际成本递增,因而将会进入无边界企业时代

B. 传统企业经营场所局限于特定的地理场所,高度集中的业务无法满足分散的地区业务

C. 传统管理模式下专业化的技能分工和独立的部门设置缺乏组织柔性,难以应对挑战

D. 在管理层次少而管理幅度大的扁平化组织中,被管理者有较大的自主权,更容易形成积极感和满足感

## （四）名词解释

1. 替代品
2. 外部边界
3. 理性经济人假设
4. 有限理性决策假说
5. 直觉

## （五）论述题

1. 互联网时代,网络信息技术的快速发展和广泛应用是从哪三个方面对企业带来了重要影响？请列举其具体内容。
2. 论述互联网广泛应用可能对企业活动产生的影响的具体内容主要有哪些。
3. 互联网引领的信息革命对新时代的管理提出了新的要求,企业在哪三个方面发生适应性变革？

## （六）案例分析

案例一

从不到 20 个人参与建立的小型电子商务公司,到如今阿里巴巴已经成长为一家横跨电商、金融、无线通信等多种业态的全国最大的电子商务在线交易平台,旗下囊括多家子公司,而在其眼中最重要的资源——"阿里人"(阿里巴巴的员工)早已突破 2 万人。与此同时,阿里作为行业"颠覆者"和"搅局者"的形象却愈加鲜明,且其标签为"开放、创新"的企业文化也日益声名远播。

2013 年的教师节那一天,阿里宣布正式成立网络通信事业部,由"旺信"和"来往"组成,不到两周即对外推出新一代即时通信软件"来往",成为其网络通信事业部成立之后的首个产品的正式亮相。

宝剑锋从磨砺出,梅花香自苦寒来。网络通信事业部的背后还有一段鲜为人知的故事,据阿里人力资源副总裁卢洋回忆,无线业务团队刚刚成立的时候只有 20 个人,在此种情况下如果要提升到事业部,员工仅靠外部招聘是不可能的,因此当时的策略就是从集团内部快速抽调合适的人选。结果仅 7 天的时间,100 个人就从各个业务部门集结完毕,而且是在充分尊重了业务主管及员工的个人意愿的前提下。卢洋说:"如果整个公司的文化是以业绩为导向的话,那么就很有可能发生山头主义,即部门都只考虑本门本身的利益得失,那么对新业务的自发支持是难以实现的。"正是基于阿里这样的文化土壤,新兴业务才能迅速成型,否则集团业务越复杂,就越难以实现内部协同。

文化建设一直是阿里发展之中的所强调的,占据着举足轻重的地位。早在 2001 年,强调"简单、激情、开放"等价值观的"独孤九剑"在阿里内部被奉为圭臬;2003 年,阿里更是极具"争议性"地将价值观也纳入绩效考核之中,且将其权重调整至50%,甚至比重有时候会更高。在阿里的招聘史上曾多次出现由于价值观相冲突而谢绝一些优秀应聘者的例子,究其缘由就是"如果跟我们价值观不一致,这个人的能力越大,那么进入组织之后对组织产生的破坏力也就更大",卢洋如是说。

总的来说,阿里的文化很简单,就是"开放"和"分享"。在卢洋看来,阿里这种以开放和分享为主题的企业文化不仅能够自如应对由于业务庞杂纷乱所可能引发的"大组织病",而且还能促使那些有助于持续发展的制度真正落实到位。在实际工作当中,为激发员工自主工作的积极性和主动性、改善集团内部内的人力资源流转,阿里对员工的转岗制度做了调整:过去的条件要求的是原部门主管准允之后员工方可进行工作转换,而现如今只要接收方点头批准,原部门主管就得无条件放行。

也正是因为坚持贯彻这样的企业文化,在变幻莫测的互联网时代下,阿里巴巴在多个行业之中掀起波澜壮阔的改革大潮。

资料来源:改编自张国银:《新领导力:互联网时代下领导力打造策略》,中国财富出版社2016年版,第165-166页。

结合案例,运用所学的知识,回答下列问题:
1. 互联网时代下的阿里巴巴体现出怎样的特点?
2. 结合所学知识和案例谈一谈互联网时代下的企业未来发展所需的条件。

## 案例二

只要扫描产品罐身上的二维码,消费者即可获得各种电商的优惠券,实现与线上商家的无缝对接,这是作为传统快消企业的加多宝牵手互联网的一次跨越式的尝试。可是将二维码作为线上电商平台的入口,并不能在短时间内显著提高产品的销量,加多宝此举意义究竟是什么?

"互联网不仅仅只是一个传播的渠道,它更像是一种特殊的生活方式,让品牌与生活方式保持最最紧密的结合,才是让一个品牌青春永驻、长盛不衰的关键",王月贵——加多宝集团品牌管理部副总经理如是说。

携手诸多互联网企业进行商业合作的加多宝,表面上看似只是简单的加法,其实际的影响却是远不止于此。加多宝联合京东商城、滴滴打车、韩都衣舍、一嗨租车等移动互联网品牌组成的淘金联盟,在快消行业内启动了以"有你更金彩"为主题的淘金行动。消费者只需要通过扫描加多宝产品罐身上的二维码,进入活动界面后即有机会获得淘金联盟中的部分电商的消费券,然后在这些电商平台上消费的时候使用这些消费券,即可获得不同力度的优惠。而这些来自不同行业电商的平台囊括了衣、食、住、行等诸多领域,他们与加多宝携手共同为消费者打造"金彩生活圈"。在每个星期的星期五,加多宝还会推出名为"金彩星期五"的特别活动,与微信电影票等互联网企业进行专场合作,同样通过扫描金罐加多宝罐身的二维码,即有机会获得优惠的电影票。

经过上述的合作,互联网企业即可与传统的快消行业进行跨界合作,将两者整合在一起。电商平台所需的是广大的客户群体,而快消行业则是需要能在第一时间与客户亲密接触的行业的通力合作。当消费者获得一件快速消费品的时候,通过线下扫码获得的优惠券便可为其提供进行线上购物的推动力，如此这般，快速消费品的销售即可以推动线上的产业链，这是一种资源的跨界整合，更是一种资源的流动共享。

对于加多宝来说，在这个跨界整合的过程中最重要的目标是要与客户建立良好的情感关系。"'互联网+'让消费者更方便地接触加多宝"，就像王月贵一直所强调的这样。

现如今，互联网的发展可谓是日新月异。就在移动互联网无处不在的当下，消费者的消费理念正在发生变化，开始更倾向于速度和时尚，而企业只有将目光集中于与消费者相关的关系建立和用户体验方面，才能更好地与客户进行互动。

因此，加多宝通过互联网与消费者进行良性的互动，建立的不只是关系，还奠定了使未来企业持续发展的牢固的客户基础。具体而言，加多宝还联合了大众点评，联系超过5000家品牌KTV门店，活动的内容是在微信朋友圈发起好友"KTV必点歌曲"的"默契度大考验"，将活动受众引流到大众点评，通过线上活动完成线下约唱。这一系列互动将网络平台作为主要的活动场所，不仅通过活动福利回馈了消费者、增强与消费者之间的联系、影响消费者的情感评价，最终使消费者产生一定程度的购买偏好。

迄今为止，加多宝已与十余家互联网企业达成合作关系的联盟，专场活动互动量逾200万人次。通过与互联网企业强强联盟，加多宝将传统的线下快速消费品企业与新兴的线上电商平台企业相结合，通过自身产品拓宽消费者的消费渠道、通过二维码入口进入活动场景、通过合作进行跨界整合，不仅给电商平台带来足够的流量，还为自己积淀稳定的客户群体。这共赢的合作擦出的耀目的火花，值得传统快速消费品行业深思。

资料来源：改编自任仲文：《互联网+领导干部读本》，人民日报出版社2016年版，第34-35页。

结合材料，运用所学的知识，回答下列问题：

1. 互联网时代下的加多宝与互联网企业的跨界合作体现出怎样的特点？

2. 结合案例及所学知识谈一谈对互联网时代下的跨界合作的必然性以及未来企业的发展趋势可能是什么样的。

## 四、习题答案及提示

### （一）判断题

1. √　2. ×　3. √　4. √　5. √　6. ×　7. ×　8. √

### （二）填空题

1. 多媒体性，互动性
2. 广延性，广阔性
3. 数据化，编码化

4. 制造,传播,存储

5. 收集,甄别,处理

6. 组织形式,决策方式

7. 综合能力,主观能动性

8. 知识,经验,直觉

## （三）选择题

1. D  2. B  3. C  4. A  5. D  6. C  7. B  8. A

## （四）名词解释

1. 替代品是指那些能够实现同种功能的其他产品,几乎所有企业都会面临替代品的竞争从而影响企业追求剩余价值。

2. 企业的外部边界是指当企业的边际收益和边际成本收敛于一点时,企业获得最大收益,此时企业的规模就是企业的边界。

3. 理性经济人假设认为决策的目标是企业利益最大化。

4. 西蒙提出的有限理性决策假说,认为人不可能做到绝对理性,而是选择相对满意的决策。

5. 直觉以经验累积、思维沉淀为基础,在关键时刻以灵感闪现为形式表现出来。

## （五）论述题

1. 随着互联网时代的到来,网络信息技术的快速发展和广泛应用通过信息制造、信息传播以及信息存储这三个方面对企业的经营及其管理带来了重要影响。

（1）信息制造。首先,信息制造的内容得到了丰富。互联网的沟通使世界连成了一个整体,任何一个角落、任何一个时间的信息都能够被及时地共享,所以信息制造的原材料更加丰富和多样化。其次,信息制造的主体范围得到了拓展。随着接入互联网的个人和企业用户的不断增加,自发的草根文化和企业原生的内部文化创造,逐渐成为网络信息的主要来源。信息制造不再只是新闻官等专业人士的工作,而成了整个网络群体的共同行为。最后,信息制造的载体更加丰富。

（2）信息传播。得益于高速通信技术,当今的信息在信息产生的刹那之后,即可被任何的主体接收到,信息传播无视地理和文化的阻隔,拓展了其范围。此外,与传统的通信方式相比,互联网时代下的企业和个人可以近乎零成本地传递信息,进一步加快了信息的传播速度。

（3）信息存储。互联网的信息存储具有时间上的广延性和空间上的广阔性。历史中龟甲、竹简、书籍等信息存储方式,具有限于载体的物理局限性。而互联网将信息存储于网络云端,可永久地进行复制和保存。此外,互联网时代下的信息存储还具有数据化和编码化的特点。言之有理即可。

2. 互联网深刻地改变了信息制造、信息传播和信息存储的方式,进而对社会经济和生活产生了深远的影响。信息是现代企业经营活动组织的手段和依据,因而现代企业的生产经营活动在互联网时代也必然会表现出新的特点。

(1) 对企业与商业合作伙伴的关系可能产生的影响,主要包括与上游供应商的关系、与下游客户企业的关系以及与战略合作企业的关系。

(2) 对企业与竞争厂家的关系可能产生的影响,主要包括与现有竞争者的关系、与替代品竞争者的关系和与潜在进入竞争者的关系。

(3) 对企业内部活动组织可能产生的影响。

三个方面简要举例说明,言之有理即可。

3. 互联网引领的信息革命在影响企业外部关系和内部组织活动的同时,对新时代的管理提出了新的要求,企业在组织形式、决策方式以及员工管理方式等方面可能主动也可能被动地发生适应性变革。

(1) 企业组织形式的适应性变革。韦尔奇首先提出了无边界组织的概念,他将组织边界分为外部边界、地理边界、水平边界和垂直边界。简要举例说明,言之有理即可。

(2) 员工管理方式的适应性变革。除了组织结构的变革之外,传统的员工管理方式也面临着挑战。但是互联网时代下快速变化的市场环境却很难提前预知,因此更加需要员工的综合能力和主观能动性。

(3) 互联网时代管理的变革,还体现在管理者的决策方式上。

以上三个方面简要举例说明,言之有理即可。

## (六) 案例分析

1.(1) 阿里巴巴就是搭乘了互联网的浪潮并借助其力量,自适应地结合互联网时代对企业的要求改善了自身的组织设计和融合了适应网络浪潮的企业文化,进而取得成效。

(2) 结合所学的互联网在商业领域的广泛应用、互联网广泛应用对企业活动产生的影响及引发的管理革命相关的知识讨论企业发展所需要满足的要求及所需的条件。

围绕以上要点,回答有理即可。

2.(1) 互联网深刻地改变了信息制造、信息传播和信息存储的方式,且信息是现代企业经营活动组织的手段和依据,因而现代企业的生产经营活动在互联网时代也必然会表现出新的特点。结合所学知识说明传统快消企业与新兴互联网企业合作的特点包括增多流量、方便快捷、更符合消费者心理等,言之有理即可。

(2) 企业跨界合作对企业与竞争厂家的关系产生影响,主要包括与现有竞争者的关系、与替代品竞争者的关系、与潜在进入竞争者的关系,以及对企业内部活动组织都有可能产生影响。简要举例说明,言之有理即可。

**读者意见反馈**

为收集对教材的意见建议,进一步完善教材编写并做好服务工作,读者可将对本教材的意见建议通过如下渠道反馈至我社。

咨询电话　400-810-0598

反馈邮箱　gjdzfwb@pub.hep.cn

通信地址　北京市朝阳区惠新东街4号富盛大厦1座

　　　　　高等教育出版社总编辑办公室

邮政编码　100029